통일선교언약 전문 · 해설서

통일선교언약연구위원회

나눔사

목차

통일선교언약 서문

근대화를 비롯하여 민족운동, 민주화와 인권운동 등 역사의 고비마다 나라를 위해 크게 기여하며 민족교회로서의 전통을 수립해 온 한국교회는 이 시대 우리 민족의 최대 과제인 통일을 위해 1988년에 민간 최초의 통일선언인 '민족의 통일과 화해에 대한 한국기독교회 선언'을, 1996년에 '한국교회 통일정책 선언문'을 발표하여 한국 사회와 교회에 통일운동의 지표를 제시했다.

그 이후 우리의 통일 환경은 급변을 거듭하고 있다. 2017년 10월 24일에 숭실대학교 창학 120주년을 기념하여 열린 '통일선교기관 연합 콘퍼런스'의 참석자 일동은 통일 환경의 변화를 수용하고 새로운 시대에 통일운동의 지침이 될 선언이 필요하다는 데 의견의 일치를 보았다. 이에 기독교통일포럼, 숭실대학교 기독교통일지도자센터, 쥬빌리통일구국기도회, 통일선교아카데미(가나다 순)를 주축으로 하여 통일선교의 각 분야 전문가들로 구성된 연구위원회를 조직하였다.

연구위원회는 통일의 정신과 정책을 공유하기 위해 이 선언의 이름을 '통일선교언약'으로 정하고 선언문 작성 작업에 착수하였다. 언약(Covenant)은 1974년에 열린 로잔회의에서 발표된 '로잔언약'을 통해 기독교계에 많이 알려진 용어인데, 통일선교언약에는 로잔언약의 정신이 많이 반영되어 있다. 즉 존 스토트(John Stott)가 말한 대로 '언약'이란 단어는 "성경적인 면에서 사용되는 것이 아니라 구속력 있는 계약의 통상적인 의미"로 통일선교언약에서도 사용했다. 17세기 스코틀랜드에는 교회의 자유를 유지하기 위해 '언약'에 의미적으로 연결한 '언약자들'(Covenanters)이 있었다. 본 통일선교언약은 무언가를 선언하는 것뿐만 아니라 무언인가를 연합하여 함께하기를 결심했다. 즉 통일선교의 임무에 전념하기로 결심하였다.

통일선교언약 작성 작업 초기에는 북의 김정은 위원장이 남북관계 개선에 힘쓰겠다는 내용이 담긴 2018년 신년사를 발표하고, 북측이 평창동계올림픽에 적극적으로 참여한 데다, 세 차례에 걸친 남북정상 회담과 북미정상회담으로 고무적인 분위기가 조성되었다. 그러나 얼마 지나지 않아 남북관계가 경색되더니 남북연락사무소 폭파와 서해 공무원 피살 사건 등이 발생하고, 북미 관계 역시 진전을 보지 못하는 가운데 코로나19 사태가 발생하는 등 여러 악재를 만나게 되었다. 나아가 우크라이나와 러시아의 전쟁이 발발했고, 코로나19 팬데믹, 신냉전 구도의 형성, 탈세계화의 경향이 나타나게 되었다. 연구위원회는 이러한 세계정세의 변화가 한반도 통일에 미치는 영향을 주의 깊게 보면서, 다른 한편으로는 통일은 주변 상황과 관계없이 흔들리지 않고 추진되어야 할 과제라는 점을 강조하며 통일선교언약 작성 작업을 계속 진행하였다.

이 통일선교언약은 정전 70년이 되는 7월 27일에 선포된다. 하나님은 예레미야 선지자를 통하여 이스라엘 백성에게 바벨론 포로 생활 70년이 차면 예루살렘으로 돌아오게 하리라고 약속하셨다(렘 29:10). 다니엘은 이스라엘이 지은 죄에 대해서 통회 자복하며 하나님이 주신 언약을 이루어 주시옵기를 간절히 기도한다(단 9:1-19). 정전 70주년을 맞이하여 통일선교언약을 선포하면서 교회가 더 처절하게 회개하고 남과 북이 한 식탁에 둘러앉아 떡과 포도주를 나누기를 더 간절히 기도하며 소원한다.

초안 작성과 검토, 독회, 국내외에서 행해진 여러 차례의 공청회, 연구위원들의 합숙세미나 등을 거쳐 다듬어진 이 통일선교언약은 들어가는 말과 나가는 말을 제외하고 모두 네 부분으로 구성되어 있다. "I. 통일선교에 대하여"에서는 통일선교의 정의와 당위성, 통일선교를 위한 참회에 대해 말하고, "II. 통일을 이루는 과정에 대하여"에서는 통일선교 교육과 한국교회 및 세계교회의 역할 그리고 정부, 기업, 언론, 종교의 역할에 대해 말하고 있다. 이어서 "III. 통일 이후 사회통합과 교회의 사명에 대하여"에서는 통일 이후 사회통합, 섬김을 통한 복지, 교육, 선교, 북녘에 교회 세우기, 통일과 교회의 사명에 대해 말하고, 마지막으로 "IV. 통일코리아의 모습에 대하여"에서는 통일코리아의 모습과 통일코리아가 국제 사회에 주는 유익에 대해 말하고 있다.

이 통일선교언약이, 형제가 연합하여 동거하는 선하고 아름다운 모습을 이루는 한반도가 되고 북녘의 방방곡곡에 복음이 선포되는 일에 귀하게 쓰임 받게 되기를 기도드린다.

통일선교언약연구위원회

통일선교언약 전문

I. 통일선교에 대하여

제1장 통일선교의 정의

한국교회는 복음통일을 지향한다. 복음통일의 목적은 분단의 문제를 우리의 죄로 인식하고 그리스도의 용서와 화해의 복음으로 극복하는 것이며, 남북의 체제와 제도, 이념을 초월하여 한반도와 열방에 하나님 나라를 세우는 것이다. 이를 이루기 위한 한국교회의 제반 선교적 행위를 통일선교라 한다.

복음통일의 원칙은 다음과 같다.

첫째, 성경적 의미에서 통일은 화해의 중보자 예수 그리스도를 통한 하나님과의 관계 회복이며, 교회는 예수 그리스도를 머리로 한 몸을 이루는 지체로서 하나가 되어야 한다(엡 2:14-18).

둘째, 통일에 있어서 교회의 사명은 맹목적 '통일지상주의'가 아닌 '선교 대위임'의 성취, 즉 영혼 구원에 있다. 그러므로 통일코리아를 통하여 북한에 복음을 전하고 땅끝까지 구원의 복음을 전하는 사명을 견지한다(마 28:18-20).

셋째, 남북의 통일은 세계 선교의 역사를 진행하고자 하시는 하나님의 구속사적 부르심과 사명의 시작이다(창 12:2-3).

제2장 통일선교의 당위성

첫째, 하나님의 형상을 회복하는 것과 죄로 말미암아 분열되었던 것(창 10:5)을 다시 연합으로 회복하는 것이며(시 133:1-3), 자기 민족에게 복음을 선포하고(행 9:15, 롬 9:1-3), 땅끝까지 그리스도의 증인이 되어(행 1:8) 열방을 주의 제자로 삼는 것이다.

둘째, 삼위일체 하나님의 하나 됨과 같이 우리가 하나 되는 것(요 17:11)을 말하며, 둘이 하나가 되게 하시는(겔 37:16-17) 하나님의 마음이다. 또한 한반도의 하나 됨은 "하늘에 있는 것이나 땅에 있는 것이 다 그리스도 안에서 통일되게"(엡 1:10) 하심으로 하나님이 창조하신 모든 것을 그리스도 안에서 하나 되게 하시는 하나님의 마음이다.

셋째, 화해, 용서, 화목, 평강, 평화 등을 의미하는 샬롬은 하나님과 인간 사이의 막힌 담을 그리스도의 피로 허무는 것(엡 2:14)을 말하며, 원수 된 것을 십자가로 소멸시키는 것(엡 2:16)이다.

제3장 통일선교를 위한 참회

첫째, 우리는 이념 갈등을 복음의 능력으로 극복하지 못하고 오히려 증폭시키는 과오를 범했음을 참회한다.

둘째, 우리는 세속화되어 돈과 권력을 추구함으로써 복음의 본질을 잃어버렸음을 참회한다.

셋째, 우리는 믿음의 선조들이 보여준 민족 사랑과 역사의식을 적극 계승하지 못하였음을 참회한다.

제4장 통일선교 교육

복음통일은 하나님 나라 가치를 통해 민족정체성을 새롭게 창출하는 과정이 있어야 한다. 분단 이후 서로 다른 체제에 따라 형성된 상이한 가치관을 극복할 수 있는 것은 '하나님 나라 가치'이다. 통일의 과정에서 이를 극복할 수 있도록 노력해야 한다.

첫째, 통일선교 교육은 통일이 이루어지는 과정에서 가장 우선시해야 할 교육이다. 통일선교 교육을 통하여 북한사회와 주민에 대한 이해를 높이고, 나아가 북한 복음화를 연구해야 한다. 이를 위하여 범교회적으로 통일선교 교육을 실시해야 한다.

둘째, 한국교회는 탈북민을 주님의 사랑으로 품지 못한 것을 회개하고, 탈북민에게 예수 그리스도의 사랑과 섬김으로 복음을 가르치는 통일선교 교육을 적극적으로 실시하여(요 13:34, 고후 4:5), 복음을 받아들인 탈북민이 복음전파의 동역자가 되어 통일선교의 동력이 되게 해야 한다.

셋째, 통일선교 교육은 코리안 디아스포라 교회들과 함께하도록 한다. 코리안 디아스포라 교회의 지도자들이 통일에 대한 건강한 기준과 원칙을 가지도록 적극적으로 도우며, 디아스포라 교포 교회의 통일선교 교육을 통해 2, 3세대 코리안 디아스포라 교포 자녀들이 통일의 역군이 되게 한다.

제5장 한국교회·세계교회의 역할

1. 한국교회의 역할

첫째, 한국교회는 보수와 진보의 벽을 허물고, 연합하고 하나 되어 북한의 교회와 적극적인 대화와 교제, 협력과 나눔의 장을 만들어 북한 인권개선과 신앙의 자유가 이루어지도록 힘을 모아야 한다.

둘째, 한국교회는 통일선교 교육과 통일선교를 포함하는 통일한 반도 지향의 목회를 실시하고, 통일주간을 제정하고, 통일선교 교육과 기도회를 가져야 한다.

셋째, 한국교회는 재중 동포를 비롯한 코리안 디아스포라 교회가 북한 복음화를 위한 중요한 파트너임을 인식하고, 코리안 디아스포라 교회의 통일목회·통일선교를 위해 적극적으로 협력해야 한다.

2. 세계교회의 역할

첫째, 세계교회는 북한과 직접적인 만남을 통해 북한과의 사업과 개발, 교육과 인도주의적 교류를 통하여 '원수' 된 상태와 상관없이 국가와 민족의 경계를 뛰어넘어 관계를 맺을 수 있어야 한다(마 5:43-48, 갈 3:28).

둘째, 이산가족 상봉 문제는 코리안 디아스포라 모두에게도 중요한 문제이다. 가족과 생이별을 직접 경험한 세대가 사라지기 전에 세계교회는 코리안 디아스포라의 이산가족 상봉을 위해 신속한 조사와 상봉을 위한 노력이 있어야 한다.

제6장 정부, 기업, 언론, 종교의 역할

1. 정부의 역할

첫째, 통일된 한반도의 정부는 신앙의 자유를 보장하는 자유민주
주의에 입각한 통일 정부이어야 한다.

둘째, 한국교회는 정부가 인도적 차원의 대북 지원을 적극적으로
해주기를 기대한다.

셋째, 한국교회는 정부가 통일과정에서 보편적 인권에 입각한 북
한 인권 문제를 해결하는 데 적극 나서주기를 촉구한다.

넷째, 한국교회는 정부가 탈북 여성의 인신매매를 방관하고 체포
된 탈북민을 강제 북송하는 중국 정부의 비인도적 처사에 대
해 강력하게 항의하기를 촉구한다.

2. 기업의 역할

첫째, 한국교회는 기업이 통일연구와 통일운동을 하는 사회단체
(NGO)들을 적극 지원하고 통일의 일익을 담당할 탈북청년
들을 고용하여 통일 인프라를 구축하는 일을 확대하기를 촉
구한다.

둘째, 한국교회는 통일시대를 맞이하여 기업이 정당한 방법으로
기업 활동을 하고, 공정하고 정직한 기업문화를 창달하기를
기대한다.

셋째, 노사는 적대적 관계가 아니라 공동운명체이다. 현재의 노사
관계를 개선하지 않으면 노사 모두 통일 이후 큰 어려움에
봉착할 것이 분명하다. 한국교회는 협업(協業)·상생(相生)의
노사관계를 원한다.

3. 언론의 역할

첫째, 언론은 통일을 주제로 한 수준 높은 기사와 프로그램을 늘리고, 건강한 통일문화 창출에 선도적 역할을 담당해야 한다.

둘째, 언론은 탈북민을 소재로 할 때 흥미나 오락성을 지양하고, 북한에 존재하는 순수예술과 민족의 동질성을 알리며 실향민과 이산가족 문제를 소개하는 데 힘써야 한다.

셋째, 언론은 통일과 통일 이후의 문제를 책임 있게 다룰 수 있는 전문 언론인 양성에 힘써야 하며, 언론에 종사하는 모든 기독인은 통일선교가 한국교회의 중요한 사명임을 강하게 인식하고 예언자의 자세를 지녀야 한다.

4. 종교의 역할

첫째, 종교 지도자들은 영토·체제·심리적 분단에 따른 갈등을 극복하기 위해 통일 영성을 연구해야 한다.

둘째, 종교인들은 NGO 단체들과 연합하여 북한을 돕고 나누는 활동이 활성화되도록 적극 협력하여야 한다.

셋째, 종교인들은 남북이 하나가 되는 종교-문화 나눔 축제 등을 통해 남북 문화의 이질감을 극복하고 사회통합을 이룰 수 있게 해야 한다.

제7장 통일 이후 사회통합

첫째, 한국교회는 남북의 주민들이 정서적으로 한 동포요, 혈육으로 한 민족이며 신앙적으로 한 형제자매임을 고백한다.

둘째, 한국교회는 오랜 분단으로 이질화된 남북 주민들의 인성과 문화, 민족 정체성에 대해 서로 이해하고 존중하며 포용하여 새로운 공동체를 창조하는 데 앞장선다.

셋째, 한국교회는 기독교 진리가 사회 공공영역에 널리 퍼지도록 비기독교인과 소통이 가능한 공통 언어로 대화하며 사회통합을 선도한다.

제8장 섬김을 통한 복지, 교육 그리고 선교

첫째, 한국교회는 하나님 사랑과 이웃 사랑의 정신으로 남북한 통합을 위한 섬김의 모범을 보인다(마 22:36-40).

둘째, 한국교회는 통일 후 사회의 안정과 발전을 이끌어 갈 수 있도록 '기독교 복지관'을 세우도록 한다. 이를 통해 남북한 주민들의 심리적 안정을 도모하고 통일 시대에 필요한 역량을 갖출 수 있도록 돕는다(엡 4:4-6).

셋째, 한국교회는 북녘에 '기독교 학교'를 설립하여 복음 전파와 인재 양성의 사명을 감당하도록 한다. 또한 실력과 신앙을 겸비한 기독교 인재를 양성하여 통일 후 사회 발전을 이끌어 가게 한다(빌 2:1-4).

넷째, 한국교회는 남북한 선교의 사명을 감당해야 한다. 이를 위해 교회는 단순한 예배당이 아니라 지역사회를 섬기고 체계적인 기독교 교육을 제공하여 남북한 주민들이 함께 살아가는 터전이 되어야 한다(행 2:42-47).

제9장 북녘에 교회 세우기

첫째, 통일 후 북녘에 교회 세우기는 한국교회가 합의한 '북한교회 재건 원칙'의 정신을 계승하며, 변화된 상황과 여건에 따라 한국교회가 연합하여 발전시켜 나간다(엡 4:2-3).

둘째, 통일 이후 북한에 확산할 가능성이 높은 이단과 사이비 문제에 대해서는 한국교회 연합 차원에서 원칙을 세워 공동으로 대응한다.

셋째, 통일 후 북한 선교는 경쟁적 성과주의를 지양하고 모든 교단이 선교지 분할 협의를 통해 진행하되, 북한교회의 참여와 협력을 통해 추진해야 한다.

제10장 통일 이후의 교회 사명

첫째, 통일코리아 교회는 한국교회·코리안 디아스포라 교회·세계교회와 그리스도의 한 몸을 이룬다. 통일코리아 교회는 구속사적 삶으로 교회 구성원 간에 일어날 수 있는 남남갈등, 북북갈등, 남북갈등을 해결하는 주체가 되며 통일코리아의 사회 공공영역에서 일어날 갈등 전환과 해결을 선도한다.

둘째, 통일코리아 교회는 통일을 종착점이 아닌 출발점으로 인식하여, 통일코리아의 국력을 통해 세계 곳곳의 열악한 환경에 있는 국가를 대상으로 복음전도와 사회봉사 등의 선교적 사명을 감당해 나간다(마 3:11).

셋째, 통일코리아 교회는 분단으로 인해 동북아의 섬처럼 존재했
던 한반도가 대륙과 대양으로 이어지는 영토의 변화를 통해
세계선교의 구속사적 사명을 감당하는 선교허브국가가 되
도록(사 19:23-25; 43:18-20) 코리안 디아스포라 교회와 세
계교회가 함께하는 협의체를 구성한다.

IV. 통일코리아의 모습에 대하여

제11장 통일코리아

첫째, 통일코리아는 하나님의 언약 성취로 이루어지는 새로운 한
민족 공동체이다. 통일코리아의 모든 사람은 하나님의 형상
을 회복하며, 헌법으로 인간의 존엄과 행복추구권을 보장받
고, 나아가 하나님의 진리를 구현하는 제도의 기반 위에서
공공영역을 발전시키도록 노력해야 한다.

둘째, 통일코리아의 모든 사람은 분단국가에서 형성된 정체성을
서로 이해하고 존중하며, 조화롭게 공생하는 공동체를 형성
한다.

셋째, 통일코리아는 민주공화국을 표방하며, 자유와 평등을 포괄
하는 정의로운 국가를 지향한다.

넷째, 통일코리아는 자신의 능력에 따른 몫의 차이를 인정하며 그
에 따른 사유 재산권을 보호하고 자유로운 시장경제를 지향
하되, 사회적 약자를 보호하는 사회 안전망이 구축되도록 노
력한다.

다섯째, 통일코리아는 보편성에 입각한 인권을 보장하는 복지국
　　　가 건설을 지향한다.

여섯째, 통일코리아는 사회·경제적 공의를 보장하는 사회를 지향
　　　한다(암 5:24).

일곱째, 통일코리아의 교회는 한반도 주변국의 교회들과 긴밀히
　　　협력하여 공공 외교에 기여함으로써 통일코리아의 외교
　　　역량을 키우는 데 이바지한다.

제12장 통일코리아가 국제 사회에 주는 유익

첫째, 통일코리아는 한반도를 넘어 아시아-태평양 지역의 평화와
　　　번영에 이바지한다(시 122:7-9).

둘째, 통일코리아는 동아시아의 역사적 과오와 상처를 주변 나라
　　　들과 함께 지속적으로 극복해나가며, 역내 국가 간 화해를
　　　이끈다(사 32:17).

셋째, 통일코리아는 세계의 한인 동포사회와 함께 유라시아 경제·
　　　문화 교류를 촉진한다. 나아가 통일을 하나님의 은혜로 여기
　　　는 청지기로서 경제적 빈곤 국가들을 돕고, 분쟁지역의 갈등
　　　을 해결하는 데 적극 참여한다(벧전 4:10).

나가는 말

한국교회의 구성원들이 이 통일선교언약을 마음에 새기고, 이를
힘써 가르치며 널리 활용하는 일이 무엇보다 중요하다. 그럼으로
써 이 통일선교언약이 평화통일, 복음통일에 소중하게 쓰이기를
간절히 바라며 기도한다.

통일선교언약 해설서

본 해설서에서는 한국교회협의회(NCCK)의 "민족의 통일과 평화에 대한 한국기독교회 선언"을 '88선언'으로 표기한다. 한국기독교총연합회(CCK)의 "한국교회의 통일정책선언문"을 '96선언' 이라고 표기한다.

제1장

통일선교의 정의

한국교회는 복음통일을 지향한다. 복음통일의 목적은 분단의 문제를 우리의 죄로 인식하고 그리스도의 용서와 화해의 복음으로 극복하는 것이며, 남북의 체제와 제도, 이념을 초월하여 한반도와 열방에 하나님 나라를 세우는 것이다. 이를 이루기 위한 한국교회의 제반 선교적 행위를 통일선교라 한다.

복음통일의 원칙은 다음과 같다.

첫째, 성경적 의미에서 통일은 화해의 중보자 예수 그리스도를 통한 하나님과의 관계 회복이며, 교회는 예수 그리스도를 머리로 한 몸을 이루는 지체로서 하나가 되어야 한다(엡 2:14-18).

둘째, 통일에 있어서 교회의 사명은 맹목적 '통일지상주의'가 아닌 '선교 대위임'의 성취, 즉 영혼 구원에 있다. 그러므로 통일코리아를 통하여 북한에 복음을 전하고 땅끝까지 구원의 복음을 전하는 사명을 견지한다(마 28:18-20).

셋째, 남북의 통일은 세계 선교의 역사를 진행하고자 하시는 하나님의 구속사적 부르심과 사명의 시작이다(창 12:2-3).

I. 서론

> "한국교회는 복음통일을 지향한다. 복음통일의 목적은 분단의 문제를 우리의 죄로 인식하고 그리스도의 용서와 화해의 복음으로 극복하는 것이며, 남북의 체제와 제도, 이념을 초월하여 한반도와 열방에 하나님의 나라를 세우는 것이다. 이를 이루기 위한 한국교회의 제반 선교적 행위를 통일선교라 한다."

분단 이후 한국교회는 한반도의 통일을 위해서 갖은 노력을 해왔다. 흔히 북한을 복음화하기 위한 선교적 행위를 북한선교라고 명명하는데 1953년 휴전 이후 한국교회는 북한선교를 지속적으로 진행해 오고 있다. 북한선교는 이중적 요소를 가지는데 하나는 복음의 불모지가 되어버린 북한을 다시 복음화하는 행위이며, 다른 하나는 갈라진 같은 민족이 다시 하나가 되도록 통일을 이루는 노력이다. 한국교회가 북한을 복음화하고 더 나아가 민족의 통일을 이루기 위한 노력은 선교적 행위로 볼 수 있다. 따라서 북한선교 또는 통일선교라는 용어가 혼용되고 있어 용어의 정리가 필요하다.

II. 북한선교와 통일선교의 용어 정리

'북한선교'라는 용어는 한국교회가 가장 흔하게 사용해 온 개념으로, 1970년대에 처음 등장했다. 그 이전인 1950-1960년대에 이 용어가 등장하지 않았다는 것은 북한을 선교의 대상지로 여기지 않았다는 것을 방증한다. 이는 북한이 실향민에게는 금방 돌아갈 고향이요, 남한 성도들에게는 조만간 회복될 같은 민족으로 여겨졌기 때문이다.

그러나 20여 년이 지나면서 남북의 체제가 공고해지고 한국교회가 어느 정도 안정기에 들어서자, 북한을 공산 체제에 신음하는 곳으로 보면서 그곳을 선교지로 보기 시작하였다. 그로 인해 1970년대부터 1990년대 중반까지 북한선교라는 용어가 본격적으로 사용되면서 북한이 선교의 대상지로 변하였다. 북한을 대상화하여 공산 정권하에 있는 주민들에게 복음을 전하는 것이 가장 중요한 화두가 된 것이다. 이런 점에서 볼 때 북한선교란 "복음을 들을 수 없는 북한을 대상화하여 잃어버린 영혼에게 복음을 전하여 구원하는 한국교회, 한인교회, 세계교회의 선교적 행위"라고 정의할 수 있을 것이다.[1]

그렇다면 통일선교는 어떤 의미일까? 정확한 시점은 알 수 없으나 통일선교라는 용어가 사용되기 시작한 것은 1990년대 후반에서 2000년대 초반이다. 북한선교라는 용어가 사용되던 한국교회에서 통일선교라는 용어가 등장한 데는 두 가지 역사적 배경이 있다. 첫 번

---

1) 한국교회의 북한선교는 보수적 교회와 진보적 교회 양측의 입장 차가 매우 크게 나타난다. 조은식에 따르면 1970년대까지는 교회 대부분이 반공사상의 입장이었으나 진보적 교회는 자유와 인권과 사회정의를 강조하는 민주화운동을 추진하였다. 이 둘의 입장 차는 점점 커져서 80년대에 들어서면서 진보 진영은 통일신학을, 보수 진영은 북한선교적 관점에서 통일 문제를 접근하여 선교단체를 통한 활동 중심으로 움직이게 되었다(조은식, 『통일선교: 화해와 평화의 길』 (서울: 미션아카데미, 2007)). 복음주의 신학에서는 대표적으로 김영한의 십자가신학과 평화통일신학이 있다. 그는 "분단의 극복 노력이 우리들의 공로가 아니라 이미 그리스도의 십자가 공로에 근거하여 우리가 노력해야 할 제자직의 사명이다"라고 주장한다(김영한, 『개혁주의 평화통일신학』 (서울: 숭실대출판부, 2012)). 진보 진영에서 통일을 다루는 대표적인 신학자로는 신옥수가 있다. 그는 "통일신학의 어제와 오늘"에서 "통일신학은 한국적 상황신학으로서 한국교회의 민족적 과제를 위한 진지한 노력"이라고 평가하며 "앞으로도 민족통일에 대한 정치적·경제적·사회적·문화적 접근을 포함하여 지속적인 신학적 해석과 실천적 적용이 병행되어야 할 것이다"라고 제안한다(신옥수, "통일신학의 어제와 오늘," 『한국기독교신학논총』 61(2009):78).

째는 통일을 선교의 의미와 함께 연결 짓는 계기가 생기게 되면서이다. 2000년대 김대중 정부가 들어서면서 남북교류가 활발해지기 시작하였다. 이전까지의 북한선교는 북한 정권과 북한 주민을 분리하였고, 북한 정권은 타도의 대상이고 북한 주민은 선교의 대상이었다. 그러다가 김대중 정부의 햇볕정책으로 인해 타도의 대상으로만 여겨졌던 북한 정부와 교류하면서 협력할 부분은 협력하게 되는 관계로 발전되게 되었다. 북한 정부의 협력이 없이는 남북교류가 불가능하다. 남북교류는 남북한 주민이 만나는 통로로서 북한선교의 간접적 선교가 되고 이는 향후 통일을 위한 디딤돌이 된다. 이때부터 북한 정부를 인정하는 상태에서 통일이라는 거대 담론이 선교적 과제로 부각되며 통일선교라는 용어가 생겨나기 시작했다.

둘째는 1990년대 중후반에 북한에서 발생한 대규모 아사 사건으로 인해 탈북자들이 한국으로 들어오기 시작하면서부터이다. 북한이탈주민(탈북민)들의 존재는 한국교회에 통일의 가능성과 통합의 중요성을 일깨웠다. 이전까지는 불가능해 보였던 통일이 남한 내에서 '남북한 사람의 만남'으로 작은 통일을 이루게 되었다. 이전에는 한국교회가 북한 주민을 만나지 못한 채로 '복음전파의 대상으로서 북한'을 향한 선교가 이제 남북주민이 '함께함으로써 통일선교'로 변모하게 되었다.

셋째로 북한선교의 주축이었던 실향민 세대가 고령화되고 은퇴하면서 새롭게 일어나는 전후 세대에게 북한은 옛 고향을 넘어선 타 문화권 선교로 변모하고 있다는 점도 통일선교라는 용어를 사용하게 되는 중요한 지점이다. 북한을 경험하지 못한 전후 세대는 남한으로 내려온 탈북민들과 교류하면서, 북한을 대상화하여 복음을 전파하는 것도 중요한 일이지만 무엇보다 남북한 사람의 통합이 얼마나 어려운 일인지를 깨달아 가고 있다. 통일을 넘어서 서로 다른 문화의 통합이 어렵다는 것을 깨달은 그들은 북한을 대상화하는 것에서 남한 주민도 북한 문화에 대한 수용성이 있어야 함을 느낀다. 이런 과정을 통해서 북한이 대상화된 북한선교는 향후 북한과 함께 살아갈 통일선교로 변화되어가고 있다. <표 1>은 북한선교가 어떻게 통일선교로 바뀌어 가고 있는지를 보여준다.

〈표 1〉

	1950-1960년대	1970-1980년대	1990년대	2000-2010년대
용 어	없음	북한선교	북한선교 또는 통일선교	통일선교 또는 통일목회
선교의 주체	실향민	실향민, 남한 성도	남한 성도	남한 성도, 탈북민
선교의 대상	고향, 공산 체제 전복	북한, 공산 체제 전복	북한	북한, 고향
문화권 인식	동일문화권	동일문화권	동일문화권 또는 동질문화권	타 문화권 또는 동일문화권
중심 주제	북한교회 회복	북한교회 재건	복음 전파	하나님 나라

　　북한선교가 북한을 품고 북한 주민과 함께 살아갈 의미에서의 통일선교로 진전되면서 제기되는 것이 용서와 화해의 문제이다. 함께 살아가기에는 전쟁의 상처가 깊고 이념의 차이가 크기 때문이다. 이는 탈북민이 한국에 들어와 한국사회에 정착하는 과정에서, 남한 내에 살지만 여전히 탈북민 사회는 '남한 내 북한'을 살아가는 모습에서

나타나고 있다. 이러한 사실은, 서로 다른 남한과 북한의 진정한 통일은 복음의 핵심인 용서와 화해의 복음이 아니고서는 어렵다는 것을 말해주고 있다. 그리고 이는 북한선교가 개인 구원과 북한 복음화라는 대명제에서 시작하지만 정작 전쟁을 치른 남과 북의 용서와 화합은 북한 복음화의 문제를 넘어서는 더 큰 문제가 남아 있음을 보여준다. 남한도 더 용서하고 화해하는 진정성 있는 자세를 보여야 한다는 것이다. 이런 과정을 통해 통일에 도달하게 되는데, 통일은 반드시 남과 북의 화해와 용서로 이루어지는 평화통일이어야 한다. 이것은 개인 구원을 넘어서는 복음이며, 하나님과 화목하고 이웃과 화목하라는 온전한 복음이다.

이런 점에서 볼 때 통일선교란 "남과 북이 복음 안에서 용서하고 화해하며, 개인적 구원과 민족적 구원을 이루는 한국교회와 한인교회의 선교적 행위"라고 할 수 있다. 이것은 한반도의 민족적 과제이자 세계교회의 과제이다. 물론 아직까지 세계교회가 적극적으로 참여하지는 못하지만, 동북아의 한반도의 평화가 세계평화에 미치는 영향이 지대하기 때문에 세계교회 역시 통일선교에 간접적으로 참여한다고 볼 수 있을 것이다.

III. 복음통일의 성경적 정의

지금까지 북한선교와 통일선교에 대해서 논하였다. 이 두 용어가 지향하는 용어는 복음통일이라고 할 수 있을 것이다. 그러면 복음통일의 성경적 근거가 무엇이고, 이를 위한 노력은 어떻게 전개되어야 할 것인가?

복음통일의 원칙은 다음과 같다.

> "첫째, 성경적 의미에서 통일은 화해의 중보자 예수 그리스도를 통한 하나님과의 관계 회복이며, 교회는 예수 그리스도를 머리로 한 몸을 이루는 지체로서 하나가 되어야 한다(엡 2:14-18)."

통일이라는 단어는 성경에서 유일하게 에베소서에서만 사용되고 있다. "하늘에 있는 것이나 땅에 있는 것이 다 그리스도 안에서 통일되게 하려 하심이라"(엡 1:10), "하나님도 한 분이시니 곧 만유의 아버지시라 만유 위에 계시고 만유를 통일하시고 만유 가운데 계시도다"(엡 4:6).

에베소서 1장 10절은 예수 그리스도 안에서 만유가 하나로 통일되는 것을 의미하며, 4장 6절에서는 동일하게 하나님이 그분 안에서 만유를 하나로 통일하시는 것을 의미한다. 성경에서 통일이라는 단어는 성자와 성부 안에서 만유가 하나로 통일되는 것을 의미할 때 사용된다. 이것은 다른 것들이 하나로 연결되는 것으로 확장되는데, 유대인과 이방인이 그리스도의 피로 가까워질 뿐만 아니라 십자가 안에서 한 몸이 되어 '한 새 사람'(엡 2:11-16)으로 변모시키는 일을 언급하고 있다.

더 나아가서 하나 되는 일은 성부와 성자의 일을 넘어서 성령의 사역으로까지 언급된다. "평안의 매는 줄로 성령이 하나 되게 하신 것을 힘써 지키라 몸이 하나요 성령도 한 분이시니 이와 같이 너희가 부르심의 한 소망 안에서 부르심을 받았느니라"(엡 4:3-4).

이처럼 성부와 성자, 성령의 하나 되게 하는 것이 통일 사역임을 성경은 말하고 있다. 본질적으로 복음 사역은 삼위 하나님의 하나 되게 하심을 전파하는 사역으로서, 온 인류 즉 탕자였던 자녀들이 하나님께로 다시 돌아와(눅 15장) 그분께 경배를 드리게 하는 사역이라고 정의할 수 있다.

그러면 이러한 복음 사역이 한반도의 통일 사역에 어떻게 적용될 수 있을 것인가? 복음통일이라는 용어에서 통일이라는 단어는 한반도의 통일보다 훨씬 큰 우주적 개념으로서 기능한다. 그러나 그 통일의 원리는 하나 됨에 기초하고 있다. 이 하나 됨의 원리는 원래 하나였던 것이 분리되었다는 것을 전제로 한다. 하나님과 인류는 창조주와 피조물로 하나 된 관계였다. 죄의 결과로 이 관계는 파괴되었지만 예수 그리스도의 십자가 희생으로 다시 인류는 하나님과 하나 될 수 있는 근거를 마련하였다. 그리고 그 예수를 따르는 자들 사이에는 성령의 하나 되게 하심의 역사로 형제간에 하나 될 수 있는 역사가 시작된 것이다. 그것이 유대인과 이방인 간의 적대가 사라지게 된 가장 큰 이유이다.

이러한 하나 됨의 정신을 한반도에 적용해 본다면, 원래 하나의 민족인 남과 북의 분단은 정상적인 것이 아니며 다시금 하나로 통일되어야 함을 알 수 있다. 그 분리도 자연스러운 분단이 아니라 강대국의 지배 논리의 희생양인 동시에 남과 북의 이념 대결과 그로 인한 전쟁의 결과이기 때문에 성령의 하나 되게 하시는 일을 적극적으로 실행해야 한다.

그렇다면 하나 되게 하는 성경의 정신은 무엇일까?

A. 용서

첫째로 용서가 필요하다(마 18:21-22). 용서는 상호 간에 일어나는 행위이다. 어느 일방이 용서한다고 해서 용서가 되는 것이 아니다. 가해자가 피해자에게 용서를 구할 때 피해자가 그것을 받아들여야 진정한 용서가 이루어지는 것이다. 현재 일본의 위안부 문제나 강제 징용 문제에서 용서의 의미가 무엇인지를 볼 수 있다. 피해국인 한국이 일본의 진정성 없는 사과를 받아들이지 못하는 상태라면 진정한 용서는 이루어지기 어렵다. 마찬가지로 남북분단에 대해서 남북 당사자 간에 용서가 있어야 하는데, 문제는 남북분단은 서로 다른 이념과 그에 근거한 서로 다른 체제가 전쟁이라는 충돌을 통하여 이루어진 결과라는 점이다. 한 측에서 용서를 구한다는 것은 그 체제 내부에서 보면 자신의 체제를 거부하는 결과가 되고 말기 때문에 서로를 향한 용서는 각 진영에서 나오기가 어려운 실정이다.

그렇다면 결국 더 큰 틀에서 접근할 수밖에 없을 것이다. 그것은 바로 서로 다른 이념과 체제를 갖고 있지만, 우리는 한 형제였고 지금도 한 형제라는 변함없는 사실이다. 서로 싸웠고 서로 갈라져 있다 할지라도 우리는 같은 역사와 문화를 분단 기간보다 훨씬 오랫동안 공유하였다. 지금은 조금 달라졌지만 우리 남과 북은 세계에서 유일하게 통역 없이 대화가 가능한 국가이며 형제이다. 형제간에 싸움을 정리하고 서로 용서를 구하는 자세가 필요하다.

더 나아가 그리스도인의 용서에 관한 부분이다. 그리스도인의 용서는 쌍방 간의 용서를 전제로 하지는 않는다. 그것은 일방적이며 무조건적인 용서에 기초를 두고 있다. 하나님의 인류를 향한 사랑이 바로 그것이기 때문이다. 이스라엘을 향한 하나님의 외침과(사 55:6-7) 인류를 향한 하나님의 무조건적인 사랑은(롬 5:10) 이스라엘이나 인류의 반응을 보고 베푸시는 사랑이 아니었다. 그것은 하나님을 버리고 이방신을 섬긴 이스라엘이나 창조주를 알지 못한 채 피조물을 섬기는 어리석은 인류를 향해서 자신의 아들을 십자가로 내어주시는 무조건적 사랑인 것이다.[2]

예수 그리스도가 십자가에서 "아버지 저들을 사하여 주옵소서 자기들이 하는 것을 알지 못함이니이다"(눅 23:34)라고 외치신 것은 하나님의 용서가 쌍방이 아니라 무조건적이며 일방적임을 보여주고 있다. 이는 예수 그리스도를 따르는 그리스도인의 용서가 어떤 성격이어야 하는지를 알려준다. 북한을 향해서 일반 국민은 상호 간에 용서가 없으면 한 발자국도 나아갈 수 없다고 생각하지만, 그리스도인은 마치 십자가 밑에서 그들이 무슨 일을 하고 있는지를 깨닫지 못하는 로마 병정들과 같은 북한을 향해서 용서를 선포하는 일을 해야 하는 것이다. 물론 이 일이 매우 어렵고 선뜻 할 수 있는 일은 아니다. 그러나 그리스도를 따르는 자들이 무조건적으로 사랑을 받아 깨달음을 얻고 구원을 얻었듯이 우리도 북한을 향해서 그들의 죄를 용서하는 일을

주도홍, "기독교와 북한정권의 변화와 용서-한국교회의 소명:'화해의 디아코니아'", 제1회 복음-평화-통일 컨퍼런스 발제문 (2019년 11월), 28.

통일선교언약 전문 · 해설서

시작해야 한다.

B. 화해

둘째는 화해이다. 화해는 용서가 시작될 때 비로소 가능하다. 용서하는 자가 먼저 손을 내밀고, 용서받는 자가 자신의 죄과를 고백하고 사과할 때 진정한 화해가 이루어질 수 있다. 따라서 그리스도의 십자가를 통한 하나님의 화해는 그 십자가 사건을 믿음으로 받아들이는 인간의 편에서 시작되는 것이다. 즉 그리스도를 통해서 하나님과 화해가 이루어지게 된다(고후 5:18). 그리고 하나님께서는 우리 그리스도인에게 이 화해의 직분을 맡기고 계신다. 마찬가지로 남과 북의 화해는 그리스도의 십자가 사건을 받아들이는 그리스도인들을 통해서 시작되는 것이다. 화해의 직분을 맡은 자들에게 들려진 수단은 하나님의 말씀이다(고후 5:19). 이 말씀을 들려줄 사명이 바로 그리스도인에게 있다.

남북의 그리스도인들이 화해를 시작할 수 있지만 현실적으로 북한의 그리스도인들은 영향력을 발휘할 수 있지 못하기 때문에 남한의 그리스도인들부터 화해하는 작업을 시작해야 한다.

C. 평화에 대한 사명감

셋째, 평화에 대한 사명감이다. 구약의 메시야는 평화의 왕(사 9:6)으로 예언되어 있으며 그 평화는 다함이 없고(사 9:7), 여호와의 최종적인 목표는 온 세상이 평화로 가득 차는 것이다(사 66:12). 신약의 예수 그리스도 역시 평화를 만들어가는 자는 복이 있다고 하시며(마 5:9), 그를 따르는 자에게 평화를 주시기를 기뻐하신다고 선포하신다(요 16:33). 더 나아가 그리스도의 십자가는 하나님과 화목하게 하여 궁극적으로는 평화를 가져오는 것으로 묘사된다(골 1:20).

이처럼 그리스도인들은 예수 그리스도가 이 땅에 진정으로 가져오기를 원했던 평화를 이 분단의 땅 한반도에 가져오는 것을 사명으로 여겨야 한다. 지난 70여 년간의 분쟁과 분열, 분단의 질곡을 끊어낼 수 있는 평화에 대한 갈망으로 그 마음이 가득 차야 한다. 그리스도의 몸인 교회는 평화 공동체로서 자신의 정체성을 분명히 가질 때 이 사명을 감당할 수 있을 것이다.

D. 자유의 확산

마지막으로 그리스도 안에서 얻어지는 자유이다. 자유는 진리 되신 그리스도께서 그를 믿는 자들에게 주시는 선물이다. "진리를 알지니 진리가 너희를 자유롭게 하리라"(요 8:32). 자유는 인간에게 가장 필요한 존재의 법칙이다. 예수께서 이 땅에 오셔서 자신의 사명을 선포하시는 일도 "눌린 자를 자유롭게"(눅 4:18) 하는 일이었다. 죄의 멍에를 지고 자유하지 못한 인간을 예수께서 그 죄의 짐을 풀어 자유롭게 해주시는 것이다. 그러므로 자유는 그리스도인이 누릴 특권이고 복음이 전파되는 곳마다 나타나는 현상이다.

지금까지 위에서 언급한 세 가지 원리는 한반도의 분단의 빗장을 여는 성경적 원리인데 이것들은 한반도 전체를 바라보는 거시적 접근법에서 나오는 원리라고도 할 수 있다. 이와 별도로 자유는 개인적이고 미시적인 접근인데 이것은 북한 주민 개개인에게 절대적으로 필요한 덕목이다. 이 자유는 신앙의 자유, 집회의 자유, 언론의 자유 등을 포함하는 모든 종류의 자유이다. 북한 주민이 복음을 듣고 받아들일 수 있는 자유가 오지 않는다면 위에서 언급한 모든 것은 그리 효과적이지 못한 것으로 그칠 가능성이 많기 때문이다.

이를 위해 한국교회와 그리스도인들은 북한 주민에게 신앙의 자유를 비롯한 인간 본연의 자유가 확산되도록 노력해야 한다. 이것은 복음 전파를 비롯한 각종 사역이 포함되는 영역일 것이다.

IV. 복음통일의 목적은 무엇인가?

"둘째, 통일에 있어서 교회의 사명은 맹목적 '통일지상주의'가 아닌 '선교 대위임'의 성취 즉 영혼 구원에 있다. 그러므로 통일코리아를 통하여 북한에 복음을 전하고, 땅끝까지 구원의 복음을 전하는 사명을 견지한다(마 28:18-20)."

복음통일의 목적은 남과 북의 통일을 넘어서는 일로서 한반도의 평화와 더 나아가 동북아와 세계 평화를 견인하는 일을 하는 것이며, 예수 그리스도의 지상 대명령인 세계선교에 이바지하는 일이다.

먼저, 분단된 한반도의 통일은 한반도에 평화가 도래하는 일이 될 뿐 아니라 세계사적인 일이 될 것이다. 왜냐하면 한반도의 분단은 남북 자체의 이념 분단으로 인해 국토 분단까지 이르게 되었지만 한반도를 둘러싼 공산주의와 자유 진영 간의 대결이기도 하다. 세계 어느 곳을 둘러봐도 세계의 수퍼파워 국가들(미국, 중국, 러시아, 일본)로 둘러싸여 있는 나라는 한반도가 유일하다. 이들은 한국전쟁 때에도 초강대국이었지만, 지금도 여전히 세계 초강대국들이며 이들의 대결은 더욱 거세지고 있는 실정이다. 이런 상황에서 한반도의 통일과 평화는 세계사에서 유례를 찾아보기 어려울 정도의 역사적 사변이 될 것이며 '마치 꿈꾸는 것'(시 126:1) 같은 사건이 될 것이다. 따라서 복음통일은 한민족의 분단을 치유하는 것을 목적으로 하는 동시에 동북아와 세계의 평화 확산을 목적으로 한다.

더 나아가 복음통일은 세계선교에 이바지하는 일이다. 대한민국의 교회는 세계교회사에 유례가 없을 정도로 빠른 성장을 이루었다. 더 나아가 세계선교에 지대한 영향을 미치는 교회로 성장하였다. 그러나 한국교회는 분단의 늪에 빠져서 북한을 복음화하는 일에 진척을 보지 못하는 기이한 상황을 연출하고 있다. 전 세계로 선교사를 보내고 열방을 구원하는 일에는 최선을 다하면서도 같은 동포인 북한 형제들에게는 가지도 못하고 갈 수도 없는 데다, 이러한 답답한 현상을 타개하고자 하는 의지도 여타 세계선교에 대한 의지에 비하면 현저히 떨어지는 것이 사실이다.

그러나 세계선교의 입장에서 보면 북한은 세계에서 가장 혹독하게 기독교를 탄압하는 국가이다.[3] 한국교회가 세계선교에 더욱 헌신

---

3) http://www.kidok.com/news/articleView.html?idxno=113378, [오픈도어선교회 '2019 세계 기독교 박해 보고서' 발표], 2020년 10월 21일 검색. 북한은 2002년 이후 18년째 기독교 핍박국가 1위에 올라 있다.

하기를 원한다면 북한을 선교하는 일이야말로 가장 효과적인 세계선교의 일환이 될 수 있을 것이다. 그 이유는 그것이 북한의 고통당하는 주민들을 살리는 일이 될 것이기 때문이다. 더 나아가 북한 체제 아래에서 고통당하던 주민들이 복음으로 다시금 무장되면 세계선교를 위한 훌륭한 자원이 될 수 있기 때문이다.

현재의 한국교회는 그동안 타올랐던 세계선교의 열기가 식어가고 있는 형편에 있다. 그러나 통일은 한국교회의 선교적 DNA를 다시 깨우는 계기가 될 수 있다. 그동안 한국교회의 세계선교는 공항 중심의 선교였다. 다시 말하면 대륙으로 통하는 길이 분단으로 인해 막혀 있었기 때문에 한국교회가 선교지역으로 가려면 상당한 헌신이 필요한 구조였다. 그러나 통일이 되면 대륙이 열리고 분단 이후 한국교회는 처음으로 타 문화권 국가를 국경을 맞대고 만나게 된다. 타 문화권과의 직접적인 조우는 한국교회의 선교 열정을 다시금 불붙일 수 있는 좋은 계기가 될 것이다.

한국교회가 통일을 준비하는 과정과 그 이후를 잘 준비한다면 한국은 다시금 세계선교를 감당하는 국가로 설 수 있게 될 것이다. 이는 통일이 단지 민족의 문제를 넘어서 세계 열방을 구원하는 교회사적이고 선교적인 의미를 지니게 되는 것이다.

V. 어떻게 복음통일을 감당할 것인가?

"셋째, 남북의 통일은 세계선교의 역사를 진행하고자 하시는 하나님의 구속사적 부르심과 사명의 시작이다(창 12:2-3)."

지금까지 복음통일의 정의와 목적을 설명했다. 그러면 이제 우리는 어떻게 복음통일을 감당할 수 있을 것인가? 자세한 방법을 이야기하기보다는 하나님의 주권과 인간의 노력이란 측면에서 살펴보도록 하자.

애굽의 400년 노예 생활에서 이스라엘 백성들을 출애굽시키신 분은 하나님이셨다. 또한 바벨론의 70년 포로 생활에서 고토로 귀환하게 하신 분도 하나님이셨다. 이처럼 나라와 주권의 회복은 하나님의 전적 주권에 달려 있다. 이와 비슷하게 일제 36년간의 식민통치에서 한반도는 기적과 같이 광복을 맞이하게 되었다. 누구도 예상치 못한 결과였다. 독일의 통일도 갑작스러운 동독의 붕괴로 이루어졌다. 역사의 주관자는 하나님이심을 우리는 믿는다.

복음통일의 주권도 전적으로 하나님께 있음을 고백한다. 주께서 이 나라를 불쌍히 여기셔서 갈라진 조국과 민족이 다시금 하나 되게 하실 것을 믿음으로 고백해야 한다. 그리고 그 일을 속히 이루어 달라고 기도해야 한다.

그러나 인간의 편에서 준비해야 하는 작업들이 있다. 일제 치하 36년 동안 우리 선조들은 끊임없이 독립 국가를 만들기 위해서 노력했다. 임시정부 설치, 만주와 연해주에서의 독립군 운동, 미주와 유럽에서의 외교적 노력 등 수없는 준비와 노력이 있었다. 이러한 노력이 헛되지 않아 해방 후 우리 선조들은 나라를 세우는 일에 빠르게 착수할 수 있었다.

마찬가지로 전적으로 하나님의 주권을 인정하면서도 다가올 통일시대를 준비하는 것은 우리 교회와 그리스도인들이 무한히 노력해야 하는 것이다. 그날이 도적같이 이를 수도 있으며, 혹은 준비하는 자들의 여망대로 하나씩 풀어져 나갈 수 있기 때문이다. 어떤 형태로든지 통일의 준비과정과 그 이후는 '기름을 준비한 다섯 처녀'(마 25:13)처럼 준비한 자만이 그 기쁨을 더 많이 누릴 수 있을 것이다.

이 통일언약 해설의 많은 부분이 통일 준비에 관한 내용이다. 영역별로 통일을 어떻게 준비할 것인지에 대해 나누고 있다. 이 시대의 그리스도인들이 자신이 속한 영역에서 다가올 통일을 실제적으로 고민하고 준비하는 자세가 필요하다. 교회는 이렇게 할 수 있도록 지속적으로 격려하고 방향을 제시하여 통일을 향한 민족적 열망이 꺼지지 않고 점화되어 확산되게 하는 역할을 하여야 할 것이다.

참고문헌

김영한. 『개혁주의 평화통일신학』 (서울: 숭실대출판부, 2012).

신옥수. "통일신학의 어제와 오늘" 「한국기독교신학논총」 61(2009): 55-83.

조은식. 『통일선교: 화해와 평화의 길』 (서울: 미션아카데미, 2007).

오픈도어선교회. 2019 세계 기독교 박해 보고서.

http://www.kidok.com/news/articleView.html?idxno=113378, 2020년 10월 21일 검색.

제 2 장
통일선교의 당위성

첫째, 하나님의 형상을 회복하는 것과 죄로 말미암아 분열되었던 것(창 10:5)을 다시 연합으로 회복하는 것이며(시 133:1-3), 자기 민족에게 복음을 선포하고(행 9:15, 롬 9:1-3), 땅끝까지 그리스도의 증인이 되어(행 1:8) 열방을 주의 제자로 삼는 것이다.

둘째, 삼위일체 하나님의 하나 됨과 같이 우리가 하나 되는 것(요 17:11)을 말하며, 둘이 하나가 되게 하시는(겔 37:16-17) 하나님의 마음이다. 또한 한반도의 하나 됨은 "하늘에 있는 것이나 땅에 있는 것이 다 그리스도 안에서 통일되게"(엡 1:10) 하심으로 하나님이 창조하신 모든 것을 그리스도 안에서 하나 되게 하시는 하나님의 마음이다.

셋째, 화해, 용서, 화목, 평강, 평화 등을 의미하는 샬롬은 하나님과 인간 사이의 막힌 담을 그리스도의 피로 허무는 것(엡 2:14)을 말하며, 원수 된 것을 십자가로 소멸시키는 것(엡 2:16)이다.

I. 들어가면서

통일선교언약서 제1부 제2장은 통일선교의 당위성으로 '통일선교를 왜 해야 하는지'에 대한 성경적 배경을 말한다. 성경적 배경을 담은 통일선교의 당위성은 전 세계 그리스도인들이 공동으로 행동을 실천하는 데 원동력이 된다.

본 언약서는 통일선교의 당위성을 세 가지로 설명하였다. 첫째는 "하나님의 형상을 회복하는 것과 죄로 말미암아 분열되었던 것(창 10:5)을 다시 연합으로 회복하는 것이며(시 133:1-3), 자기 민족에게 복음을 선포하고(행 9:15; 롬 9:1-3), 땅끝까지 그리스도의 증인이 되어(행 1:8) 열방을 주의 제자로 삼는 것"이다. 둘째는 "삼위일체 하나님의 하나 됨과 같이 우리가 하나 되는 것(요 17:11)을 말하며, 둘이 하나가 되게 하시는(겔 37:16-17) 하나님의 마음"이고, 또한 한반도의 하나 됨은 "하늘에 있는 것이나 땅에 있는 것이 다 그리스도 안에서 통일되게(엡 1:10) 하심으로 하나님이 창조하신 모든 것을 그리스도 안에서 하나 되게 하시는 하나님의 마음"으로 창조주 하나님의 마음인 '하나 됨'을 배경으로 삼는 것이다. 마지막 셋째는 "화해, 용서, 화목, 평강, 평화 등을 의미하는 샬롬은 하나님과 인간 사이의 막힌 담을 그리스도의 피로 허무는 것(엡 2:14)을 말하며, 원수 된 것을 십자가로 소멸시키는 것"(엡 2:16)으로 '샬롬으로의 회복'을 의미하는 것이다. 결국 통일선교의 당위성은 '하나님의 형상 회복으로의 선교', 하나님의 거대한 계획인 '하나 됨', '샬롬으로의 회복'으로 요약할 수 있다. 이 세 가지는 이미 1988년에 선포된 '민족의 통일과 평화에 대한 한국기독교회 선언'(이하 88선언)과 1996년에 선포된 '한국교회 통일정책선언'(이하 96선언)에서 일부 언급되었으나 통일선교언약서는 이를 더 확대하여 구체적으로 선언하였다.

II. 3대 당위성

A. 첫째 : 통일선교를 통하여 열방을 하나님 형상으로 회복시키는 것

> "첫째, 하나님의 형상을 회복하는 것과 죄로 말미암아 분열되었던 것(창 10:5)을 다시 연합으로 회복하는 것이며(시 133:1-3), 자기 민족에게 복음을 선포하고(행 9:15, 롬 9:1-3), 땅끝까지 그리스도의 증인이 되어(행 1:8) 열방을 주의 제자로 삼는 것이다."

당위성의 첫 번째 주요한 단어는 '선교'이다. 88선언이 있기 전까지 선교를 타 문화권 선교나 해외 선교로 인식한 한국교회는 한반도 통일을 선교의 과제로 삼지 않았다. 그 이유는 한반도 통일이 정치적 혹은 민족적 숙제이자 과제라고 생각하였기 때문이다. 그런데 88선언에서 처음으로 한반도 통일을 선교적 과제로 삼았다. 88선언을 보면 "이제 우리 한국교회는 그리스도인들 모두가 평화를 위하여 일하는 사도로 부름을 받았음(골 3:15)을 믿으며, 같은 피를 나눈 한 거레가 남북으로 갈라져 서로 대립하고 있는 오늘의 이 현실을 극복하여 통일과 평화를 이루는 일이 한국교회에 내리는 하나님의 명령이며, 우리가 감당해야 할 선교적 사명(마 5:23-24)임을 믿는다"라고 하였다. 이러한 한반도 통일을 선교로 보는 관점은 96선언에서도 이어진다. 96선언을 보면 "우리 민족의 통일은 우리 주님께서 교회에 주신 지상과제인 선교와 직결되고 있음을 고백한다"고 하였다. 두 선언서가 다 한반도 통일을 선교로 봄으로써 한국교회가 한반도 통일을 선교로 새롭게 인식하게 되었다.

선교는 한반도의 복음통일을 이루는 과정이다. 복음이 아니면 통일선교는 의미가 없어진다. 복음이 통일선교의 핵심이 되어야 하는 이유는 그리스도가 아니면 죄로 분열되었던 것을 다시 통일로 회복할 수 없기 때문이다. 복음이 아니면 한반도에 바른 하나님 나라가 세워지지 않고 정치적 기독교 왕국(Christendom)이 세워지게 된다. 정치적 기독교 왕국이란 복음 없는 하나님 나라를 세우는 것을 말한다. 복음으로 선교하는 것만이 하나님의 다스림이 있는 진정한 하나님 나라를 이 땅에 세울 수 있다. 선교는 복음으로 시작해서 복음으로 끝난다. 이 의미는 복음으로 그리스도의 제자를 삼는 것(마 28:19-20)이고, 복음으로 그리스도의 증인(행 1:8)이 되는 것이다. 이러한 선교의 결과로 하나님의 형상이 회복되고 죄로 분열되었던 것(창 10:5)을 다시 하나로 통일(시 133:1-3)되게 만든다.

선교를 통해 복음이 땅끝까지 증거되는 과정에서 '누구에게 증거할 것인가'의 질문에 성경은 '모든 민족'(마 28:29)이라고 하였다. '모든 민족'은 '모든 국가'뿐 아니라 '모든 족속'을 의미한다. 마태복음에서 언급한 '모든 민족'은 대상이 광범위하여 사도행전에서는 "예루살렘과 온 유대와 사마리아와 땅끝"(행 1:8)으로 구체적으로 구분하였다. 선교의 두 구절은 장소와 시기에 차이가 있다. 이러한 차이는 선교에 대한 강조점의 차이를 만들었다. 마태복음은 갈릴리에서 말씀하신 것이고, 사도행전은 감람산에서 승천하시기 직전에 하신 말씀이다. 이런 시기적 차이는 그리스도인에게 자민족을 향한 선교와 함께 땅끝까지 선교하라는 의미를 부여하게 된다. 즉 '내 민족'과 더불어 '열방'을 향해 선교해야 함을 강조한 것이다.

자민족 선교에 대한 것은 사도 바울을 통해 강조된다. 사울(바울의 옛 이름)이라는 청년이 다메섹으로 가는 도중에 예수님을 만났다. 그곳에서 예수님의 부름을 받고 선교사가 되었다. 성경은 사울의 부르심에 대해 "주께서 이르시되 가라 이 사람은 내 이름을 이방인과 임금들과 이스라엘 자손들에게 전하기 위하여 택한 나의 그릇이라"(행 9:15)고 하였다. 바울의 부르심에는 이방인을 위한 선교와 이스라엘을 위한 자기 민족선교가 동시에 드러난다. 사도 바울은 이 소명에 대해 깊이 이해하였고 고민하였다. 그는 로마 군인에 의해 가이사랴로 끌려가 아그립바 왕을 만나게 되는데, 이때 유대인이 고발하는 모든 일을 그 앞에서 변론하면서(행 26:2) 과거 다메섹으로 가는 도중에 소명을 받은 사건에 대해 말하였다.

> "일어나 너의 발로 서라 내가 네게 나타난 것은 곧 네가 나를 본 일과 장차 내가 네게 나타날 일에 너로 종과 증인을 삼으려 함이니 이스라엘과 이방인들에게서 내가 너를 구원하여 그들에게 보내어 그 눈을 뜨게 하여 어둠에서 빛으로, 사탄의 권세에서 하나님께로 돌아오게 하고 죄 사함과 나를 믿어 거룩하게 된 무리 가운데서 기업을 얻게 하리라 하더이다"(행 26:16-18)

바울은 열방과 더불어 자기 민족을 위한 선교에 자신이 부름 받았다는 것을 아그립바 왕에게 설명하였다. 그의 선교 대상은 이방인과 왕들과 이스라엘이었다. 그는 이방인에게 복음을 전하기 위해 마게도냐까지 갔고, 임금들에게 복음을 전하기 위해 유대 왕 아그립바(행 26장)와 유대 총독인 벨릭스(행 24:10-23)와 베스도(행 25장)를 만났다. 그리고 이스라엘에 복음을 전하기 위해 유대인 회당을 방문하였고(행 22:1-11; 롬 9:3) 죄수의 신분으로 로마에서 연금상태가 되었을 때(행 28:16) 유대인 중 높은 사람들을 청하여 복음을 전하였다(행 28:17). 사도 바울은 이방 선교와 더불어 동족을 향한 부르심도 함께 받았다는 것을 잊지 않았다. 그는 어떤 순간에도 동족에게 복음을 전하기를 멈추지 않았다. 그의 종말론은 결국 이스라엘의 회복이다. 사도 바울의 선교를 한마디로 정의한다면 '민족을 품고 세계를 품은 선교'(롬 9:1-3, 10:1)였다. 열방과 자기 민족을 품고 선교하는 것은 하나님의 구원계획의 걸음이며 그리스도의 지상명령을 이루는 것으로, 창조된 하나님의 사람들을 제자로 삼고 잃어버린 하나님의 형상을 회복시키는 것이다(창 1:26).

하나님의 형상 회복에 대해 88선언은 언급이 없으나 96선언에서는 "통일한국은 모든 사람이 하나님의 형상으로 지음 받은 인간으로서의 존엄성이 존중되는 나라이어야 한다"고 하였다. 인간에게 주어진 하나님의 형상은 삼위 하나님의 작품이다(창 1:26). 하나님이 이렇게 하신 이유가 무엇인가? 첫째는 청지기적 사명을 주시기 위함이다. "하나님이 그들에게 복을 주시며 하나님이 그들에게 이르시되 생육하고 번성하여 땅에 충만하라, 땅을 정복하라, 바다의 물고기와 하늘의 새와 땅에 움직이는 모든 생물을 다스리라 하시니라"(창 1:28)는 이 명령의 말씀은 하나님의 형상을 지닌 자들에게 주신 사명이었다. 둘째는 하나님은 사람들에게 영광을 받으시기 위해 하나님의 형상을 입혀주셨다. 이사야는 "내 이름으로 불려지는 모든 자 곧 내가 내 영광을 위하여 창조한 자를 오게 하라 그를 내가 지었고 그를 내가 만들었느니라"(사 43:7)라고 하였다. 하나님은 영광을 받으시기 위해 자신의 영광을 인간들에게 나누어주시기까지 하셨다(요 17:22). 세 번째, 하나님의 형상은 인간을 존귀하게 하였다. 시편 기자는 "땅에 있는 성도들은 존귀한 자들이니 나의 모든 즐거움이 그들에게 있도다"(시 16:3)라고 말하였다. 하나님의 형상을 입은 성도들은 세상으로부터 존귀함을 받는다.

인간이 가진 하나님의 형상은 우리로 많은 것을 가지게 하지만 만약 우리 안에 하나님의 형상이 깨어지면 하나님의 형상 대신 다른 형상을 가지게 된다. 이런 예는 출애굽하는 이스라엘 백성들이 만든 금송아지 사건에서 볼 수 있다. 하나님을 대신한 형상은 곧 우상이 된다. 신명기 4장은 형상이 우상이 되는 것에 대해 잘 설명해 준다.

> "여호와께서 호렙 산 불길 중에서 너희에게 말씀하시던 날에 너희가 어떤 형상도 보지 못하였은즉 너희는 깊이 삼가라 그리하여 스스로 부패하여 자기를 위해 어떤 형상대로든지 우상을 새겨 만들지 말라 남자의 형상이든지, 여자의 형상이든지, 땅 위에 있는 어떤 짐승의 형상이든지, 하늘을 나는 날개 가진 어떤 새의 형상이든지, 땅 위에 기는 어떤 곤충의 형상이든지, 땅 아래 물 속에 있는 어떤 어족의 형상이든지 만들지 말라"(신 4:15-18)

힘이 있는 독재자는 자신의 형상을 세운다. 독재국가는 '형상'을 통해 국가를 하나로 만든다. 이런 형상통치로 전체를 하나로 결집시키는 나라가 북한이다. 북한은 전국 각지에 김일성과 김정일의 형상을 세워 북한 전체를 하나로 만들었다. 그리고 '수령형상창조' 이론을 통해 국가를 통제한다(박태상, 2004, p. 39). '수령형상창조'란 문학예술작품 속에서 우상화 작업을 말하는 것으로, 수령을 형상화함으로 수령의 혁명 역사와 숭고한 풍모를 진실하고 생동하게 예술적 화폭에 그려 수령의 위대성을 예술적으로 감득하게 하는 것을 말한다(박태상, 2004, 93). 북한에서 일반 혁명가의 형상은 수령의 형상과 다르다. 수령의 형상은 그 누구도 비길 수 없고 대신할 수도 없는 최고의 영도자, 유일 중심의 형상이며 오직 한 분밖에 없는 노동계급의 정치적 수령의 형상이다(윤기덕, 1991, 박태상, 재인용).

북한은 하나님의 형상을 대신 할 형상을 만들어 '통치'하고자 노력하지만 성경은 그리스도 밖에서는 진정한 통치가 없음을 말씀하고 있다(엡 1:10). 교회는 그리스도를 머리로 하여 한 몸이 된 것을 말한다. 성도는 그리스도를 통하여 삼위 하나님과 연합을 이룬다. 인간은 죄를 지을 때 하나님의 형상이 깨지고 영적으로 회복될 때 하나님의 형상이 회복된다. 바울은 "하나님이 미리 아신 자들을 또한 그 아들의 형상을 본받게 하기 위하여 미리 정하셨으니 이는 그로 많은 형제 중에서 맏아들이 되게 하려 하심이니라"(롬 8:29)고 하였다. 그리스도 안에서만 하나님의 형상이 회복된다. 이것은 그리스도로 말미암아 둘이 하나가 되게 하시는 하나님의 계획이자 뜻이다.

사도 바울이 "나의 자녀들아 너희 속에 그리스도의 형상을 이루기까지 다시 너희를 위하여 해산하는 수고를 하노니"(갈 4:19)라고 한 것처럼 하나님의 형상을 회복시키는 일은 선교를 통해 이루어진다. 열방이 하나님의 형상을 이룰 때까지 선교를 지속한 바울처럼 한국교회는 한반도가 하나님의 형상이 회복되는 그날까지 통일선교를 멈추지 말아야 한다.

B. 둘째 : '하나 됨'으로의 한반도 통일회복

> "둘째, 삼위일체 하나님의 하나 됨과 같이 우리가 하나 되는 것(요 17:11)을 말하며, 둘이 하나가 되게 하시는(겔 37:16-17) 하나님의 마음이다. 또한 한반도의 하나 됨은 '하늘에 있는 것이나 땅에 있는 것이 다 그리스도 안에서 통일되게'(엡 1:10) 하심으로 하나님이 창조하신 모든 것을 그리스도 안에서 하나 되게 하시는 하나님의 마음이다."

당위성의 두 번째 주요한 단어인 '하나 됨'은 앞선 96선언에는 그에 대한 언급이 없으나 88선언에는 "예수 그리스도가 인간들 사이의 분열과 갈등을 극복하고 해방시켜서 하나 되게 하시려고 십자가에 죽으셨다고 하며 성령이 우리를 하나 되게 하셔서 하나님의 선교사역에 참여하게 하신다"라고 언급하였다. 이것은 예수 그리스도는 사람을 하나님과 화해하게 하시고, 인간들 사이의 분열과 갈등을 극복하고 해방시켜서 하나 되게 하시려고 고난을 받으셨다는 것이고(행 10:36-40), 성령이 우리로 역사의 종말론적 미래를 보게 하시고 우리를 하나 되게 하셔서 하나님의 선교사역에 참여하게 하신다(요 14:18-21; 16:13-14; 17:11)는 것을 의미한다. 통일선교언약 역시 '하나 됨'이 하나님의 크신 계획임을 통해 한반도 통일선교의 배경이 됨을 선언하였다.

한반도는 1945년 분단 이후 1948년에 대한민국과 조선민주주의인민공화국이 세워졌다. 한반도의 분단은 두 개의 주권국가가 세워짐으로 끝난 것이 아니라 한 민족으로의 통일이란 숙제가 생겨났다. 이런 배경 아래서 한국교회는 한반도를 하나 되게 하는 선교적 사명을 가진다. 통일선교의 당위성은 삼위일체 하나님의 하나 됨과 하나님이 창조하신 모든 만물이 그리스도 안에서 하나 되게 하시는 하나님의 사역이 한반도에서 일어나게 하는 것이다. 이것은 한반도를 향한 하나님의 계획이고 뜻이다. 그리스도는 하나님과 인간 사이에 막힌 담을 허물어 버리셨고(엡 1:14) 서로 교제하는 것조차 불법이었던 유대인과 이방인(행 10:28) 사이의 막힌 담도 허물어뜨리셨다. 그리스도는 서로 다른 두 부류를 하나가 되게 하여 '하나님의 권속'이 되게 하셨다(엡 2:19).

성경에서 통일선교의 개념을 가장 잘 표현한 것이 '하나 됨'이다(정종기, 2016, pp. 148~150). 하나가 되는 것에 대해 예수님은 적극적으로 표현하셨다(요 17:11). 그는 삼위 하나님이 하나 된 것과 같이 제자들이 하나가 되기를 원하셨다(요 17:2; 엡 4:4-6). 삼위 하나님의 하나 됨은 교회로 연결된다(엡 4:11-12). 삼위일체 하나님으로부터 오는 하나 됨은 산술적인 정치적·경제적·사회적·제도적·문화적으로 하나 되는 것을 뛰어넘어 같은 민족으로서 하나 됨을 의미한다. 통일선교는 삼위일체 중심에서 그 출발점을 삼는다(백충현, 2012, p. 154).

성경은 성도가 하나 되는 것에 대해 적극적으로 표현하고 성도는 성령이 하나 되게 하신 것을 지켜야 할 의무가 있다(엡 4:3-6)고 하였다. 왜냐하면 그리스도께서 서로 다른 지체를 하나로 연합시키시고 한 몸으로 만드셨기 때문이다(고전 12:25-27). 성도가 하나 됨을 지켜야 하는 이유는, 첫째로 분열되지 않기 위해서이다. 분열은 분단을 의미하며 분단은 죄이다. 이런 의미로 볼 때 죄에서의 해방은 하나 됨이다. 둘째로 성도가 하나 됨을 지켜야 하는 이유는 성령으로 하나가 되었기 때문이다. 초대교회가 그러했다(행 2장, 4장). 인류가 하나로 회복되는 것은 한 몸으로 올바르게 연합하는 데 달려 있다(요 17:21). 바울 역시 교회가 성도들이 한 영 안에서 연합하는 데 있음을 알고 사도, 선지자, 복음 전하는 자, 목사들에게 그리스도의 몸이 신앙의 하나 됨을 가져올 때까지 그것을 회복하고 재건할 책임이 주어져 있다고 하였다(엡 4:3, 16).

하나 됨의 완성은 하나님 나라이다. 하나님 나라가 완성될 때, 각종 방언과 나라와 민족이 한곳에 모여 하나님을 찬송하기 때문이다. 88선언은 역사적으로 한국 그리스도인들이 하나님 나라를 선포함으로써 이 땅에 있는 백성들의 참 소망인 해방과 독립을 실현하려 애써 왔다고 하였다. 즉 우리 신앙의 선배들은 '한반도가 하나님 나라'라는 틀 속에서 복음을 전하고 선교했다. 그래서 한반도에 선포된 하나님 나라는 민족 해방이었고, 하나가 되기 위한 복음이었다.

'하나 됨'에 대해서 성경은 좋은 예를 보여준다. 하나님의 말씀이 에스겔 선지자에게 임하였다.

> "인자야 너는 막대기 하나를 가져다가 그 위에 유다와 그 짝 이스라엘 자손이라 쓰고 또 다른 막대기 하나를 가지고 그 위에 에브라임의 막대기

곧 요셉과 그 짝 이스라엘 온 족속이라 쓰고 그 막대기들을 서로 합하여 하나가 되게 하라 네 손에서 둘이 하나가 되리라"(겔 37:16-17)

본문에는 남유다와 북이스라엘이 하나가 되기를 바라는 하나님의 명령이 그려져 있다. 하나님은 에스겔에게 막대기 둘을 가져와서 한 막대기에는 유다라 쓰고 다른 한 막대기에는 이스라엘이라 적은 후 "네 손에서 둘이 하나가 되게 하라"고 하셨다. '네 손에서'라는 말에서 인간을 도구 삼으셔서 두 나라가 하나가 되게 하는 통일을 이루시겠다는 하나님의 마음을 엿볼 수 있다. 둘이 하나가 되기 위해서 하나님은 '에스겔의 손'을 빌리셨다. 즉 에스겔의 손을 도구로 삼아 하나님의 역사를 이루신다.

이와 같이 하나님은 한국교회를 부흥시키셔서 한반도 통일을 위한 도구로 삼으셨다. 그렇다고 한국교회의 힘만으로 두 막대기가 하나가 될 수 있는 것은 아니다. 하나님은 "이는 힘으로 되지 아니하며 능력으로 되지 아니하고 오직 나의 영으로 되느니라"(슥 4:6)고 말씀하셨기 때문이다. 여기서 '힘'은 '하일'(hail)로서 일반적인 군사력을 의미하고, '능력'은 '코아흐'(koah)로서 인간적인 능력이나 재능을 의미한다. '나의 영'은 제삼위이신 성령 하나님을 의미한다. '하나 됨'에서는 성령의 역사가 두드러진다. 바울은 "그(예수)로 말미암아 이 둘이 한 성령 안에서 아버지께 나아감을 얻는 것"(엡 2:18)이라고 하였다. 성령으로 하나 되는 성도들은 하나님의 처소로 함께 지어져 가며(엡 2:22) 성령은 성도들을 하나 되게 하신다(엡 4:4). 이런 의미에서 사도 바울은 성도들에게 '성령 충만'을 요청하였다(엡 5:18). 성령은 성도들이 그리스도 안에서 하나 됨을 이루도록 도장이자 보증이 되셨다(엡 1:13-14).

하나님은 에스겔 선지자를 통해 이스라엘을 하나로 만드시려는 이유를 설명하셨다. 그분은 에스겔에게 이스라엘은 내 백성이 되고 나는 그들의 하나님이 되겠다고 하셨다(겔 37:23). 즉 하나 됨은 하나님의 백성이 되어 하나님의 다스림을 받는 것이다. 하나님은 북쪽 이스라엘과 남쪽 유다를 멸망시키신 후 70년이 지나 예루살렘으로 돌아오게 하셨다. 그들은 예루살렘에서 제2 성전을 회복한 후 하나님의 임재하심을 경험하고 그곳에서 하나님의 다스림을 받았다. 이와 같이 한반도가 한 국가로 통일된다는 것은 요원할 수 있으나 한반도가 한 임금인 그리스도의 통치와 다스림을 받고 살아가게 할 수는 있다. 이것이 바로 복음통일이다. 이러한 소원을 가진 한국교회가 한반도를 위해 기도해야 하는 절실한 주제가 '하나 됨'이다.

C. 셋째 : 샬롬으로의 한반도 통일회복

> "셋째, 화해, 용서, 화목, 평강, 평화 등을 의미하는 샬롬은 하나님과 인간 사이의 막힌 담을 그리스도의 피로 허무는 것(엡 2:14)을 말하며, 원수 된 것을 십자가로 소멸시키는 것(엡 2:16)이다."

'샬롬'이 없는 '선교'와 '하나 됨'은 통일선교에서 의미가 없다. '샬롬'은 앞선 모든 선언서(88선언, 96선언)에서 중요하게 다룰 뿐 아니라 통일선교언약에서도 빠질 수 없는 중요한 개념으로, 앞선 선언서보다 더 구체화하였다. 88선언은 샬롬을 평화의 실현으로 이해하므로 한반도의 통일을 그 실천 과제로 삼았다. 즉 통일 없이는 한반도에서 샬롬을 실현할 수 없다는 것이다. 96선언에서도 세계평화를 도모하기 위해서 한반도 평화가 필수라고 하였다. 다시 말해 통일한국의 미래는 평화의 나라여야 한다는 것이다.

샬롬은 성경에서 폭넓게 사용되었다. 구약에서는 주로 전쟁과 관련하여 사용되었으나 실제로는 상당히 넓은 의미를 가지고 있다. 샬롬의 어간 'slm'은 '튼튼하다', '안전하다'는 뜻을 가지고 있기에 온전함에 기여할 수 있는 모든 것은 다 샬롬이라고 할 수 있다(H. 핸드릭슨, 1988, p. 9). 그래서 샬롬은 무사 안녕의 인사보다 더 포괄적인 것으로, 하나님이 우리에게 주시는 평강과 평화, 평안, 화목과 용서, 화해를 넘어 인간의 구원에까지 연결된다. 바울은 샬롬을 하나님과 인간 사이의 막힌 담을 그리스도의 피로 허무는 것이며(엡 2:14) 원수 된 것을 십자가로 소멸시키는 것으로 말하였다(엡 2:16).

또한 샬롬은 타락한 인간이 하나님과의 관계에서 갖는 거룩성이 나타난다. 다시 말해 불안한 인간의 삶 속에 하나님의 거룩이 전가된다. 샬롬을 통하여 인간이 거룩함을 갖게 되고, 이로 인해 하나님과의 사귐과 다른 인간과 창조물과의 사귐이 복된 삶이 된다. 이 거룩성 때문에 하나님과 인간과 창조물 사이에 평화와 평강이 이루어진다. 그러나 샬롬은 보편적이고 지속적이긴 하나 이 세상에서 온전히 이루어지지는 않는다(김영한, 2012, pp. 261~262).

샬롬은 인간의 불순종과 교만으로 인해 깨어진다. 이것을 회복하기 위해서는 예수 그리스도의 중보 외에는 방법이 없다(롬 5:1; 정성한, 2006, pp. 23~24). 샬롬은 그리스도의 피와 십자가 희생의 결과물이다. 그리스도께서 하나님과 인간 사이의 막힌 담을 그의 피로 허물었고(엡 2:14) 원수 된 것을 십자가로 소멸하셨다(엡 2:16). 따라서 그리스도가 없는 샬롬은 없다(눅 2:14; 눅 19:38). 예수님은 힘으로 샬롬을 만들어내신 것이 아니라 십자가 희생으로 샬롬을 가져오셨다. 이런 의미에서 예수님의 대속의 죽음은 인간에게 십자가의 도를 요구한다. 이것이 한반도에 투영되어 한반도의 통일선교는 십자가의 길로 가게 된다.

십자가의 희생으로 이룬 샬롬을 완성하기 위해서는 한국교회가 통일선교의 사명을 가져야 한다. 88선언은 서론에서 다음과 같이 언급한다. "예수 그리스도는 '평화의 종'(엡 2:13-19)으로 이 땅에 오셨으며, 분단과 갈등과 억압의 역사 속에서 평화와 화해와 해방의 하나님 나라를 선포하셨다(눅 4:18; 요 14:27). 또한 예수 그리스도는 사람을 하나님과 화해하게 하시고, 인간들 사이의 분열과 갈등을 극복하고 해방시켜서 하나 되게 하시려고 고난을 받으셨으며, 십자가에 못 박혀 죽으시고 묻히셨으나 다시 부활하셨다(행 10:36-40). 예수 그리스도는 평화를 위하여 일하는 사람들을 축복하시면서 하나님이 그들을 자녀로 삼으실 것이라고 하셨다(마 5:9)." 이를 통해 88선언은 한반도에 사는 한국교회 성도들이 한반도의 샬롬을 이룰 선교적 사명을 가지고 있음을 말하였다. 96선언 역시 "통일은 한반도 내의 평화와 동북아시아의 평화, 더 나아가 세계평화에 크게 기여할 것이기 때문에 평화를 원하시는 하나님의 뜻에 합당한 것이다"라고 함으로 샬롬을 '한반도를 향한 하나님의 뜻'으로 이해했다. 이런 의미에서 한국교회는 샬롬을 위한 사도로 부름을 받은 것이다(골 3:15).

88선언은 샬롬을 구현하기 위해 한국교회가 해야 할 몇 가지 실천 사항을 구체적으로 제안했다. 첫째는 분단과 증오에 대한 죄책을 고백해야 하며, 둘째는 7.4공동성명의 자주, 평화, 민족대단결 사상을 기본원칙으로 삼아야 하고, 셋째는 남북 간에 화해하고 서로 협력해야 한다고 하였다. 88선언이 분단에 대한 죄책을 고백해야 한다고 한 것은 우리가 눈여겨보아야 할 것이나 용서와 화해에 대한 내용이 빠져 있는 것을 보게 된다. 샬롬을 위한 구체적인 실천에서 용서는 하나님이 행하신 샬롬의 구체화이다. 왜냐하면 샬롬은 용서로 인간의 삶에 드러나기 때문이다. 88선언과 96선언은 용서에 대해 언급하지 않지만 통일선교언약은 한반도의 용서가 통일선교의 당위성임을 말하고 있다. 하나님은 용서에 대해 이렇게 말씀하셨다.

> "너희가 각각 마음으로부터 형제를 용서하지 아니하면 나의 하늘 아버지
> 께서도 너희에게 이와 같이 하시리라"(마 18:35)

인간에게 나타난 샬롬의 평화는 '용서'를 기초로 삼는다. 그 이유는 하나님이 이루신 인간에 대한 용서가 그리스도의 십자가로 완성되었기 때문이다. 이런 의미에서 십자가는 용서의 시작이다.

용서는 화해를 가져온다. 성경의 화해는 우정, 이해, 선의의 마음과 행동이 그리스도의 정신으로 이루어지는 것을 뜻한다(김영욱, 2012, p. 171). 구약에서는 화해 대신 화목, 화목제, 화친, 화평 등의 단어로 '카파르'라는 히브리어 단어에서 유추한다. 신약에서 화해는 예수님, 사도 바울, 성육신(빌 2:6-8)에서 찾을 수 있다. 예수 그리스도를 통한 구속의 역사는 죄인 된 인간이 하나님과 화해하는 사건이다. 사도 바울은 십자가를 통해서만 죄인이 하나님과 화목할 수 있으며 만물이 그 안에서 화목을 이룰 수 있다고 하였다(골 1:20-22).

한국교회는 통일이 물리적인 힘으로 되지 않음을 너무나 잘 알고 있다. 통일은 '화해와 용서'가 아니고서는 이루지 못한다. 성경은 인간의 타락으로 말미암아 시작된 분열은 용서 없이 해결될 수 없다고 한다. 하나님이 그리스도의 십자가를 통하여 인간을 용서하시고 막힌 담을 허물어 버리심으로 화해하셨듯이 한반도의 샬롬도 용서와 화해로 이루어질 것이다.

화해와 용서는 그리스도로 말미암아 이루어진다. 이것은 곧 그리스도께서 가르치신 것을 제자들이 실천하는 것을 의미한다. 그리스도는 제자들에게 다음과 같은 말씀을 하셨다. "우리가 우리에게 죄지은 모든 사람을 용서하오니 우리 죄도 사하여 주옵소서"(눅 11:4). 우리의 죄를 사함 받는 조건은 내가 먼저 이웃의 죄를 용서하는 것이다. 용서와 화해는 수동형이 아니라 능동형이다. 받았기 때문에 하는 것이 아니라 내가 해야 받는 것이다. 이런 능동적 태도는 증오와 보복의 단념에서 시작된다(박정수, p. 163).

남과 북은 6·25전쟁으로 인해 서로 증오하는 원수가 되었다. 이제 샬롬의 용서와 화해를 이루기 위해 서로를 향한 증오와 보복을 멈추어야 한다. 북한은 북한대로 남한은 남한대로 용서하지 못할 기억을 가지고 있지만 그리스도인은 증오와 보복 대신에 용서와 화해로 나아가야 한다. 성경은 "예물을 제단에 드리려다가 거기서 네 형제에게 원망 들을 만한 일이 있는 것이 생각나거든 예물을 제단 앞에 두고 먼저 가서 형제와 화목하고 그 후에 와서 예물을 드리라"(마 5:23-24)고 하였다. 예배의 행위마저 용서와 화목이 전제라면 통일선교의 과제는 언제나 나의 원수들에 대한 증오와 보복을 단념하는 것에서 출발한다. 증오와 보복의 단념에 대해 미로슬라브 볼프는 '기억한 후에 용서하고 망각하는 것'이라고 하였다(미로슬라브 볼프, 2016. p. 184). 이런 용서는 "내가 그들의 악행을 사하고 다시는 그 죄를 기억하지 아니하리라"(렘 31:34)는 말씀에서 출발한다. 즉 용서는 죄인의 잘못을 덮어주거나 묵과하는 사람의 행위보다 먼저 하나님의 용서가 필요하다. 인간이 죄인을 용서하게 되면 참 용서가 아니라 도리어 원수로 만들 수 있기 때문이다(권수경, 2017. p. 251).

하나님의 용서에는 회개라는 선행조건이 있다. 한국교회가 북한을 위해 그리스도의 사랑을 실천하는 데는 그들을 향한 용서와 화해를 시도하기 전에 먼저 복음을 전해야 하는 전제가 있다. 이것이 없이는 거짓 사랑의 실천이 된다. 이제 한국교회는 북한이 행한 악행을 복음 안에서 용서하고 화해하기 위해 복음을 전해야 할 것이다. 이러한 것들이 바로 그리스도의 사랑의 결실이며 우리에게 주신 샬롬의 결과이다.

III. 결론

선교는 하나님이 성도들에게 주신 위대한 명령이다(마 28:18-20; 행 1:8). 성도들은 복음에 빚진 자로서 살아가며, 주의 증인이 되기 위해 땅끝까지 복음을 전한다. 이러한 과정에서 한국의 성도들과 외국인 성도들에게 주어지는 선교의 지평은 다르다. 한국의 성도들에게는 세계선교가 한반도를 품고 가야 하는 사마리아로 여겨지지만 외국의 성도들에게는 한반도가 땅끝으로 여겨질 것이다. 한국의 성도들은 이런 선교를 통일선교라고 한다. 즉 통일선교는 한국교회가 복음을 자기 민족에게 전하여 죄로 분열된 한반도를 통일시키며, 나아가 한반도를 하나님의 형상으로 회복시켜 땅끝까지 선교함으로 열방을 그리스도의 제자로 삼는 것이다. 또한 삼위일체 하나님의 하나 됨과 같이 우리가 하나 되는 것을 말하며, 하나님과 인간 사이에 막힌 담을 그리스도의 피로 허물고, 원수 된 것을 십자가로 소멸시키는 샬롬을 회복하는 것을 의미한다.

통일선교로 나타나는 결과는 한반도에 하나님 나라가 세워지는 것이다(눅 4:43). 물론 북한에 하나님 나라가 세워진다는 것은 북한 체제 대신 기독교 국가(christendom)를 세운다는 의미는 아니다. 하나님 나라는 하나님의 왕권과 지배, 하나님의 주권이 행해지는 곳이다. 즉 인간의 지배나 인간의 지상 왕권이 아니라 분명히 하나님의 다스림이 있는 곳이다(윤춘식, 2005, p. 232). 이런 의미에서 통일선교는 한반도에 하나님 나라를 세움으로 하나님의 바른 통치가 이뤄지게 하는 것을 의미한다.

참고문헌

권수경.『질그릇에 담은 보배』(서울: 도서출판 복있는 사람, 2017).

김영욱.『복음주의 입장에서 본 북한선교』(경기도: 아세아연합신학대학교출판부, 2012).

김영한.『개혁주의 평화통일신학』(서울: 숭실대출판부, 2012).

미로슬라브 볼프.『기억의 종말』. 홍종락 역. (성루: IVP, 2016).

박정수.『성서로 본 통일신학』(서울: 도서출판 한국성서학, 2010).

박태상.『북한의 문화와 예술』(서울: 깊은 샘, 2004).

백충현.『삼위일체적 평화통일신학의 모색』(서울: 나눔사, 2012).

송원근, 정종기, 김광묵, 김상만.『목회』(서울: 청미디어, 2017).

윤기덕.『수령형상문학』(서울: 문예출판사, 1991).

윤춘식.『북한사회주의 교육과 선교』(서울: 예영커뮤니케이션, 2005).

정성한.『한국기독교통일운동사』(서울: 그리심, 2006).

정종기.『통일목회를 위한 디딤돌』(서울: 청미디어, 2016).

H. 핸드릭슨.『성서로 본 평화와 폭력』. 이현주 역. (경북, 분도출판사, 1988).

J. 리처더 미들턴.『해방의 형상』. 성기문 역. (서울: 일립인쇄, 2010).

J. 칼빈.『신약성경주석7: 로마서 빌립보서』. 칼빈성경주석출판위원회 (서울: 신교출판사, 1978).

제 3 장
통일선교를 위한 참회

> **첫째,** 우리는 이념 갈등을 복음의 능력으로 극복하지 못하고 오히려 증폭시키는 과오를 범했음을 참회한다.
>
> **둘째,** 우리는 세속화되어 돈과 권력을 추구함으로써 복음의 본질을 잃어버렸음을 참회한다.
>
> **셋째,** 우리는 믿음의 선조들이 보여준 민족 사랑과 역사의식을 적극 계승하지 못하였음을 참회한다.

I. 들어가면서

통일선교언약 제1부 제3장은 '통일선교를 위한 참회'를 담고 있다. 회개는 과거의 죄나 잘못을 뉘우치고 돌이키는 것이며, 올바른 길로 나아가기 위한 출발점이다. 구약에서 돌아선다는 의미를 가진 '슈브'(שוב)는 모든 우상숭배에서 돌이켜 하나님께로 돌아오라는 메시지가 선포되는 예언서에서 주로 발견된다. 한편 신약의 '메타노이아'(μετανοια)는 인간의 책임성을 강조한다. 칼빈은 회개의 구성요소를 옛사람이 죽는 것(mortificatio)과 새사람이 사는 것(vivificatio)으로 정리했다(쥬빌리 통일구국기도회, 2017, 20). 그래서 본 언약은 통일선교의 당위성을 언급한 후, 본격적인 내용에 들어가기에 앞서 회개의 내용을 다루었다.

1988년 2월 29일 한국기독교교회협의회(이하 NCCK) 제37차 총회에서 발표된 '민족의 통일과 평화에 관한 한국기독교회 선언'(이하 88선언)에는 '분단과 증오에 대한 죄책 고백'이 포함되었다. 이만열은 "이 죄책 고백은 이 선언에 생명력을 불어넣었고, 이 땅 기독교인들이 지금까지의 허물에도 불구하고 민족 앞에 떳떳해질 수 있는 계기를 만들었다고 생각한다. 또 이 선언이 다른 통일선언과 구별되는 기독교적 차별성도 바로 여기에 있다"라고 평가했다(이만열, 2001, 404). 강문규는 이 죄책 고백이 선언문의 핵심 부분이라고 언급하기도 했다(강문규, 1988, 17).

그 내용은 ① "네 이웃을 네 몸같이 사랑하라"는 하나님의 계명

(마 22:37-40)을 어기는 죄 ② 병력과 군비를 강화하는 것을 찬동하는 죄(시 33:1, 6~20. 44:6-7) ③ 민족적 자존심을 포기하고, 자주 독립정신을 상실하는 반민족적 죄(롬 9:3) ④ 이념을 우상화하여 하나님께 반역한 죄(출 20:3-5) ⑤ 고통받는 북한 동포들에 대한 무관심과 그리스도의 사랑으로 치유하지 못한 죄(요 13:17) 등이다.

한국기독교총연합회 가맹 49개 교단 교단장 및 13개 기관 단체장, 한국기독교총연합회 통일정책위원회 임원, 전문위원들이 1996년 12월 17일에 발표한 '한국교회의 통일정책 선언문'(이하 96선언)에도 "해당 후 남한의 교회가 하나님의 은혜로 크게 성장·부흥하였고, 받은바 축복이 컸음을 감사하거니와 이에 상응하는 하나님과 민족 앞에서의 책임, 특히 통일을 위한 기독인으로서의 사명을 다하지 못했음을 솔직히 고백하고 회개한다"라는 내용이 있다(박완신 외 16인, 평화통일과 북한 복음화, 1997, 4).

한국교회는 세계선교라는 목표와 함께 민족교회[1]로서 분단의 극복을 위해 노력해야 하는 과업을 동시에 가지고 있다(조동진, 1990, 61-90). 그동안 한국교회는 민족통일과 북한 복음화를 위해 나름대로 많은 노력을 경주해 왔다(오성훈, 2000, 17-30).[2] 하지만 한국교회 내에서 통일선교는 매우 분쟁적인 영역이었다. 보수 진영과 진보 진영은 신학

---

1) 민족교회의 개념은 통일신학동지회에서 엮어 1990년에 내놓은 『통일과 민족교회의 신학』에서 자세히 다루어진다. 특히 조동진은 민족교회는 자생, 자주하는 주체적 전통을 이어받아야 함을 전제한다. 그리고 민족교회 신학으로 순교적 민족신앙 세력과 조국의 해방과 독립을 위하여 일체의 타협을 거부하였던 순국적 민족주의 독립운동 세력의 전통을 계승한 신학을 제시한다.

2) 오성훈은 해방 이후부터 북한선교의 역사를 1972년 7.4 남북공동성명, 1988년 7.7선언, 2000년 6.15 남북공동성명을 분기점으로 ① 반공의 시기(1945. 8.~1972. 7.) ② 분열의 시기(1972. 7.~1988. 7.) ③ 도약의 시기(1988. 7.~2000. 6.) ④ 수렴의 시기(2000. 6.~현재)로 구분한 바 있다.

적 배경, 북한에 대한 인식, 용어의 선택 등 많은 분야에서 서로 대조적인 인식을 가지고 있다. 이는 현대선교신학의 두 조류인 에큐메니칼(Ecumenical) 선교신학과 복음주의(Evangelical) 선교신학의 대립과도 연관이 있다.

에큐메니칼 선교신학은 모든 이원론적인 면을 극복하고 인간화(Humanization)를 선교의 목표로 삼는다. 진보 진영은 이를 기초로 민족통일이 곧 선교라는 전제를 가지고 있었다. 이에 비해 복음주의 선교신학은 영혼 구원을 다른 것으로 대체할 수 없는 선교의 유일한 목적으로 삼는다. 이를 신학적 배경으로 삼은 보수 진영은 북한에 복음을 전하고 그리스도의 몸 된 교회를 재건하는 것이 바로 북한선교라는 이해를 가지고 있다(오성훈, 2001, 8). 이러한 관점의 차이에 의해 두 진영의 선교적 행동은 전혀 다르게 나타났다. 세부적으로는 그 각각의 진영 내에서도 선교전략, 사역의 중복, 주도권 다툼 등의 원인으로 반목과 질시를 거듭해 왔다.

통일선교에서의 이러한 상황은 투입되는 자원에 비해 결과가 빈약한 비효율성을 가져왔고, 교회에서조차 분열을 극복하지 못하면서 한반도 통일을 위해 사역한다는 것은 어불성설이라는 비판을 받게 되었다. 따라서 한국교회가 민족의 분단을 극복하고 북한 복음화를 이루기 위해서는 우선 이런 분열의 원인을 찾고, 지속적이고 효과적인 회개운동을 통해 진정한 연합과 협력을 이루어야만 할 것이다(오성훈, 2010, 3).

본 장의 내용과 제목을 정하는 과정에서 많은 논의가 있었다. 초기에는 한국교회가 복음통일을 이루기 위해 극복해야 할 장애물 혹은 빗장이 무엇인지를 정리하고, 그에 대한 다양한 대안들이 토의되었다. 하지만 언약에 너무 자세한 설명이 들어가서 분량이 길어지면 효과가 감소할 수 있다는 우려가 있었다. 이에 핵심적으로 회개해야 할 내용을 압축하여 이념 갈등, 세속화, 몰역사성으로 정리했으며, 장의 제목은 '통일선교를 위한 참회'로 결정하게 되었다.

II. 이념 갈등

> "첫째, 우리는 이념 갈등을 복음의 능력으로 극복하지 못하고 오히려
> 증폭시키는 과오를 범했음을 참회한다."

참회의 내용으로 가장 먼저 다룬 것은 이념 갈등의 문제이다. 한반도 분단과 그 극복의 과정에서 민의와 국력을 하나로 모으지 못한 가장 근본적인 원인이 바로 여기에 있기 때문이다. 모세가 죽고 여호수아가 새로운 지도자가 되었을 때 하나님은 "오직 강하고 극히 담대하여 나의 종 모세가 네게 명령한 그 율법을 다 지켜 행하고 우로나 좌로나 치우치지 말라 그리하면 어디로 가든지 형통하리니"(수 1:7)라고 말씀하셨다. 한국교회는 이 말씀을 붙들고 이념에 좌지우지되지 말아야 한다.

교회는 하나님의 뜻이 이 땅에 이루어지도록(마 6:10) 할 사명을 하나님께 부여받았다. 따라서 한국교회는 이런 이념 갈등을 "모든 믿는 자에게 구원을 주시는 하나님의 능력"(롬 1:16)인 복음으로 극복하고, 갈등의 치유자가 될 책임이 있다.

구한말 열강의 각축장이 된 한반도는 결국 1910년부터 1945년까지 36년간 일제에 의해 강점당하는 수모를 겪었다. 이후 자주독립을 위한 많은 노력과 희생이 있었지만, 스스로의 힘으로 목표를 달성하지는 못했다. 그 결과 해방과 동시에 미국과 소련이 일본군 무장해제를 명분으로 내세워 북위 38선을 기준으로 남북을 각각 신탁 통치함으로써 원하지 않는 분단을 맞이했다.

　　하지만 그때 그어진 38선은 '임시군사경계선'의 성격을 가지고 있었다(유관지, 2020, 145). 해방 이후에 다양한 독립세력이 멸사봉공(滅私奉公)의 정신으로 통일을 추구했다면, 지금과는 다른 결과를 낳았을 것이다. 하지만 첨예한 이념 갈등으로 인해 그런 일은 일어나지 않았고, 결국 1948년 남북에 각각의 정부가 들어섰다. 그리고 전 세계가 동서로 양분되어 자유민주주의와 공산 사회주의 간 이데올로기 냉전을 치르는 동안, 그 대리전 성격으로 한반도에서 동족상잔의 처참한 전쟁이 일어나기도 했다.

　　남한 지역의 교회는 한반도의 공산화를 막은 미국에 우호적이었고, 북한 지역의 교회는 공산주의 체제에서 많은 핍박을 겪고 남하하여 한국교회 부흥에 기여했다. 이런 체험적인 이유로 말미암아 한국기독교는 강한 반공주의를 내재화하게 되었다. 이런 역사적 경험으로 인한 인식은 냉전 시대가 종식된 이후에도 여전히 계속되고 있다. 동서독의 통일(1990년), 공산주의 종주국인 소련의 해체(1991년) 및 동유럽의 공산주의 체제 포기 등으로 인해 전 세계적인 이념의 지형이 확연히 달라졌음에도 불구하고, 한국교회에서는 여전히 반공 패러다임이 강력한 영향력을 발휘하고 있다.

한편 1980년대에 수정주의적 사조(Cumings, 2001; 박명림, 2003; 전상인, 2001)[3]와 십자가의 용서를 복음의 본질이라고 인식하는 진보적 기독교인들에 의해 남북 간 화해와 협력을 추구하는 새로운 흐름이 일어났다. 특히 고난의 행군 시기에 심각한 식량난이 북한에 닥쳤을 때, 보수 진영을 중심으로 북한동포돕기운동이 일어나면서 북한 주민들에 대한 긍휼의 마음이 표출되기도 했다. 2000년 첫 번째 남북정상회담으로 남북교류협력의 물꼬가 본격적으로 트이면서 북한과의 접촉면은 더욱 넓어졌다.

하지만 역설적으로 이런 상황은 한국사회 내부의 대북관 충돌을 일으켰다. 2001년 '8.15 평양 민족통일대축전'[4]에서 한국 민간통일단체의 '만경대 방명록 파문 사건'[5]과 '3대 통일헌장기념탑 개막식 참

---

3) '수정주의'(Revisionism)는 기존의 정통적(혹은 전통적) 연구방법에 대한 새로운 시각과 도전을 의미하는 것으로, 정통적 마르크스주의의 입장에서 마르크스주의에 수정을 가하려는 사상적 입장이나 운동을 비판적으로 일컬었던 용어이다.
여기에서 말하는 수정주의는 1981년과 1990년 *The Origins of the Korean War* 1, 2를 잇따라 출간하며 한국의 현대사 특히 한국전쟁에 대한 파격적인 해석을 제시했던 커밍스(Bruce Cumings)에 의해 일어난 것이다. 그는 한국전쟁이 정상적인 탈식민지화를 경험한 북한이 시대착오적인 사태발전을 경험하고 있던 한국을 해방시키고자 한 내전이며, 그 도발의 책임은 김일성보다 미국에 의해 유도된 것이라는 주장을 펼쳤다. 이런 주장은 한국현대사 연구에 폭발적인 영향력을 미쳤고, 이는 커밍스 신드롬으로 불렸다. 커밍스의 주장은 소련의 비밀문서 해금과 박명림, 전상인 등의 연구로 신빙성이 약화되었다.
4) '8.15 평양 민족통일대축전'은 남북정상회담 이듬해인 2001년에 북측의 제의로 시작된 남북 공동 민간행사로서 2001년 8월 15일과 16일 양일간 평양에서 남북이 공동 개최하는 형식으로 처음 열렸다.
5) '만경대 방명록 파문 사건'이란 2001년 8.15 평양 민족통일대축전의 일원으로 참가한 동국대학교 교수 강정구가 김일성 생가인 만경대에 방문했다가 '만경대 정신 이어받아 통일 위업 이룩하자'는 방명록을 남겨 문제가 되었던 사건이다. 이후 강정구는 국가보안법 위반 혐의로 구속되었다가 보석으로 풀려났다.

석',[6] 그리고 이에 대한 보수언론의 과대보도[7] 등을 통해 표면적으로 드러나기 시작하여 남남갈등(南南葛藤)(이한우, 2003, 93-94; 조민, 2003, 47)[8]이란 신조어가 만들어졌다. 이념 갈등의 양상은 노무현, 이명박 정부를 거쳐 박근혜 정부의 대통령 탄핵이란 초유의 상황을 맞으며 태극기와 촛불의 대결로 점점 더 깊어졌다.

2017년 5월 10일, 조기 대선으로 들어선 문재인 정부 역시 갈등을 치유하기에는 역부족이었다. 오히려 적폐청산(積弊淸算)을 내세워 정치적 반대 세력을 억압하려고 한다는 반발이 거세게 일어났다. 특히 2019년 8월, 조국 법무부 장관 임명에 대한 찬반 여론이 갈리면서 서초동과 광화문은 국론 분열의 또 다른 상징이 되었다. 이에 더해 기독교 극우세력이 보수정치세력의 행동대장 역할을 자임함으로써 한국교회의 대사회적 신뢰도는 땅에 떨어졌고, 교회가 이념 갈등을 증폭시키는 역할을 하고 있다.

특히 이념 갈등을 교회 안으로 가지고 들어온 종북몰이는 매우 우려스럽다. '종북'(從北)이란 조선민주주의인민공화국의 집권 정당인 조선노동당과 그 지도자인 김일성, 김정일, 김정은의 주체사상 및 노

---

6) 3대 통일헌장기념탑은 조국통일 3대 원칙(자주, 평화통일, 민족대단결), 전 민족 대단결 10대 강령, 고려연방공화국 창립방안 등 북한의 통일방안을 선전하기 위해 만든 조형물이다. 북한은 당시 이곳에서 축전을 진행함으로써 체제 선전 도구로 삼으려는 의도를 가지고 있었다. 이에 대해 한국 정부는 불가하다는 입장을 전달했고, 기념탑 행사 불참을 조건으로 남측 대표단의 방북을 허용했다. 하지만 일부 인사가 약속을 어기고 참관을 강행하였던 사건이다.

7) 대표적 보수신문인 「조선일보」는 2001년 8월 17일부터 25일까지 종합 1면에 8.15 평양 민족통일대축전에 관련한 강도 높은 비판 기사를 실었고, 이후에도 계속해서 방북단의 돌출행동에 대한 또 다른 의혹을 제기하면서 관련 당국자의 해임 요구를 집중적으로 부각시켰다. 결과적으로 9월 7일 국회에서 임동원 통일부장관 해임건의안이 통과되었다.

8) 남남갈등(南南葛藤)은 엄밀하게 말해서 학술적인 용어는 아니며, 북한 문제를 둘러싼 한국 사회 내부의 대립을 표현하기 위해 언론이 만든 것이다.

선을 무비판적으로 추종하는 경향이라고 할 수 있다. 실제 이 용어는 진보 진영 내의 노선투쟁에서 유래되었다. 2001년 12월 21일, 민주노동당과의 합당 논의 과정에서 치열한 '反조선노동당' 논쟁을 벌였던 사회당 원용수 대표가 "민중의 요구보다 조선노동당의 외교정책을 우위에 놓는 세력과는 함께 당(활동)을 할 수 없습니다"라고 주장했다. 당시 사회당은 민주노동당이 2001년 8.15 평양 민족통일대축전에서 논란이 된 행동을 했던 점이나, 북한의 핵 개발 움직임에 비판적 입장이 없었던 것을 문제 삼았다. 그런데 류현수는 "종북주의는 말 그대로 북한의 김정일 정권을 따르는 사상이나 이념을 뜻한다"(류현수, 2015, 20)라고 하면서 제대로 된 근거 없이 일방적인 비판만 했는데, 한국교회 내에 이런 유의 인식이 팽배하다.

사실 기독교 내의 종북몰이 역사는 짧지 않다. 북한 공산당에 의해 큰 피해를 입고 남하한 북한 출신 기독교인들은 체질적으로 반공의식이 투철할 수밖에 없었다. 그리하여 7.4 남북공동성명이 발표된 이래 기독교 보수 진영과 진보 진영 사이에 치열한 이념논쟁이 있었다. 앞서 언급했던 NCCK의 88선언은 단기적으로 1988년 7.7선언을, 장기적으로는 1991년 12월의 '남북기본합의서'와 '비핵화 공동선언'을 유도하였으며, 통일운동사적인 위치에서 기독교 통일운동사와 한국의 통일운동사에 미친 영향이 클 뿐만 아니라 세계교회 운동사에도 일정하게 자극을 주었다(허문영, 1994, 132). 하지만 당시 보수 진영이 이 선언에 대해 한국교회 대표성과 용공 시비 및 통일 주체에 대한 이견으로 비난 성명을 내면서 보혁 간 갈등을 표면화하였고, 이는 서로 대립하는 감정의 골을 깊게 만드는 계기가 되기도 하였다.

그런데 현재의 기독교 내 종북몰이는 제대로 된 검증도 없이 글의 일부나 동영상의 특정 부분을 그 본연의 맥락에서 분리하여 자의적으로 해석하는 등 무분별하게 이루어지고 있다. 이런 종북몰이는 북한 인권운동과 공조하며 그 영향력을 키웠다. 열악한 북한 인권 실태에 대한 폭로를 통해 김정은 정권에 대한 증오심을 고취하여 그 에너지를 증폭시켜온 것이다. 시대착오적으로 베트남이 공산화되듯이 종북 세력에 의해 한국이 공산화된다는 주장을 펼치거나, 땅굴 음모론과 한반도 전쟁설이 융합되어 해외로 피신을 가는 기독교인을 만들어내기도 했다. 성경적 가치관과는 완전히 배치되는 이런 상식 이하의 행동들이 성경을 근거로 하여 예언이라는 이름으로 행해졌다.

이제 한국교회 내에서 이념 갈등이 예수 그리스도의 몸을 분열시키지 않도록 엄정하게 대처하는 것이 필요하다. 예수를 주로 섬기는 교회는 본질적으로 한낱 인간을 신으로 만들어 숭배하는 3대 세습 북한 체제를 결단코 용납할 수 없다. 하지만 사단의 세력과 사단에 사로잡힌 인간을 구분할 수 있는 지혜가 있어야 한다. 균형 잡힌 시각으로 북한을 보는 안목을 길러야 한다. 평화적인 통일을 이루기 위해서는 북한의 본질적이고 긍정적인 변화가 선행되어야 하고, 이를 위해서는 북한의 미래에 대한 적극적인 개입이 필수적이다. 다양한 방법을 동원하여 북한의 긍정적 변화를 위한 지렛대를 가져야 한다.

한국교회는 더 이상 이념 갈등의 증폭자가 아니라 치유자가 되어야 한다. 그러기 위해서는 자기 의를 철저하게 배제하고, 자신이 아는 것이 전부가 아님을 겸손하게 인정하며, 예수를 주로 인정하는 지체들과 연합하여야 한다. 북한과의 영적 전쟁에서 십자군 정신이 아니라 십자가 정신으로 무장해야 한다.

III. 세속화

"둘째, 우리는 세속화되어 돈과 권력을 추구함으로써 복음의 본질을 잃어버렸음을 참회한다."

두 번째는 복음의 본질을 상실한 것에 대한 참회이다. 하비 콕스 (Harvey Cox)는 세속화(Secularization)를 "종교적 형이상학적 감독으로부터 인간의 해방, 즉 인간의 관심이 저세상에서 이 세상으로 향하는 것"으로 정의했다(Cox, 2020, 57). 세속화는 중세 이후 기독교사회였던 유럽에서 과학, 계몽사상, 정치, 자본주의, 개인주의의 발전과 공동체성의 붕괴로 인해 더 이상 기독교의 영향력이 절대적이지 않게 되는 과정을 설명할 때 사용된다. 또한 하버마스(Jürgen Habermas)는 오늘날 인류가 직면한 여러 위기적 사태를 해결하기 위해서라도 종교의 도덕적 역할이 필요하며, 종교적 성찰과 세속적 의식이 상호 보완적인 배움의 과정을 통해 두 영역의 한계를 극복해야 한다고 주장했다(성석환, 2019, 17). 이것은 신앙의 공공성을 강조하는 현대 공공신학의 기초가 되기도 한다.

하지만 본 언약서에서 "우리는 세속화되어"라는 표현은 좀 더 특정한 의미에 집중한다. 한국교회의 목회자와 성도들이 "그리스도 예수의 사람들은 육체와 함께 그 정욕과 탐심을 십자가에 못 박았느니라"(갈 5:24)는 말씀대로 살지 못했음을 고백하는 것이다. 한국교회에서 일어나고 있는 많은 분쟁의 원인은 재물로 인한 것이다. 교회 및 목회자 개인의 재산증식을 위해 온갖 편법을 동원하는 일이 드물지 않았다. 국가 및 지역사회의 권력을 탐하여 실세와 야합하고, 교권을 얻기 위해 금품을 살포하는 부정선거도 잇달았다.

특히 통일선교 사역 현장에서도 이와 관련한 문제가 끊이지 않았다. 거짓과 조작으로 후원을 일으키거나, 자기 사역을 알리기 위해 언론몰이를 하거나, 국가 정보기관과의 결탁 등 많은 옳지 못한 행동들이 있었다. 이런 잘못들로부터 돌이키기 위해서는 이와 관련한 구체적인 사건들을 살펴보는 것이 필요할 것이다.

통일선교의 사역 유형 가운데 뒷문선교로 일컬어지는 비공식적 사역은 보안이 생명이며, 구체적인 사역을 공개할 수 없는 경우가 대부분이다. 따라서 사역자는 그리스도의 일꾼이요, 하나님의 비밀을 맡은 자로서 마땅히 모든 것을 아시는 하나님께 충성해야 한다(고전 4:1-2). 하지만 오히려 이것을 역이용하여 거짓과 조작으로 없는 것을 있는 것처럼 만들어 후원을 가로채는 경우가 있었다. 지속적인 사역을 위해 재정후원을 일으키는 것은 필수적이다. 그래서 실제 사역을 각색하여 좀 더 감동적인 스토리를 만들어 후원자들에게 전달하는 경우도 있다. 하지만 각색과 조작은 엄연히 다르다. 특히 북한선교는 영적 전쟁이 치열한 영역이므로 이런 거짓과 술수로는 결단코 승리할 수 없다.

인도적 대북지원 NGO 단체들이 북한을 지원할 때도 예상치 못한 수많은 난관이 발생한다. 이런저런 루트로 북측에 물품을 보내기로 약속하고 어렵사리 모금하여 장만을 해도 급작스런 상황 변화로 보내지 못하는 경우가 생긴다. 이번에 물품이 못 들어갔다고 사실대로 공지하면 양치기 소년이 되어 차후 모금에 지장이 생길 수밖에 없다. 그래서 전략적으로 잘 전달된 것으로 공지하게 된다. 하지만 사역을 지속하기 위한 불가피한 선택이었다는 핑계로 거짓을 합리화하는 것은 옳지 않은 일이다.

후원자 혹은 일반인에게 정보를 얼마만큼 공개할 것인지는 단체마다 전략적으로 선택할 문제이다. 하지만 거짓과 조작은 치사율 100%의 변종 바이러스이다. 따라서 통일선교 사역에서는 허용되지 말아야 한다. 때로는 각색과 조작의 간격이 너무 좁다. 따라서 사역자는 영적 분별력을 가지고 정직과 진실을 선택할 수 있도록 늘 깨어 있어야 한다. 설사 사역을 하지 못하는 경우가 생기더라도 거짓과 타협하지 않으리라는 결단이 있어야 한다.

한편 언론 몰이를 통해 자기 단체의 인지도를 높이려고 하는 시도들도 있었다. 문제는 그 일로 인해 다른 단체의 사역에 엄청난 피해를 준다는 것이다. 하나님 나라와 탈북자의 전인적 구원에 대한 관심보다 자기 단체의 이름 내기와 인지도에 더 관심을 가지면, 비밀사역 현장을 언론에 공개함으로써 이목을 끌려는 시도를 하게 된다. 개인의 공명심과 후원금 개발을 목적으로 탈북 루트나 그 과정을 공개하는 것은 스스로 진정한 통일선교 사역자가 아님을 드러내는 것이다.

그러나 대부분의 한국교회 목회자는 그 진정성을 파악하기 어렵다. 이런저런 방송 출연과 신문지상의 광고나 보도 등으로 인지도가 높은 사역자나 단체에는 후원이 몰린다. 하지만 정작 온전히 자신을 드려 탈북자 한두 명을 붙들고 씨름하며 함께 사는 선교사들은 완전히 방치되어 있는 것이 현실이다. 이런 현실을 바꾸기 위해서는 먼저 한국교회의 지도자들이 통일선교 사역자들에 대해 겉으로 드러난 사역의 외형이나 언변으로 판단하지 않고 그 중심을 볼 수 있는 분별력을 갖추어야 한다. 그런 분별력을 가지고 어떤 사역자 혹은 어떤 단체를 지원할 것인지를 결정할 수 있다면, 삯꾼들이 통일선교 현장에서 활개 치는 일은 잦아들 것이다.

이런 원리는 탈북민 간증에서도 적용된다. 성도들에게 은혜를 끼칠 수만 있다면 간증의 진실성은 크게 개의치 않는다. 사실을 그대로 전하는 간증은 감동이 덜하다. 따라서 좀 더 자극적이고 신비스러운 간증을 할 수 있는 탈북민을 찾게 된다. 거짓으로라도 은혜를 끼치기만 하면 된다는 생각이 아니라면 간증자를 신중하게 선택해야 할 것이다.

또 한편으로 국가의 정보기관과 결탁되어 문제가 발생한 경우도 있다. 대북 정보기관은 다양한 루트에서 첩보와 정보를 수집하여 종합하고, 그것으로 전략적 판단을 하게 된다. 그러다 보니 북한 주민들과 직접 접촉을 하는 사역자들에게 정보를 요구하는 경우가 생긴다. 그렇게 정보기관과 결탁하게 되면 재정적 지원과 국내에 있을 때 안가 제공과 같은 특별한 혜택을 받게 된다. 이것은 결국 사역자에게 함정이 된다.

애국주의적 관점에서 국가 정보기관에 대한 협조를 무조건 잘못이라고 매도할 수는 없다. 하지만 재정지원이나 각종 혜택을 받게 되면 그만큼의 대가를 지불해야 한다. 이것이 결정적인 순간에 하나님 나라 확장에 걸림돌로 작용할 수 있다. 일말이라도 가능성이 있는 일에 대해서는 처음부터 발을 들이지 않는 것이 옳다. 복음을 위해 부름 받은 선교사는 하나님 나라에 명확한 우선순위를 두어야만 한다.

오직 예수 그리스도의 십자가 대속을 믿음으로 말미암아 죄와 사망으로부터 자유를 얻고, 하나님의 통치 아래 살아가는 것이 바로 복음의 본질이다. 그런데 말로는 거듭났다고 하면서, 혹은 목회자, 선교사라는 신분은 가지고 있으면서 하나님과 재물을 겸하여 섬기려다 복음의 본질을 잃어버린 안타까움이 우리에게 있어야 한다. 그래서 첫사랑을 회복하고, 그 자리로 돌이키려는 움직임이 있어야 한다.

IV. 몰역사성

"셋째, 우리는 믿음의 선조들이 보여준 민족 사랑과 역사의식을 적극 계승하지 못하였음을 참회한다."

한국교회에는 선교학적으로 독특한 특징이 있다. 첫째는 선교사가 들어오기도 전에 자국어로 된 성경이 이미 존재하고 있었다는 자국어 성경의 선재성(先在性)이다. 둘째는 당시 제국주의 국가들이 식민지 통치의 도구로 선교를 활용했는데, 한반도는 유일하게 일본에 의해 식민통치를 받으면서 서양 선교사들에 의해 복음을 전달받았다. 이것은 선교 주체와 식민지 주체의 상이성(相異性)이다(오성훈, 2011, 51). 이 같은 특징은 초기 한국교회가 민족 문제에 대해 깊은 관심과 유대를 갖게 되는 바탕이 되었다. 따라서 초기 한국 기독교인들은 민족에 대한 뜨거운 사랑이 있었고, 깊은 역사의식을 지니고 있었다. 전체 인구에 대비하여 많은 숫자는 아니었지만, 3.1만세운동과 상해 임시정부 수립 및 항일독립운동에 크게 기여했다(한중국제우호협력교류재단, 2019).

기독교는 모든 민족 혹은 종족의 개념을 초월한 우주적 세계관을 가지고 있다. 하지만 선교는 구체적인 삶의 현장 속에서 발생한다. 선교 초기에 복음은 피선교지의 고유한 민족정신에 의해 거부되고 반대되는 경우가 많았다. 복음도 그 내용과 형식에서 전파하는 사람들의 문화적인 옷을 입을 수밖에 없다. 따라서 복음 그 자체보다는 그것을 둘러싸고 있는 문화를 배격하는 움직임이 많이 일어나게 된다.

복음이 성공적으로 그 민족에게 정착되기 위해서는 그 민족의 문화 속에 본질적으로 파묻혀야만 한다. 이것은 "한국 그리스도인은 한국인이어야 한다"라는 명제에서 잘 나타난다. 이렇게 복음과 민족의 조화를 추구하는 것이 바로 '민족교회론'이다.

'민족교회'란 기독교 정신을 바탕으로 민족 내부의 화합과 자기 발전을 추구하는 교회이다. 외부로부터의 침입이 있을 때는 이에 대해 주체적으로 대처하는 교회이며, 자기 민족의 생존과 번영을 위해 일하는 교회이다. 단, 민족교회는 절대적 가치가 아니라 상대적이며 제한적 가치를 가진다.

민족교회 개념은 인류 전체의 평화와 공존을 지향할 때만 의미가 있다. 그리고 그 민족이 민족의식을 바탕으로 해결해야 할 고난의 상황이 있을 때만 성립되는 개념이다. 예를 들어, 타민족을 침략하고 수탈하는 전쟁을 정당화하고 그 전쟁에서 승리를 기원하는 기도회를 가졌던 일본교회나 독일국가교회는 민족교회가 아니다. 그것은 이미 교회의 본질을 잃어버린 것이다. 또한 그 민족 내부에 민족 담론으로 해결해야만 하는 과제가 없는 경우에도 민족교회라는 개념은 더 이상 의미가 없다.

우리 민족의 경우에는 민족의식을 바탕으로 해결해야만 할 민족적 생존의 문제가 있다. 바로 분단된 민족을 복음적이고 평화적인 방법으로 치유하는 것이다. 남북분단은 우리 민족에게 이산가족의 고통, 국가안보를 빌미로 한 인권유린, 국방비 과다 지출 등의 어려움을 주고 있다. 따라서 한국교회는 민족교회로서 평화적인 민족통일을 위해 주도적인 자세를 가지고 노력해야만 한다.

하지만 현실적으로 지금 한국교회의 모습은 그렇지 못하다. 따라서 믿음의 선조들이 보여준 민족 사랑과 역사의식을 계승하지 못하고 몰역사성에 깊이 함몰되어 있다. 한국교회가 몰역사성에 빠지게 된 원인을 파악해 보자면 기복주의, 개교회주의, 성장지상주의 등이 있다. 기복주의(祈福主義)는 내 가족과 내 교회의 복락을 우선시하는 사고방식으로 교회의 존재 목적을 상실하게 했다. 개교회주의는 개인주의가 극대화되는 사회적 현상을 따라 한국교회의 공교회성을 심각하게 약화시켰다. 성장지상주의는 양적 성장을 지나치게 강조함으로써 한 영혼을 천하보다 소중하게 여기는 목자의 심정을 잃어버리게 하고, 성도들을 도구화시켰다.

이제 한국교회는 민족이 처한 역사적 상황 속에서 성경의 메시지를 해석하고, 민족 사랑을 적극적으로 실천해야 한다. 특히 교회 내 청년, 청소년, 어린이 세대의 통일선교 교육에 역량을 집중해야 한다. 그 이유는 한 사람이 평생 지니게 되는 행동양식과 신념 체계는 일반적으로 유년기와 청소년기에 이루어지기 때문이고, 그들이 통일 시대를 살아갈 세대이며 통일된 조국의 선교 세대이기 때문이다.

V. 나가며

한국교회에 통일선교언약을 내놓는 가장 중요한 목적 중 하나는 여기서 다룬 참회의 내용을 또다시 반복하지 않고, 이제는 함께 벗어나기 위함이다. 본 장의 논의 과정 속에서 모든 한국교회가 다 이런 것은 아닌데 언약에 굳이 이 내용이 들어가야 하는지에 대한 문제 제기가 있었다. 하지만 잘못은 엄연히 존재하는 현실이며, 그것이 일부라고 해서 용납될 수 있는 것은 아니다. 또한 자신이 직접 이런 잘못을 저지르지 않았다고 할지라도, 내가 곧 죄인이라는 마음으로 동일시할 때, 한국교회 회복의 역사가 시작될 것이다.

우리는 이제 이념 갈등을 극복하고 조화롭고 균형 잡힌 안목을 가져야 한다. 돈과 권력을 추구했던 세속화에서 벗어나 하나님보다 높아진 모든 것의 우선순위를 재조정해야 한다. 그리고 몰역사성으로부터 빠져나와 민족과 역사에 대한 의식을 새롭게 해야 한다.

지금은 우리 민족의 미래를 위해 매우 중요한 시기이다. 독일이 통일 후에 겪고 있는 어려움을 반복하지 않기 위해서 정치적·영토적 통일 이전에 한국교회의 복음회복운동이 우선되어야 한다(오기성, 2007, 16-21). 복음통일의 진정한 의미는 성육신하시고 십자가에서 죽기까지 낮아지신 예수의 자기 비움과 겸손(빌 2:5-8)으로 북한 동포들을 섬기는 것이다. "타인을 위한(for) 교회는 문제는 완화시키지 않고 오히려 문제를 야기한다. 타인과 함께하는(with) 교회가 더 절실하게 필요하다"[9]라는 독일 선교학자 순더마이어의 외침에 귀 기울여야 할 때이다 (Theo Sundermeier, 1986, 65).

---

9) 순더마이어는 자신의 주장을 뒷받침하기 위해 남아프리카 개혁교회 부렌 교회공동체(Die burischen Gemeinden)가 흑인을 위한 선교활동에 엄청난 헌금을 하며, 흑인을 위해 살지만 정작 그들과 분리되어 살고 있음을 지적한다. 흑인들은 그들의 선포와 돌봄의 대상일 뿐, 공동체적인 행동 속에 있는 파트너는 아니었다는 것이다.

참고문헌

강문규. "민족 통일과 평화에 대한 교회의 입장." 「기독교사상」 1988년 4월호.

류현수. 『종북주의 연구』 (서울: 백년동안, 2015).

박명림. 『한국전쟁의 발발과 기원』 (서울: 나남 2003).

박완신 외 16인. 『평화 통일과 북한 복음화』 (서울: 쿰란출판사, 1997).

성석환. 『공공신학과 한국 사회』 (서울: 새물결플러스, 2019).

오기성. 『통일사회로의 발돋움, 그 성공을 위하여』 (서울: 양서원, 2007).

오성훈. "북한선교 활성화를 위한 선교동원(Mission Mobilization) 연구." (서울신학대학교 대학원 석사학위논문, 2001).

_____, "북한선교를 위한 인식적·실천적 차원의 콘비벤츠에 관한 대안적 연구." (서울신학대학교 대학원 박사논문, 2010).

_____, 『하나님의 눈으로 북한 바라보기』 (서울: 포앤북스, 2011).

유관지. 『복음적 평화통일을 위한 정세와 기도』 (김포: 포앤북스, 2020).

이만열. 『한국기독교와 민족통일운동』 (서울: 한국기독교역사연구소, 2001).

이한우. "남남갈등을 넘어." 「통일정책연구」. 제12권 2호. (서울: 통일연구원, 2003).

전상인. 『고개 숙인 수정주의』 (서울: 전통과 현대, 2001).

조동진. "조국통일과 민족교회 형성." 『통일과 민족교회의 신학』 (서울: 한울, 1990).

조 민. "햇볕정책의 정치적 의미와 남남갈등의 극복방안." 「통일정책연구」. 제12권 2호. (서울: 통일연구원, 2003).

쥬빌리 통일구국기도회 편. 『돌아서라 그리고 사랑하라』 (김포: 포앤북스, 2017).

한중국제우호협력교류재단 편. 『대한민국 임시정부와 기독교』 (과천: 페이스앤호프, 2019).

허문영. "기독교 통일운동." 『민족통일과 한국기독교』 기독교학문연구회 편. (서울: IVP, 1994).

Cox, Harvey. 『세속도시』. 이상률 역. (서울: 문예출판사, 2020).

Cumings, Bruce. 『한국전쟁의 기원』. 김자동 역. (서울: 일월서각, 2001).

Sundermeier, Theo. "Konvivenz alz Grundstruktur ökumenischer Existenz heute." *Ökumenischer Existenz heute.* (München: Kaiser, 1986).

제 4 장

통일선교 교육

복음통일은 하나님 나라 가치를 통해 민족 정체성을 새롭게 창출하는 과정이 있어야 한다. 분단 이후 서로 다른 체제에 따라 형성된 상이한 가치관을 극복할 수 있는 것은 '하나님 나라 가치'이다. 통일의 과정에서 이를 극복할 수 있도록 노력해야 한다.

첫째, 통일선교 교육은 통일이 이루어지는 과정에서 가장 우선시해야 할 교육이다. 통일선교 교육을 통하여 북한사회와 주민에 대한 이해를 높이고, 나아가 북한 복음화를 연구해야 한다. 이를 위하여 범교회적으로 통일선교 교육을 실시해야 한다.

둘째, 한국교회는 탈북민을 주님의 사랑으로 품지 못한 것을 회개하고, 탈북민에게 예수 그리스도의 사랑과 섬김으로 복음을 가르치는 통일선교 교육을 적극적으로 실시하여(요 13:34, 고후 4:5), 복음을 받아들인 탈북민이 복음전파의 동역자가 되어 통일선교의 동력이 되게 해야 한다.

셋째, 통일선교 교육은 코리안 디아스포라 교회들과 함께하도록 한다. 코리안 디아스포라 교회의 지도자들이 통일에 대한 건강한 기준과 원칙을 가지도록 적극적으로 도우며, 디아스포라 교포 교회의 통일선교 교육을 통해 2, 3세대 코리안 디아스포라 교포 자녀들이 통일의 역군이 되게 한다.

Ⅰ. 들어가면서

> "복음통일은 하나님 나라 가치를 통해 민족 정체성을 새롭게 창출하
> 는 과정이 있어야 한다. 분단 이후 서로 다른 체제에 따라 형성된 상
> 이한 가치관을 극복할 수 있는 것은 '하나님 나라' 가치이다. 통일의
> 과정에서 이를 극복할 수 있도록 노력해야 한다."

통일을 이루는 과정에서 가장 필요한 것은 남북한 소통을 통하여
서로의 다름을 이해하는 교육이다. 남한과 북한은 생긴 모습은 물론
언어와 역사에서도 같은 뿌리를 갖고 있는 한 민족이다. 그러나 서로
의 마음을 이해하고 있다고 생각하기에 사소한 일에도 갈등과 다툼
이 있는 부부들처럼, 오히려 서로의 다름에 대한 이해가 부족하고 통
일 이후에 큰 갈등이 있을 수 있다. 무엇보다 남북한 주민들은 지난
반세기가 넘는 시간 동안 서로 적대시하도록 교육되었다. 그 결과 세
계관이 전혀 다른 체제 속에서 살아가면서 이질화된 가치관으로 인
해 한 민족으로서의 정체성을 새롭게 창출해야 하는 상황이다. 서로
다른 가치관을 극복하고 사회통합을 이룬다는 것은 쉽지 않을 것이
다. 남북한 사회와 문화, 사람들에 대한 상호 간의 이해가 전제되지 않
는다면 단일한 사회권으로 통합하는 것은 불가하기 때문이다. 서로에
대한 그릇된 지식과 오해는 상대를 헤아리기 어렵게 만들고 잘못된
인식을 낳게 된다(강원택, 이재철, 조진만, 한정택, 김새미, 2015, p. 38).
북한은 조선시대 이후에 한 번도 자유민주주의 사회를 경험하지
못했고, 주체사상으로 말미암는 가치관과 세계관이 형성되어 있어 그
어떤 다른 가치관이나 세계관을 받아들이기 어렵다. 하지만 북한의

주체사상을 극복하고 사회통합을 이룰 수 있는 가치관은 '하나님 나라 가치관'이다. 남북한 우리 민족 속에 복음이 심겨 하나님 나라의 통합화 가치가 실현된다면, 우리 민족은 분단을 극복하고 한 민족으로 온전한 통일을 이룰 수 있다. 통일은 기본적으로 영토의 통합을 의미한다. 따라서 분단국이 통일된다는 것은 분단된 두 체제가 한 국가를 형성하는 것, 즉 하나의 영토와 하나의 국민을 가진 나라가 되는 것을 의미한다. 통합은 통일과정에서 이루어지는 결합상태이다. 통합은 다양한 하위 체제 또는 기능적 결합이 존재할 수 있다. 통합은 각 분야에서 상이한 두 개의 객체가 일원적인 관계로 결합하는 것이며, 통일은 모든 분야에서 통합이 성취되어 분열된 두 주권 객체가 하나의 국가를 구성하는 것을 의미한다. 이것이 온전한 통일이다.

북한의 사회주의 체제가 해체되어 통일이 되면, 개인적 사회 심리의 반응 현상이 아닌 아노미적인 현상으로 집단적인 사회 심리적 반응이 나타날 것이라는 예측을 할 수 있다. 특히 주체사상이라는 획일적 사상 체제에 세뇌된 북한 사람들이 사회주의 체제가 해체되면 정신적 진공 상태가 되어 오히려 급속하게 복음을 받아들일 수 있는 마음의 상태가 될 수 있다. 김일성종합대학과 러시아 모스크바대학을 졸업한 이후에 탈북하여 남한에서 연세대학교와 침례신학대학원을 졸업한 김명세 북한 이탈주민의 말에서 그러한 일면의 가능성을 볼 수 있다. "내가 남한에서 살면서 깨닫게 된 것은, 통일이란 단순히 체제를 하나로 만드는 게 아니라 복잡한 사회적·문화적 문제를 화합하고 조화시키는 것이라는 사실이다. 그런 면에서 내 생각에는 기독교가 하나의 대안이라고 본다."(임헌만, 2012, p. 78)

원수 된 것을 화평으로, 곧 둘로 하나를 만드셔서 한 새사람을 지어내는 하나님 나라의 가치관은 세대 간, 인종 간, 남녀 간, 주종 간, 빈부 간, 민족 간 갈등을 극복하여 하나가 되게 하는 놀라운 통합화의 가치관을 품고 있다(엡 2:14-18).

북한의 '수령 통일론'의 통일 철학과 남한의 '한민족 공동체 통일론'의 통일 철학은 전혀 공통분모가 없고, 융합하여 사회통합을 이룰 수 있는 제3의 가치철학을 만들어 낼 가능성도 없다. 남북의 통일 철학을 뛰어넘어 둘이 하나가 될 수 있는 제3의 길이며 유일한 길은 '복음통일'의 길이다. 복음을 받아들이면 복음 안에서 하나님의 통치가 이루어져 남북이 하나 되는 통합화가 이루어진다. 비록 원수 관계에 있다 할지라도 통합하여 하나가 되게 하는 십자가의 복음 안에서 하나가 되는 것이다.

> "또 십자가로 이 둘을 한 몸으로 하나님과 화목하게 하려 하심이라 원수 된 것을 십자가로 소멸하시고"(엡 2:16)
>
> "그의 십자가의 피로 화평을 이루사 만물 곧 땅에 있는 것들이나 하늘에 있는 것들이 그로 말미암아 자기와 화목하게 되기를 기뻐하심이라" (골 1:20)
>
> "오직 너희는 원수를 사랑하고 선대하며 아무것도 바라지 말고 꾸어 주라 그리하면 너희 상이 클 것이요 또 지극히 높으신 이의 아들이 되리니 그는 은혜를 모르는 자와 악한 자에게도 인자하시니라"(눅 6:35)

민족공동체가 통일되고 발전하기 위해서는 민족을 구성하고 있는 사회의 기본 가치가 제시되어 사회구성원들 안에서 소통되어야 한다.

만일 공유가치가 혼란에 빠지면 또다시 사회에는 균열이 일어나 통일을 저해하게 된다. 민족이 통일국가가 되기 위해서는 반드시 사회통합의 핵심과제가 되는 공유가치를 찾아내야 한다. 이러한 점에서 기독교인은 한반도 통일을 위해 민족공동체 형성의 기반이 되는 가치체계로 하나님 나라 가치를 주장하며 통일 사역에 참여하고 있는 것이다. 남한의 가치나 북한의 가치를 뛰어넘어 민족 통합화를 이룰 수 있는 제3의 가치관은 하나님 나라 가치관이다.

'하나님 나라'(η βασιλεια του θεου) 가치는 현재 남북한 주민이 가진 가치의 상이성과 동질성을 극복하는 대안이 될 수 있다. 남북한 주민의 가치관과 사회의식의 많은 변화로 인해 가치판단의 기준과 의식구조의 이질성이 증대되어 통일에 기본적인 장애요인이 되고 있다. 이를 극복하기 위해 민족공동체 이념의 현실적 재창조를 시도해야만 하는데 이때 '하나님 나라 가치'가 실현될 수 있게 해야 한다(이서행 외 5인, 2008, pp. 82~83).

기독교의 하나님 나라 개념은 '이미' 온 그러나 '아직' 오지 않은 나라 개념을 갖고 있다. 하나님 나라 가치에 의한 통일도 이런 측면에서 보고 이미 온 통일론을 주장할 수 있다.

"때가 찼고 하나님의 나라가 가까이 왔으니 회개하고 복음을 믿으라"(막 1:15.) 여기에서 때가 찼다는 말은 크로노스(역사 속에 존재하는 일반적인 시간)가 아닌 카이로스(하나님이 인간의 역사 속에 개입해 오시는 특별한 구속사적 시간)가 이미 다 찼고 하나님의 통치가 이 땅에 공간적으로 닿았다는 뜻이다.

기독교의 블루오션 영역의 통일론은 이미 이 땅에 도래한 하나님 나라 가치 실현으로서의 통일론이다. 하나님 나라가 이미 왔고 그러나 아직 오지 않은 나라인 것처럼, 지금 한반도에는 하나님 나라 안에서 이미 통일이 왔으나 아직 오지 않은 상황이다. 기독교인이 이미 온 통일을 말할 수 있는 근거는 하나님 나라가 민족 안에 이루어질 때 '하나님 나라'의 가치 안에서 민족이 통일될 수 있다는 확신 때문이다. 이 '하나님 나라' 가치가 실현될 때 말에 있지 아니하고 성령의 능력 있는 말씀으로 민족 통일은 우리 앞에 실현되어 오는 것이다.

'하나님 나라' 가치관으로 이루어지는 복음통일을 위해 우리가 해야 할 일은 '하나님 나라' 가치관 안에서 성취되는 통일선교 교육을 위해 교회와 선교 단체가 교단과 교파를 초월하여 통일을 준비하는 운동(movement)를 일으키는 데 연합하는 것이다. 통일선교 교육은 복음으로 남북 이질화의 문제를 극복하게 할 것이다.

II. 통일선교 교육

A. 교육의 필요성과 실시 상황

본 언약서는 교회 교육의 우선순위로 통일선교 교육이 실시되어야 하며 범교회적으로 이루어져야 함을 선언하고 있다. 통일이 이루어지는 과정에서 필요한 교육의 내용은 북한 주민에 대한 이해를 높이는 것과 북한 복음화로, 이는 사회통합과 하나님 나라 가치 실현을 위해 가장 중요한 사역이다.

> "첫째, 통일선교 교육은 통일이 이루어지는 과정에서 가장 우선시해
> 야 할 교육이다. 통일선교 교육을 통하여 북한사회와 주민에 대한 이
> 해를 높이고, 나아가 북한 복음화를 연구해야 한다. 이를 위하여 범
> 교회적으로 통일선교 교육을 실시해야 한다."

1. 통일선교 교육의 필요성

대한민국 정부는 공식 통일방안과 정책이 '민족공동체 통일방안'
임을 천명하고 있다. 그리고 남북한 통일의 기본 철학과 원칙 또한 '민
족공동체 건설'이라며 남북한이 하나의 국가로 통일되기 이전에 우
선 민족통일이 되어야만 한다고 말한다. 곧 통일이 남북한 간에 어떻
게 권력을 배분할 것인가보다는 통일 이후에 어떻게 함께 살아가느냐
에 초점이 우선 맞춰져야만 한다는 것이다. 더 나아가 '통일의 과정'에
서도 하나의 민족공동체를 점진적이고 단계적으로 이뤄가는 통일의
과정은 반드시 화해와 협력의 단계를 지난 이후에 남북 연합단계와
통일국가 완성 단계에까지 이르러야 한다고 다음과 같이 명시하고 있
다.[1]

> "1단계인 '화해·협력단계'는 남북이 적대와 불신·대립 관계를 청산하고,
> 상호 신뢰 속에 긴장을 완화하고 화해를 정착시켜 나가면서 실질적인
> 교류 협력을 실시함으로써 평화공존을 추구해 나가는 단계입니다. 즉
> 남북이 상호 체제를 인정하고 존중하는 가운데 분단상태를 평화적으로
> 관리하면서 경제·사회·문화 등 각 분야의 교류 협력을 통해 상호 적대
> 감과 불신을 해소해 나가는 단계라 할 것입니다. 이러한 1단계 과정을

---

1) 통일부 '통일정책.' https://www.unikorea.go.kr/unikorea/policy/Mplan/Pabout/. 2020년
   1월 14일 참조.

거치면서 남북은 상호 신뢰를 바탕으로 민족 동질성을 회복하면서 본격
적으로 통일을 준비하는 방향으로 나가게 됩니다."

요약하면 동족상잔의 전쟁과 장기간의 분단이 지속되어온 남북한
의 시대적 과제는 그 무엇보다 우선 남북 간 화해 협력을 통해 상호
신뢰를 쌓고 평화를 정착시킨 후 통일을 추구하는 점진적 단계로 나
아가야 한다는 것이다. 그러나 남북 화해를 통한 통일 민족공동체를
건설하기 위해 범국민적으로, 더 나아가서는 탈북민과 디아스포라 한
국민을 중심으로 하는 통일 준비 내용이 미흡한 상태이다.

반세기가 지나도록 하나님 존재 자체를 부정하도록 세뇌 교육된
북한 사람들에게 무조건 "하나님이 당신을 사랑하십니다"라는 4영리
나 전도 폭발식의 전도를 한다면, 어릴 때부터 기독교에 대해서 적대
적 감정을 갖도록 교육받은 그들은 쉽게 받아들이지 않을 것이다. 무
엇보다 북한 사람들은 주체사상이라는 획일적으로 억압된 사상적 사
회에 살면서 받게 된 심리적 외상을 갖고 있고, 남한 사람들은 세계에
서 자살률 1위의 실존적 공허감으로 인해 우울증 등 다양한 심리적
증상을 갖고 있다. 그런데 어느 날 갑자기 통일 시대가 온다면, 이들은
통일 이후의 심리적 외상을 겪을 것이다. 따라서 이들의 치유와 회복
을 위해 제2차 세계대전 때 아우슈비치 수용소 등의 홀로코스트에서
만들어지고 임상된 빅터 프랑클의 로고테라피(Logotherapy) 같은 마
음 치유 복음통일 교육이 이뤄져야 한다. 프랑클은 프로이트를 비롯
해 많은 인본주의적 심리학자들을 비판하면서, 인간이란 영혼이 있는
존재로서 비록 우리 눈에는 보이지 않지만 엄연히 살아서 존재하시는

하나님에 대한 변증 이론으로 차원이론(Dimensional Theory) 등을 만들었다. 그가 만든 로고테라피가 가지고 있는 여러 이론(Viktor E. Frankl, 1986. p. 180)은 사회주의의 북한 사람들뿐만 아니라 실존적 공허감으로 자살률 및 우울증 등 심리적 병리 사회인 남한의 사람들에게도 쉽게 수용될 수 있다. 그러므로 로고테라피와 같이 남북한 사람들의 마음을 화해하게 해줄 수 있는 복음통일 교육에 대한 연구와 실행이 준비되어야만 한다. 그래야만 눈에 보이던 베를린 장벽은 무너졌지만 눈에 보이지 않는 마음의 장벽으로 인해 동·서독인들이 겪고 있는 통일 이후의 사회 심리적 문제들을 예방할 수 있을 것이다. 독일은 통일 이후 경제적 성장은 이뤄냈지만 자살률의 급증, 출산율이 절반으로 주는 사회적 불안감을 겪고 있다. 무엇보다 보수와 진보의 정치적 갈등 속에서 공산주의당(AfD)이 제2당이 되어 동서독인들 간 반목이 통일 30주년이 되는 현재에도 커지고 있다. 마음 치유 복음통일 교육이 잘 이루어질 때 이러한 독일의 전철을 밟지 않을 수 있을 것이다(주성하, 2020).

2. 통일선교 교육의 현황

성장지향보다는 가치지향의 측면이 강한 통일 문제나 통일선교 문제는 항상 교회의 목회 사역에서 관심 영역 밖이었다. 교회나 노회, 총회는 물론이지만 신학대학에서도 통일문제나 통일선교(북한선교)를 절박하게 다루거나, 통일 선교를 지도할 지도자를 양육하거나, 통일 선교 목회 유형의 개발, 혹은 선도할 교회들을 제시하지 못하고 있다.

일반대학에서는 몇몇 학교에서 통일학 혹은 북한학을 가르치고 있지만, 신학대학에서는 통일 선교학이나 북한 선교학을 전공하여 가르치는 학교가 거의 없다. 신학대학의 선교학과에서 지역학의 한 부분으로 한두 강좌 정도 북한 선교학에 대해 혹은 통일문제에 대해 개설하는 경우는 있지만, 민족 통일문제를, 특히 북한선교 문제를 집중적으로 연구하고 사역자를 양육하여 전문 학위를 수여하는 학교는 찾기 힘들다. 교단의 통일정책이나 북한선교 정책도 그리 절박하지도 긴급하지도 않다. 또한 정책도 일관성이나 구체성이 미약하고 전략적 움직임이 잘 드러나지 않는다. 그래서 통일선교 교육은 사역의 한 귀퉁이에서 북한선교나 통일 사역을 하는 소수의 사람들에 의해 특수 영역에 머물러 있는 실정이다. 이러한 환경에서 개교회나 목회자들이 통일문제나 북한선교에 접근하기는 쉽지 않다. 민족 복음화의 측면에서 심야기도회 혹은 새벽기도회 시간에 기도 제목으로 언급되거나, 6월 한국전쟁을 전후해서 설교나 세미나 정도에 머물고 있는 것이다.

북한선교와 통일 사역자를 세우기 위해 통일선교 교육을 교단과 연합단체에서 시작한 것은 1990년대 후반부터이다. 1997년 예장통합 측 교단은 통일선교대학 단기과정을 개설하였고, 한국기독교 총연합회에서는 1998년 2월 통일선교대학을 설립하여 2012년까지 3,500여 명의 통일선교 사역자를 배출하여 북한선교를 통한 통일 활동에 참여하게 했다. 한기총의 분열 이후 중단된 통일선교대학의 맥을 이어 2014년에 평화한국의 허문영 박사, 서울대학교 통일평화연구원의 김병로 박사, 백석대학교의 임헌만 박사, 아세아연합신학대학교 북한선교학과 조기연 교수의 제안으로 2014년부터 중대형 교회가 연합하여 통일선교 아카데미를 창립하고 교육 이후 통일 현장 영역 사역으로까지 연장되는 통일선교 아카데미를 이어가며 2019년 말 현재 355명이 수료하였다.

북한선교와 통일 사역자를 양육하여 학위를 수여하는 학교는 북한선교대학원과 아세아연합신학대학교 선교대학원의 북한선교학과(석사과정), 숭실대학교 대학원에 통일지도자 과정으로 학위과정과 단기과정인 통일선교 아카데미가 있다. 각 교단에서 통일선교학교를 실시하고 있는 곳으로는 감리교의 통일선교학당과 통합 측의 총회통일선교대학원이 있으며 예장합동의 동서울노회에서 3년 전부터 통일선교학교를 초급, 중급, 고급과정으로 나누어 실시하고 있다. 그 외에도 대학의 통일선교 동아리나 북한선교 단체, 개교회에서 실시하는 통일선교 주간 단기학교, 탈북민 사역자가 중심이 되어 운영되는 통일소망선교회의 북한선교학교, 모통이돌선교회를 비롯한 북한선교와 통일사역 단체 등에서 실시하는 통일선교학교들이 있지만, 전체적으로 보면 그 수는 너무 미미하다. 교회가 통일을 준비하기 위해서는 범교단적으로 더 많은 통일 선교학교를 개설해야 한다.

전문적으로 통일선교 양육을 지도할 교사나 지도자 양성 기관, 통일선교 교육을 위한 커리큘럼과 교제들이 체계적으로 준비되어 있지 못해 전문성이 부족하지만, 그래도 이제는 통일선교학교를 개설하여 진행하려는 의지만 있다면 얼마든지 가능할 만큼 통일선교 전문가들과 북한선교와 통일 사역에 대한 책이 많이 준비되어 있다.

B. 탈북민 통일선교 교육

탈북민 선교 교육에 대한 선언문의 내용은 둘째 단락에서 먼저 한국교회가 탈북민을 주님의 사랑으로 품지 못한 것에 대한 회개가 필요하며, 탈북민에게 사랑과 섬김으로 적극적인 통일선교 교육을 실시하여 이들을 통일선교의 동력이 되게 해야 함을 선언하고 있다.

> "둘째, 한국교회는 탈북민을 주님의 사랑으로 품지 못한 것을 회개하고, 탈북민에게 예수 그리스도의 사랑과 섬김으로 복음을 가르치는 통일선교 교육을 적극적으로 실시하여(고후 4:5, 요 13:34), 복음을 받아들인 탈북민이 복음전파의 동역자가 되어 통일선교의 동력이 되게 해야 한다."

1. 탈북민 선교의 필요성

한국교회는 통일을 위해 하나님이 남한 땅에 보내주신 탈북민의 가치와 소중성을 놓치고 있다. 탈북민은 북한의 실상을 말해줄 수 있고 남북의 분단으로 말미암아 이질화된 언어와 문화와 세계관과 가치관을 비교 확인하여 통일의 대안을 찾을 수 있는 통일의 선발대이며, 북한교회를 회복하고 북한선교를 가장 효율적으로 감당할 수 있는 일꾼이다. 그런데 이들을 품지 못하고 놓치고 있는 것이다. 남한에 들어온 탈북민은 기존 교회에 잘 정착하지 못하고 있다. 정착에 어려움을 겪는 탈북민들은 신학을 공부하고 사역자가 된 탈북민 사역자를 찾아가 탈북민 교회로 모이고 있고, 탈북민 선교를 직접적으로 실시하는 남한의 목회자들은 극소수에 불과하며 이들 또한 남북 성도를 함께 사역하는 통일 목회를 실시하는 데 많은 어려움을 겪고 있다. 기존 교회에서 적극적으로 이들을 위한 선교정책과 전략을 실시하지 못하고 있는 것이다. 한국에 들어온 탈북민들을 기존 교회에서 수용하지 못하여 탈북민 교회와 남한교회가 구분된 것을 회개해야 한다.

탈북민의 정착지원 단체로는 (사)한국기독교탈북민정착지원협의회(이하 한정협)가 있어 탈북민이 대한민국에 도착하여 북한이탈주민보호센터 및 하나원을 거쳐 사회에 정착하고 신앙생활을 하도록 돕고 있다. 탈북민은 심리적·경제적·사회문화적으로 남한에 적응하기가 쉽지 않다. 어렵게 한국에 와서 외로움과 우울증에 시달리다 자살하는 탈북민의 수가 일반 국민의 3배라고 한다. 경제적으로는 저임금과 고용 불안정에서 자유롭지 못하다. 탈북민 가운데 전문 경력을 가진 사람이 1천 명 미만이고 그중에 소수만 관련 분야에 취업하고 있다. 그래서 많은 탈북자가 교회나 선교단체의 도움을 받지만, 그렇다고 해도 국내에서 신앙생활을 유지하거나 정착하는 비율은 극히 저조한 상황에 머물러 있다.

현재 하나원을 거쳐 남한에 정착한 탈북민이 3만 명이 넘었고[2] 탈북민 기독교 사역자들은 북한기독교총연합회(북기총)와 북향민목회자연합(북향민)의 단체를 결성하여 모임을 갖고 있다. 탈북민 사역자들의 다수는 탈북민을 전도하고 목회하는 일에 주력하고 있으며 소수의 사역자가 남한 교인과 탈북민이 함께하는 통일 목회를 진행하고 있다. 탈북민 사역자들 가운데 통일선교 사역으로 탈북자 구출 사역을 비

---

2) 통일부. '북한 이탈주민 정책 최근 현황' https://www.unikorea.go.kr/unikorea/business/ NKDefectorsPolicy/ status/lately/. 2020년 10월 25일 참고.

롯해 북한선교 학교를 실시하는 선교단체와 교회도 있다. 이들은 탈
북민을 북한선교의 대상이 아니라 북한선교의 사명을 함께 이룰 동역
자로 받아주길 기대한다. 단지 긍휼의 대상이 아니라 북한 회복 사역
의 소중한 일꾼으로 바라봐주길 바라는 것이다.

2. 탈북민 통일선교 교육

통일을 이루는 과정에서 중요한 교육 중의 하나가 탈북민 교육이
다. 탈북민 교육은 북한선교의 마중물을 준비하는 사역이다. 하나님
이 보내주셔서 이 땅에 온 탈북민에게 예수 그리스도의 사랑과 섬김
으로 복음을 가르치는 통일선교 교육이 적극적으로 실시되어야 한다.
한국은 세계 제2의 선교 대국이지만 우리의 반쪽인 북한에는 복음을
직접적으로 전하지 못하고 있다. 북한은 복음을 전할 수 없는 사마리
아이자 땅끝(행 1:8)으로 존재한다. 이러한 우리의 형편을 아시고 하나
님께서 보내주신 사람들이 3만여 명의 탈북민이다. 한국교회가 이곳
에 와 있는 3만여 명의 탈북민을 복음화하지 못하면서 2,500만 북한
동포에게 복음을 전한다는 것은 자가당착이다. 북한 복음화를 위해
서는 한국교회가 먼저 이곳에 와 있는 북한선교의 마중물인 탈북민
들을 먼저 복음화해야 한다. 이를 위해 통일선교 교육을 남한교회와
모든 디아스포라 한인교회가 적극적으로 실시해야 한다.

탈북민에게 통일선교 교육을 할 때 취해야 할 자세가 있다.

첫째, 먼저 남한 목회자나 성도들이 선생의 자리가 아니라 섬기는
종(servant)의 자리로 내려가야 한다(고후 4:5).

둘째, 상호 신뢰가 없는 상황에서 성경공부를 하면 탈북민들을 복음화하기 어렵다. 그들의 신뢰를 받기 위해서는 "내가 너희를 사랑한 것같이 너희도 서로 사랑하라"(요 13:34)는 주님의 말씀을 몸소 보여주어야 한다.

셋째, 많은 탈북민이 교회를 떠나는 이유는 남한 성도들이 말로만 사랑하고 실제로는 사랑하지 않는다고 느끼기 때문이다. 행함이 없는 믿음은 죽은 믿음이다(약 2:17). 삶으로 예수를 담아낼 때 그들이 변화될 것임을 명심해야 한다.

넷째, 한국교회는 탈북민을 주님의 사랑으로 품기 위해 나는 죽고 예수가 사는 복음의 본질을 회복해야 한다(갈 2:20). 예수를 영접한 탈북민은 하나님 안에서 우리와 한 형제요 자매이다. 그동안 한국교회는 과연 탈북민을 한 형제요 자매로 여겼는가를 되돌아보아야 한다.

다섯째, 한국교회는 탈북민과 함께 동역해야 한다. 북한에 자유롭게 복음을 전할 수 있게 되었을 때 우리와 전혀 다른 가치관과 삶의 양식을 가진 북한 동포들에게 복음을 전하는 사역은 매우 어려울 것이다. 이때 복음을 받아들인 탈북민들이 복음전파의 동역자가 되어준다면 북한 복음화는 훨씬 놀라운 결과를 만들어 낼 수 있을 것이다.

탈북민의 복음화 과정은 통일 이후 북한 동포들을 복음화하는 선행과정이기에 아주 중요하다. 무엇보다 탈북민과 하나 된 교회를 형성하기 위해서는 탈북민에 대한 통일선교적 가치에 대해 바른 인식 전환이 필요하다.

C. 디아스포라 교포 교회의 통일선교 교육 현황

통일선교 교육은 남한의 교회뿐 아니라 전 세계에 세워진 한인 디아스포라 교포 교회들 모두가 함께 해야 할 사역이다. 특히 교회 지도자들은 남북 분단의 현실을 직접적으로 체감할 수 없다 할지라도 같은 혈육과 마음을 같이하고, 마음을 함께 나누며, 한반도 통일의 중요성과 가치에 대한 건강한 기준과 원칙을 갖고 다음 세대에게 통일선교 교육을 실시하여야 한다. 그리하여 그들이 통일의 역군으로 함께할 수 있게 해야 한다.

> "셋째, 통일선교 교육은 디아스포라 교포 교회들과 함께하도록 한다. 디아스포라 교포 교회의 지도자들이 통일에 대한 건강한 기준과 원칙을 가지도록 적극적으로 도우며, 디아스포라 교포 교회의 통일선교 교육을 통해 2, 3세대 디아스포라 교포 자녀들이 통일의 역군이 되게 한다."

1. 디아스포라 한인교회의 통일선교 교육 현황

기독교 통일포럼에서는 2019년 통일선교 10대 뉴스의 하나로 통일선교 활동이 남한을 넘어 한인 디아스포라와 전 세계 그리스도인에게로 확산하고 있음을 밝혔다. 구체적인 예로 9월 10일부터 12일까지 시카고에서 한민족 통일선교 서밋이 쥬빌리통일구국기도회 주최로 시카고한인연합장로교회에서 열려 "2019 시카고 한민족 통일선교 서밋을 마치며"라는 제목의 성명서가 발표된 것, 선교통일협의회가 루마니아 REA(복음주의협의회)와 통일선교 관련 MOU를 맺은 것, 크로

아티아 신학교로부터 북한선교 협력을 요청받기도 했는데 동구권 국가의 교회들이 북한선교에 많은 관심을 가지고 있는 것이 여러 곳에서 확인되고 있다는 것, 그리고 필리핀 IBF 신학교에서 필리핀 신학생 여러 명이 북한 선교사로 자원하는 일이 있었던 것 등을 제시했다('크리스챤투데이」, 2019, 2019년 올해 '통일선교 10대 뉴스').

하지만 디아스포라 한인교회 가운데 통일선교 교육은 미미한 실정이다. 미국의 디아스포라 한인교회 가운데는 미국 서부 캘리포니아 로스앤젤레스에 있는 글로벌 한인교회가 주축이 되어 2001년부터 한기총 통일선교대학교의 미주 분교로 출범하여 2014년 새롭게 출범한 통일선교 아카데미의 미주 분교가 지금까지 통일 교육과 북한에 장단기 현장 사역자들을 파송하는 사역을 담당하고 있다. 그리고 워싱턴북한선교회가 2016년 6월에 설립하여 북한선교와 복음통일에 대한 의제를 중심으로 단기 통일선교학교를 실시하면서 디아스포라 통일선교의 길을 모색하고 있으며, 기독교 통일전략 연구센터와 생명숲선교회 등 한국의 민간단체가 진행하는 북한 선교사 양성 프로그램이 워싱턴에서 워싱턴 꿈의 학교로 2018년 개설되었다. 그 외에는 개 교회별로 북한선교와 통일 사역이 알려지지 않은 상태로 실시되고 있는 정도이다.

중국 디아스포라 교포 교회는 중국의 한족 선교와 북한선교에 있어 중요한 선교적 거점 지역의 교회로 그 중요성이 인식되지만, 이들이 통일에 대한 건강한 기준과 원칙을 가질 수 있도록 전문적인 통일선교학교를 개설하거나 진행하는 내용이 거의 드러나지 않고 있다. 또한 중국 교포 교회와 북한선교를 연계한 논문이나 연구도 찾기 힘들다.

감리교 북방선교회가 중국의 동북 3성의 중국 교포 선교와 중국 교포를 위한 북한선교의 토대를 마련하기 위해 1988년 선교회를 설립하였다. 이 선교회는 서간도 지역 중심의 교회 개척과 중국 교포 교회를 통한 탈북자들의 식량 및 의료품 생필품을 지원하는 미션 홈을 세우는 일, 중국 교포 교회 지도자 양육을 했다. 하지만 전략적 북한선교를 위한 통일선교 학교를 개설하여 통일선교 전문가 양육까지는 하지 못했다.

일본 한인교회나 러시아 한인교회는 통일선교학교를 정규적으로 실시하는 곳이 잘 드러나지 않을 만큼 활동이 미미한 상황이다.

2. 디아스포라 한인교회의 통일선교 교육 활성화

코로나19 바이러스로 인해 비대면 교육이 강조되고 있는 현재의 상황은 오히려 통일선교 교육의 세계화를 실천할 수 있는 계기가 될 수 있다. 물론 대면 교육이 가능한 각 나라의 디아스포라 한인교회들은 통일에 대한 건강한 기준과 원칙을 가질 수 있도록 먼저 현지 사역 현장에서 통일에 대한 건강한 정보와 지식을 교육하는 장을 열 수 있도록 해야 한다. 그러나 그렇지 못한 국가와 지역에서는 비대면 온라인 통일선교 교육을 통해 전국을 넘어 세계적으로 교육의 영역을 넓혀갈 수 있을 것이다. 그렇게 통일에 대한 연합 운동이 일어나도록 하는 동시에 분단의 상징인 대한민국 비무장지대(DMZ)에 UN 평화대학을 설립하여, 남북한 젊은 학생들은 물론 193개의 UN 가입국 젊은이들(한 나라에서 한 명만 보내도 200여 명)이 통일선교에 대하여 함께 공유하고 연합할 수 있는 장을 마련해주면 좋을 것이다.

Ⅲ. 나가면서

우리는 민족의 통일 당위성뿐만 아니라 무엇보다 통일을 통해 이루어질 선교와 동북아 평화를 통한 세계 평화의 가치가 실현될 수 있다는 분명한 확신이 있어야 한다. 통일의 때는 막연한 시간이 아니라 하나님의 준비된 시간이 있음을 믿고 지금이 이미 온 통일의 시점인 줄 아는 자각이 있어야 한다. 또한 하나님이 주시는 통일에는 갑절의 은총이 있다는 분명한 확신이 있어야 한다.

우리가 통일을 위해 준비해야 할 것은 복음통일 교육이다. 하나님 나라 가치 실현으로서의 민족 통일 교육은 통일의 길을 예비하는 것이다. 하나님 나라는 이미 왔고 아직 오지 않은 시간 속에 교회가 해야 할 사명을 부여한다. 통일의 때가 찬 한반도에서 복음통일을 이끌어갈 사역자들을 양성하는 일은 시급한 일이다. 이제 교회는 겸손하게 그리고 절실하게 복음통일 교육의 필요성을 인지하고 실천할 것을 결단해야 한다.

복음통일은 성령 안에서의 역사를 통해 이루어진다. 성령의 역사 안에서 통일을 가로막는 분단의 장벽을 헐어 버릴 때 통일은 이루어진다. 이 일이 주 안에서 이루어지기 위해 하나님이 준비하신 복음통일 사역자들부터 균형 있는 양육의 시간이 있어야 한다. 복음통일 교육을 이루기 위해 하나님은 이미 다양한 현장 분야에서 복음통일 사역자들과 단체들을 준비시켜 놓으셨다. 무엇보다 국내외 많은 기도처에서 한인들뿐만 아니라 한반도 통일을 위해 기도하는 기도의 사람들과 기도하는 단체들을 준비시키셨다.

하나님은 남한의 교회들과 디아스포라 한인교회 모두에게 통일 한반도를 맞이하기 위해 하나님 나라 가치 실현을 위한 복음통일 교육의 문을 열 것을 요구하신다.

참고문헌

강원택, 이재철, 조진만, 한정택, 김새미. 『남북한 젊은 세대의 통일관』 (서울: 서울대학교 출판문화원, 2015).

김계동. 『남북한 체제통합론』 (서울: 명인문화사, 2006).

이서행, 양동원, 윤황, 조용기, 박홍기, 최문형. 『통일시대 남북 공동체』 (서울: 백산서당, 2008).

원성삼 편. 『통일을 앞당겨 주소서』 (서울: 예영커뮤니케이션, 2016).

임헌만. 『마음치유를 통한 북한선교』 (경기도 고양시: 두날개 도서출판사, 2012).

정원범. 『평화운동과 평화선교』 (서울: 한들출판사, 2009).

최윤식, 최현식. 『2020-2040 한국교회 미래지도 2』 (서울: 생명의 말씀사, 2015).

통일교육협의회. "2030 세대 통일의식조사결과 발표." 2018.

기독교통일포럼. "2019년 올해 통일선교 10대 뉴스." 2019.

Viktor E. Frankl. *The doctor and the soul* (New York: Vintage Books, 1986).

주성하. "베를린 장벽 붕괴 30년… "독일 통일은 필연"이라지만 후회 없었을까"

http://www.donga.com/news/article/all/20190705/96345471/1. 2020년 1월 20일 참조.

크리스천투데이. http://www.christiantoday.co.kr/news/327680. 2020년 1월 21일 참조.

통일부 '통일정책.' https://www.unikorea.go.kr/unikorea/policy/Mplan/Pabout/. 2020년 1월 14일 참조.

한국인권신문. http://www.committee.co.kr/sub_read.html?uid=38849. 2020년 1월 20일 참조.

제5장
한국교회·세계교회의 역할

1. 한국교회의 역할

첫째, 한국교회는 보수와 진보의 벽을 허물고, 연합하고 하나 되어 북한의 교회와 적극적인 대화와 교제, 협력과 나눔의 장을 만들어 북한 인권개선과 신앙의 자유가 이루어지도록 힘을 모아야 한다.

둘째, 한국교회는 통일선교 교육과 통일선교를 포함하는 통일한반도 지향의 목회를 실시하고, 통일주간을 제정하고, 통일선교 교육과 기도회를 가져야 한다.

셋째, 한국교회는 재중 동포를 비롯한 코리안 디아스포라 교회가 북한 복음화를 위한 중요한 파트너임을 인식하고, 코리안 디아스포라 교회의 통일목회·통일선교를 위해 적극적으로 협력해야 한다.

2. 세계교회의 역할

첫째, 세계교회는 북한과 직접적인 만남을 통해 북한과의 사업과 개발, 교육과 인도주의적 교류를 통하여 '원수' 된 상태와 상관없이 국가와 민족의 경계를 뛰어넘어 관계를 맺을 수 있어야 한다(마 5:43-48, 갈 3:28).

둘째, 이산가족 상봉 문제는 코리안 디아스포라 모두에게도 중요한 문제이다. 가족과 생이별을 직접 경험한 세대가 사라지기 전에 세계교회는 코리안 디아스포라의 이산가족 상봉을 위해 신속한 조사와 상봉을 위한 노력이 있어야 한다.

I. 들어가면서

통일선교언약 제1부 제5장은 통일선교를 위한 한국교회와 세계교회의 역할을 담고 있다. 제5장은 크게 두 부분으로 구성되어 있는데, 먼저는 한국교회의 역할, 그다음은 세계교회의 역할에 대한 내용이다. 본 언약은 남북한의 통일에서 한국교회의 중심적인 역할을 강조하면서 동시에 세계교회와의 협력에도 주목한다. 이 글은 통일선교에 있어서 한국교회와 세계교회가 담당해야 하는 역할에 대하여 상세한 해설을 더함으로써 통일선교언약이 가지는 목적과 의미, 실천적인 함의를 보다 명확하게 제시하고자 한다.

II. 한국교회의 역할

본 언약서는 한국교회의 역할을 세 가지로 제시한다. 첫째, 통일선교를 위한 중요한 토대로서 '한국교회의 하나 됨과 북한 회복을 위한 협력'을 말한다. 둘째, 구체적인 '통일선교 목회 사역'의 필요성과 중요성을 말한다. 셋째, 통일선교의 구심점으로서 '한국교회와 한인 디아스포라 교회의 협력'을 말한다.

> "첫째, 한국교회는 보수와 진보의 벽을 허물고 연합하고 하나 되어 북한의 교회와 적극적인 대화와 교제, 협력과 나눔의 장을 만들어 북한 인권개선과 신앙의 자유가 이루어지도록 힘을 모아야 한다."

A. 한국교회는 보수와 진보의 벽을 허물고 연합하고 하나 되어야 한다.

한반도의 통일은 한국교회가 이 민족과 역사 앞에서 감당해야 하는 중차대한 사명이다. 이 사명을 감당하는 구체적인 순종과 실천의 현장이 바로 통일선교이다. 통일선교는 한반도의 통일을 위해 기도하고, 연구하고, 준비하는 모든 과정을 포함할 뿐 아니라 '이미' 하나님께서 주신 통일을 신실하게 살아내며 '아직' 다가올 통일의 완전한 때를 향하여 믿음으로 나아가는 그리스도인의 모든 삶을 가리킨다. 그런 면에서 통일선교는 근본적으로 하나님께로부터 비롯되는 은혜의 사건인 동시에 믿음의 사람들이 상처 나고 단절된 한반도 곳곳에서 앞서 일하시는 하나님의 선교에 참여하는 행동이다.

본 언약은 한국교회의 연합이 통일선교에 있어서 가장 중요한 과제 중의 하나라는 사실을 강조한다. 통일은 근본적으로 하나 됨을 의미한다. 하지만 그동안 한국교회는 하나 됨을 힘써 이루기(엡 4:3)보다는 오히려 역행할 때가 많았다. 역사적으로 한국교회는 반복되는 대립과 분열의 모습을 이어왔다. 일제강점기 때부터 나타나기 시작한 보수와 진보의 대립은 하나님께서 허락하신 해방 이후에 오히려 더욱 가속화되었다. 대다수 한국교회는 일제강점기 때 신사참배에 굴복함으로써 하나님 앞에 큰 죄를 범하였고, 해방 후에도 이를 철저하게 회개하기보다는 서로에 대한 비난과 정죄를 통해 분열하였다. 그뿐만 아니라 한국교회는 한국전쟁을 거쳐 분단체제가 고착된 이후 분단을 지속시키는 냉전의 규정력을 극복하는 데에도 반복적으로 실패하였다. 보수와 진보의 갈등은 더 깊어졌고, '대화'보다는 '단절'이라는 손쉬운 선택을 할 때가 많았다. 이에 따라 한반도의 남쪽에 하나님께서 친히 세우신 교회는 갈가리 찢기며 수백 개의 교단이 난립하게 되었다. 이러한 한국교회의 반복된 분열과 대립은 참으로 부끄러운 모습이 아닐 수 없다. 오늘날 한국교회는 통일을 준비하고 맞이하는 데 있어서 이 뿌리 깊은 죄악의 문제를 하나님 앞에서 철저하게 회개해야 하는 거룩하고 긴급한 요청 앞에 서 있다.

서로의 신학적인 견해가 다르고 여러 교단이 존재하는 것 자체가 잘못은 아니다. 하나님은 획일성을 강요하시는 분이 아니기 때문이다. 오히려 하나님은 다양성을 긍정하셔서서 이 세계를 다채롭게 창조하셨으며, 모든 인간을 존귀하고 개성 있는 존재로 창조하셨다(창 1:1-31). 통일은 하나 됨에 대한 근본적인 요청이지만, 이 하나 됨은 획일화와 구분되어야 한다. 참된 통일은 다양성 속에서 하나 됨을 의미한다. 한국교회에서 보수와 진보가 대립하는 여러 문제는 단순히 맞고 틀림으로 간주하기 어려운 면이 있다. 이는 각 교회의 신앙적 전통, 신학적 기반 및 역사적 경험에 따라 주의 몸 된 교회의 일부로서 나타난 아름다운 다양성이기 때문이다. 그럼에도 한국교회가 하나님 앞에서 회개해야 하는 이유가 있다면, 그것은 그동안의 분열이 주의 몸 된 교회의 풍성함에서 비롯되는 다양성이 아니라 이해관계와 욕망에 기인한 결과물일 때가 많았기 때문이다.

이런 맥락에서 본 언약서는 통일선교라는 중대한 민족적 사명 앞에서 보수와 진보 교회가 서로 연합하고 하나 되어야 함을 강력히 선포한다. 보수와 진보 교회는 서로 정죄하고 판단하기보다는 하나님께서 주신 공통의 신앙적·신학적 토대를 확인하고 인정하며 대화의 자리로 나아가야 한다. 한국교회가 통일선교라는 하나님의 요청에 신실하게 응답하기 위해서 요구되는 것은 '인간적인 경계와 적대의 벽을 허무는 것'이고 '다양성 안에서 하나 됨'이며 '서로의 차이를 넘어서는 더 근본 토대 위에서의 연합'이다. 그렇다면 한국교회의 보수와 진보의 차이는 어떻게 참된 하나 됨으로 이어져가야 할까?

한국교회의 진보와 보수 진영의 대립 안에는 '복음의 진정성'과 '교회의 일치성'이라는 쟁점이 놓여 있다. 보수 진영의 교회는 '복음의 진정성'을 강조하는 경향이 있다. 반면에 진보적인 교회는 '교회의 일치성'을 강조하는 경향이 있다. 본 언약서에서 진보와 보수 교회가 '벽을 허물고 연합하고 하나' 되어야 한다고 하는 선언은 이 둘 중에 어느 하나만을 취사선택한다는 의미가 아니다. 오히려 복음의 순수성과 교회의 일치성 둘 다를 붙잡아야 한다. 이러한 점에서 예루살렘 교회와 안디옥 교회 사이의 신학적 갈등이 사도행전 15장에서 발전적으로 해소되는 과정은 오늘날 한국교회를 향한 중요한 성서적 준거점이 된다.

사도행전 15장은 예루살렘 교회와 안디옥 교회로 대표되는 두 초대교회의 신학적 경향성의 차이를 다뤘던 예루살렘 사도회의 사건을 언급한다. 앞서 초대교회는 오순절 성령 강림 사건(행 2:1-13) 이후 급속하게 확장되고 성장하는 놀라운 역사를 경험한다(행 2:47; 4:4; 6:7; 9:31; 11:21; 31:21; 14:21). 예수 그리스도의 복음은 스데반 집사와 사도 야고보의 순교(7:54-60; 12:1)와 광범위한 박해(8:1-3; 9:1-2; 12:1-5)에도 불구하고 유대 땅을 넘어 사마리아(8:1-17), 가이사랴(8:40; 10:1-48), 룻

다와 욥바(9:32, 36), 안디옥(11:19-21)까지 전해졌고, 그 결과 곳곳에 교회가 세워졌다(9:31). 당시 안디옥 교회는 로마제국 내에서 세 번째로 큰 도시이자 시리아 주의 수도인 안디옥에 세워진 교회였으며 이방 세계를 향한 선교의 전초 기지였다. 이방인 그리스도인이 주를 이루던 안디옥 교회는 유대 그리스도인이 주를 이루면서 할례를 비롯한 율법 규례의 준수를 받아들이던 예루살렘 교회와 달리 유대 특수주의를 넘어서 세계 보편주의를 향한 신학을 가지고 있었다. 이러한 차이는 사도행전 15장에 나타난 예루살렘 사도회의의 중심 의제가 된다.

사도행전 15장은 교회의 보편성을 향한 복음의 진정성과 교회의 일치성에 대한 문제를 다루고 있다.[1] 이때 복음의 진정성은 앞서 나타난 이방 선교의 열매(15:4, 8-9, 12)와 두 초대교회 지도자의 선포를 통해 확언된다. 사도 베드로는 하나님께서 이방인에게도 '성령'을 주심으로써 이들을 차별하지 않으셨다고 선포하였고(15:6-10), 예수 그리스도의 동생 야고보는 하나님께서 이방인 중에서 새로운 백성을 세우신다고 선언하였다(15:13-18). 이처럼 이방인에게 복음을 증거하는 일이 하나님의 뜻 안에 놓인 사건임을 확인함으로써 초대교회는 유대 특수주의를 넘어서는 하나님의 새로운 역사에 참여할 수 있게 되었다. 이때 복음의 핵심은 하나님은 차별이 없으시며 유대인이나 이방인이나 지역과 종교와 인종의 차별을 넘어서 누구든 '예수 그리스도의 은혜'로 동일하게 구원을 받는다는 데 있었다(15:11). 이방 선교는 하나님의 구속사에 접목되어 복음이 온 열방을 향해 뻗어가는 계기

---

1) 김지철, "복음의 진정성과 교회의 일치성: 사도행전 15:1-35을 중심으로" 「교회와 신학」 제28호 (1996): 50-75.

가 되었고, 바울의 고백처럼 자신은 이방인의 사도로, 사도 베드로는 할례자의 사도가 되어 두 교회가 서로 존중하며 협력하는 관계로 하나님의 선교를 감당하게 되었다(갈 2:7-9). 여기서 중요한 것은 "교회의 일치성은 복음의 진정성에 기초해야 하고, 복음의 진정성은 교회의 일치성을 지향해야 한다"는 점이다.[2]

사도행전은 이와 같은 복음의 진정성과 교회의 일치성을 가능케 하는 근본적인 힘이 바로 '성령'에 있음을 가르쳐준다. 오순절 성령강림 사건을 시작으로 성령은 복음이 유대 땅을 넘어 확장되는 데 직접적으로 관여하셨다. 빌립을 에디오피아 내시에게 이끄신 분이 성령이셨으며(8:29), 베드로를 고넬료에게 보내신 분도 성령이셨고(10:19-2; 11:12-15), 바울을 마케도니아에 가서 선교하도록 움직이신 분도 성령이셨다(16:6-7). 예루살렘 사도회의의 결정도 성령의 인도하심(행 15:28)이었다. 이렇듯 사도행전 15장의 예루살렘 사도회의는 자칫 분열할 수 있었던 교회가 하나 됨을 이루며 하나님의 사명을 감당하는 소중한 모범을 보여주었다.

한국교회도 이 길을 가야 한다. 한국교회의 분열을 극복하는 과정은 교회가 가진 복음의 진정성에 대한 확인과 교회의 일치성에 대한 추구가 함께 가는 데서 시작한다. 지금까지 한국교회의 보수와 진보 진영은 각각 서로 다른 신학적 지향점과 실천을 담아내면서 나름의 중요한 역할을 감당해왔다. 진보적인 교회는 지난 1980년대부터 통일 문제를 민족과 민주화의 맥락에서 우선적인 과제로 설정하고 선제적으로 냉전 구조를 극복하는 신학 담론을 제시하며 분단의 경계

---

2) Ibid., 72.

를 가로지르는 새로운 상상력과 과감한 실천을 시도하였다. 88선언을 통해서 정부의 통일정책을 견인하고 기존의 분단 구조를 넘어서려는 예언자적인 시각도 제시하였다. 반면에 보수적인 교회는 1970년대부터 기도로 북한선교를 준비하다가 1990년대에 이르러서 북한동포돕기 운동을 통해 본격적인 북한 사역을 시작하였다. 현재는 다양한 영역에서 한국교회의 통일선교를 주도하고 있다. 한국교회의 보수와 진보 진영은 각각 고유한 부르심과 사명을 따라 달려왔다. 그러므로 한국교회의 보수와 진보 진영은 서로의 모습을 귀히 여기고 존중하며 하나님의 선교 맥락에서 각자에게 맡겨진 고유한 역할이 있음을 인정하며 통일선교의 각 영역에서 협력해야 한다. 서로에게 있는 상이한 요소를 섣불리 비판하기보다는 상대방을 존중하며 겸손한 대화를 이어가고, 복음의 진정성과 교회의 일치성을 힘써 붙잡으며 함께 나아가야 한다. 무엇보다도 성령의 인도하심을 따라 거룩하고 하나 된 모습으로 한반도의 새로운 미래를 열어가야 한다.

B. 한국교회는 북한의 교회와 적극적인 대화와 교제, 협력과 나눔의 장을 만들어 북한의 인권 개선과 신앙의 자유가 이루어지도록 힘을 모아야 한다.

성령 안에서 하나 됨을 이루며 연합하는 한국교회는 결집되고 일관된 모습으로 북한교회와 소통해야 한다. 한국교회의 통일선교는 복음의 진정성과 교회의 일치성의 토대에서 정치적인 논리에 제한되어서는 안 된다. 오히려 남북한 사이의 경계선을 가로지르는 새로운 통일의 물꼬를 열어가야 한다. 이를 위하여 한국교회는 두 가지 면에 초점을 맞춰야 한다. 첫째는 북한교회와의 대화와 교류이며, 둘째는 북한 인권 문제의 개선과 신앙의 자유를 향한 적극적인 노력이다.

먼저 한국교회는 북한교회와 적극적인 대화와 교제를 가짐으로써 상호 간의 교류와 협력과 나눔의 장이 확장되도록 노력해야 한다. 분단의 강하고 질긴 영향력은 끊임없이 만나서 소통하고 서로를 이해하며 화해하는 과정을 통해서 약화될 것이다. 그러므로 남북한 간에 오랫동안 누적된 증오심과 두려움의 영을 거두어내는 역할을 교회가 선제적으로 감당해야 한다. 정부 차원에서 주도하는 남북한의 관계는 부침을 거듭하기 마련이다. 이에 한국교회와 북한교회는 정치적인 논리와 역사적인 적대 관계를 뛰어넘어서 남북한이 서로 소통하며 긴밀히 연계할 수 있도록 매개하는 과제를 감당해야 한다. 교회는 무릇 진보 혹은 보수 정권의 이해관계를 넘어 제3의 지대에서 이 땅에 하나님 나라의 가치를 담아내는 책임을 가진다. 이에 한국교회는 북한교회를 파트너로 삼아 분단과 증오의 경계선을 허물어가는 일에 앞장서고 하나님의 샬롬을 이 땅에 가져오는 일에 헌신해야 할 것이다.

물론 북한교회가 한국교회의 파트너로서 여러 문제와 한계를 가지고 있는 것은 분명하다. 북한이라는 사회주의 체제하에서 그리스도인들은 오랫동안 심대한 불이익과 크나큰 핍박의 대상이었다. 북한의 적대적인 종교 정책은 신앙의 자유를 완전히 몰수하는 지경에 이르렀고, 수많은 그리스도인이 신앙 때문에 강제수용소에 수용되거나 처벌받고 처형되기까지 한 가슴 아프고도 엄중한 현실이 있는 것도 분명하다. 그런 면에서 한국교회가 북한교회와 대화하고 교제하며 협력과 대화의 장을 만들어가는 일은 결코 단순하고 쉬운 일이 아니다. 이에 북한교회와 교류할 때 한국교회가 염두에 두어야 할 세 가지 점을 제시하고자 한다.

첫째, 북한교회가 가진 고유한 특징과 한계를 명확히 인식해야 한다. 일반적으로 북한교회는 공인교회와 비공인된 지하교회로 구분된다. 북한의 공인교회는 북한 정권의 허락 아래 신앙생활을 하고 있는 이들을 지칭한다.[3] 반면 비공인교회는 다시 그루터기교회와 지하교회로 구분되는데, 그루터기교회는 남북한의 분단으로 북한 지역에 남은 그리스도인들과 그들의 신앙공동체를 지칭한다.[4] 지하교회는 1990년대 중반에 고난의 행군 때 북한을 떠나 중국 및 러시아 지역에서 선교사를 통해 신앙 훈련과 지도를 받은 사람들이 북한 정권의 탄압과 감시를 피해 북한 내에 세운 신앙공동체를 가리킨다. 본 언약서에 제시된 북한교회는 기본적으로 조선그리스도교연맹에 속한 공인교회를 가리킨다. 지하교회는 지속적인 기도와 지원의 대상이지만, 현 남북 상황에서는 공인교회와의 교류가 중요한 의미를 가진다. 공인교회는 때로 정권에 의해 동원된 이들로 구성되어 있다고 비판을 받는 것이 사실이고, 기독교의 복음을 온전히 나누는 데서 한계를 가지는 것도 분명하다. 그런데도 북한교회와 교류해야 하는 이유가 있

---

3) 공식적으로 평양에 봉수교회와 칠골교회가 있으며, 북한 당국의 설명에 따르면 북한 전역에 520개의 가정예배처소가 있다고 한다. 이들은 북한 당국의 통제 아래에서 조직적으로 동원되고 있는 것이 분명하지만, 이들 대부분은 과거 신앙인 후손들과 그 가족들이라는 점을 고려해야 한다. 이를 바탕으로 북한 당국은 북한 내 기독교인의 숫자를 1만 2천 명가량 된다고 밝히고 있다. 김병로 외 3명, 『그루터기』 (서울: 박영사, 2020).

4) 일제강점기에서 해방되던 때 북녘 지역의 그리스도인은 30만 명가량이었지만, 해방 후 북한 지역의 사회주의 세력으로부터 핍박을 받아 10만 명가량 남았고, 이후 6·25전쟁 기간을 통해서도 10만 명가량 남하한 것으로 추정된다. 이에 따라 10만 명가량의 그리스도인이 6·25전쟁 이후에도 북한 땅에 남은 것으로 보이지만, 그들에 대한 정확한 정보는 절대적으로 부족한 현실이다(김병로 외 3명, 2020).

다면 그것은 지속적인 만남과 교류와 나눔이 남북한 간의 누적된 증오와 편견과 문화적인 차이를 해소하도록 돕기 때문이다. 교회 간의 공식적인 소통은 남북한의 대립이 가져온 오래된 긴장과 모순을 완화하는 효과를 가진다.

둘째, 한국교회와 북한교회의 대화와 교류는 정치적인 논리를 넘어서는 지점에서 이뤄져야 한다. 북한교회는 북한 정권의 영향 아래 있기에 훨씬 정치적일 수밖에 없다. 한국교회는 이와 달라야 한다. 한국교회는 복음의 원칙과 인도주의적인 원칙 위에서 정권 교체 혹은 정책 변화에 영향받지 않는 장기적인 로드맵을 제시하면서 남북한의 평화와 화해를 도모해야 한다. 한국교회는 진정성에 기반한 신뢰의 관계를 형성하는 일에 헌신해야 한다.

셋째, 한국교회와 북한교회의 대화와 교류는 북한 내의 인권 개선과 신앙의 자유 확대를 향한 목표를 포함해야 한다. 남북한 교회 간의 교류가 심화되는 현상은 북한 내에 종교와 신앙의 자유를 확대할 수 있는 중요한 계기가 될 수 있다. 북한의 인권 문제는 한국교회가 더 깊은 관심을 기울여야 하는 절실하고도 중요한 문제이다. 북한 사회는 폐쇄적인 세습 국가 체제로서 수령에 대한 비판은 물론이고 체제에 대한 그 어떤 반대의 목소리도 낼 수 없다. 이에 따라 지난 분단 70여 년간 북한 사회는 체제에 비판적인 사람들을 처벌, 숙청, 처형하는 일을 숱하게 자행하였다. 지금도 북한의 인권 상황은 세계 그 어느 나라보다 좋지 않으며, 오픈도어즈에서 발표하는 종교 박해 국가 중 20여 년째 가장 높은 순위에 올라 있다.[5]

---

5) 오픈도어 선교회 홈페이지 opendoors.or.kr

북한 인권 문제는 정략적인 차원에서 다뤄지면 안 된다. 인권 문제는 보편적인 인간 존중에 관한 문제이다. 이를 정치적인 이해관계에 따라 단지 북한을 압박하고 제재를 강화하기 위한 수단, 혹은 북한을 자극할까 염려하여 인권 문제에 대한 문제 제기를 회피하는 방식으로 이용해서는 안 된다. 한국교회는 보다 일관된 자세로 인권 향상과 인권 문제 해결을 지속적으로 추구해야 한다. 한국교회는 정파적인 관점이 아닌, 보다 인도주의적인 관점에서 남북한 정권에 종속되지 않은 채 제3의 지대에서 인권 문제를 다루며 북한 내의 인권 상황 개선을 위해 노력해야 한다. 북한의 인권 문제에 대한 문제 제기는 일관되게, 그러나 비정치적인 의도로 북한 당국에 전해질 때 비로소 더 효과적으로 작동할 수 있다. 이렇듯 북한 인권 문제를 심각한 사안으로 인식하고 인권 상황의 개선을 반복적으로 언급하면서 북한과 진정성 있는 교류와 대화를 이어가는 것은 향후 한국교회가 감당해야 할 매우 중요한 과제라고 할 수 있다. 궁극적으로 이러한 한국교회의 역할은 북한의 인권 문제뿐만 아니라 남북한 관계에서도 발전적인 변화를 이끄는 계기와 동력으로 작용할 수 있다고 믿는다.

> "둘째, 한국교회는 통일선교 교육과 통일선교를 포함하는 통일한반
> 도 지향의 목회를 실시하고, 통일주간을 제정하고, 통일선교 교육과
> 기도회를 가져야 한다."

한국교회의 목회는 오랫동안 성장과 부흥을 중요한 목표로 설정하여 달려왔고, 그동안 하나님의 큰 은혜를 경험한 바 있다. 그러나 분단이 오랫동안 지속되는 가운데서도 통일선교 사역을 교회 사역의

중심 영역으로 담아내기보다는 여러 사역 중의 한 부분으로만 여길 때가 많았다. 한국교회의 통일선교 사역은 통일에 대한 관심과 열망이 비교적 강한 분단 첫 세대를 중심으로 이어져왔으며, 이러한 열망은 그 다음 세대로 제대로 전수되지 못하였다. 이에 따라 통일에 대한 의식은 점점 희미해지고 있으며, 젊은 세대의 통일에 대한 열망은 현격하게 낮아지고 있는 상황이다.[6] 분단된 지 70여 년이 지난 지금 한국교회는 통일선교에 대한 근본적 책임감을 가지고 한국 사회와 민족을 섬겨야 하는 시점에 서 있다. 통일에 대한 새로운 상상력과 기대감을 제시하고, 실제적인 통일 준비를 진척시키며, 통일 세대가 될 다음 세대를 바르게 세우지 않으면 남북한 간의 통일과 회복의 역사는 훨씬 미뤄질 수밖에 없다. 따라서 본 언약서는 한국교회가 분단을 극복하는 통일선교 사역을 교회 사역의 한 부분만이 아닌 교회 사역의 중심적인 지향점으로 삼아 감당해야 함을 언급한다. 통일선교의 관점에서 한국교회는 평화와 화해의 가치를 중심으로 하는 통일한반도 지향의 목회를 적극적으로 실시해야 하는 과제를 가진다. 본 언약서는 통일한반도 지향의 목회의 두 요소로 통일선교 교육과 통일선교를 제시한다.

첫째, 통일한반도 지향의 목회는 통일선교 교육을 중심적인 사역으로 삼아야 한다. 통일선교 교육은 한국교회의 다음 세대를 통일 세대로 키워가는 사역이다. 통일 세대는 통일을 기대하고 꿈꾸며 자신

---

6) 서울대학교 통일평화연구원이 조사한바 이에 따르면, 통일이 매우 혹은 약간 필요하다고 응답한 비율은 60대 이상은 61.2%, 50대 50.4%, 40대는 50.3%, 30대는 34%, 20대는 27.8%로 젊은 층의 비율이 확연히 낮은 것을 확인할 수 있다. 김범수 외 7명, 『2022 통일의식조사』(서울: 서울대학교통일평화연구원, 2022), 32.

의 구체적인 삶의 현장에서 통일 지향적인 실천을 담아내는 세대를 의미한다. 또한 복음의 궁극적 가치 안에 담긴 평화와 화해, 관용과 소통의 가치를 삶 속에 체화해가는 세대이기도 하다. 따라서 통일선교 교육은 기독교적인 시각으로 한반도의 분단과 통일 문제를 이해하며, 통일을 준비하는 평화 감수성, 타문화를 받아들이고 포용하는 문화적 감수성, 화해와 용서를 실천하는 사랑의 실천력을 가진 그리스도인을 키워가는 데 그 목적을 둔다. 통일은 근본적으로 예수 그리스도 안에서 이루게 되는 평화의 사건이자 화해의 사건이다. 따라서 통일선교 교육의 한 중요한 영역으로서 평화교육은 요한 갈퉁이 말한 소극적 평화의 가치뿐만 아니라 적극적 평화의 가치를 구현하는 교육을 담아내야 한다. 동시에 통일선교 교육은 한국 사회가 다문화사회로 전환되는 상황에서 편협한 민족주의에 기댄 통일 담론을 넘어서는 보다 보편적인 가치와 의미를 담는 교육이 될 필요가 있다. 남북한의 통일이 단순히 민족사적 사건으로 그치는 것이 아니라 세계사 가운데 하나님께서 기뻐하시는 화해와 용서를 통한 회복의 사건이 되게끔 해야 한다. 따라서 통일선교 교육은 분단과 대결로 인해 자유로운 상상력을 억누르던 시대를 벗어나 참된 자유와 미래를 향해 나아가는 과정을 추동해야 할 것이다.

둘째, 통일한반도 지향의 목회는 통일선교를 적극적으로 담아내야 한다. 통일선교는 북한과 북한 사람을 일방적인 선교의 대상으로 국한하는 기존의 북한선교를 넘어서 탈분단과 복음적 통일이라는 가치를 핵심적인 선교적 과제로 설정하여 남한과 북한의 상호 변화를 추구한다는 데 그 강조점이 있다. 분단과 대결의 구도에서 평화와 상생,

더 나아가 사람의 통일 및 복음적 통일을 지향하는 선교 패러다임이 통일선교이다. 한국교회는 이러한 통일선교의 목적과 가치를 목회적인 현장과 실천 안에 적극적으로 담아내야 한다. 이에 대한 구체적인 실천 사항으로 본 언약서는 교회마다 연중에 일정한 시기를 정하여 통일주간을 제정할 것을 제안한다. 이와 함께 교회 내의 교육부서와 성도들의 생애주기에 맞춰 통일선교 교육을 지속적으로 발전시켜 갈 것을 제안한다. 이를 위해 한국교회는 세대별로 통일선교에 즐겁고 창의적으로 참여할 수 있는 다양한 방식을 여러 통일선교 전문기관과 함께 만들어가야 할 것이다.

> "셋째, 한국교회는 재중 동포를 비롯한 한인 디아스포라 교회가 북한 복음화를 위한 중요한 파트너임을 인식하고, 코리안 디아스포라 교회의 통일목회·통일선교를 위해 적극적으로 협력해야 한다."

본 언약서는 통일선교가 단지 한국교회 홀로 감당할 수 있는 문제가 아니며, 한인 디아스포라 교회를 통일과 북한 복음화의 중요한 파트너로서 하나님께서 친히 세우셨음을 상기시킨다. 한국교회는 한인 디아스포라 교회의 중요성을 명확히 인식하고 한반도 통일을 이뤄가는 사역에 한인 디아스포라 교회와 함께 적극적으로 협력해야 한다.

디아스포라(diaspora)는 헬라어에서 유래한 단어로, 문자적으로는 '흩어진 사람'을 의미한다. 전통적으로 팔레스타인 지방을 떠나 세계 각지에 흩어져서 유대 종교와 생활 규범을 지키며 살아가는 유대인을 지칭한다. 현재는 디아스포라의 의미가 확장되어 '모국을 떠나 타국에 이주하여 살아가는 사람들'을 지칭하는 단어로도 사용된다. 현재

한인 디아스포라는 전 세계적으로 750만 명가량이며, 아주 지역에 약 380만 명, 미주 지역에 약 280만 명, 유럽 지역에 약 70만 명 가까이 살아가고 있는 것으로 파악된다.[7] 이는 한반도 내에 거주하는 한민족 구성원의 10%가량으로 결코 적지 않은 수이다.

재중 동포인 조선족은 북한에 대한 중국의 영향력이 점차 커지는 상황에서 중국을 통한 통일선교에 핵심적인 역할을 감당하게 될 것이다. 이미 재중 동포는 북한의 대외 무역과 대외 교류에서 중요한 역할을 하고 있는데, 최근의 미중 경쟁 구도 속에서 그 역할과 비중은 더욱 중요해질 것으로 예상된다. 이들은 사회주의와 자본주의를 모두 경험한 이들로서 남북한을 중재하는 중요한 역할을 맡을 수 있다. 그러므로 한국교회는 중국과 한국에 위치한 재중 동포 교회들이 건강하게 성장하며 한국교회와 긴밀한 협력 관계를 맺을 수 있도록 적극적인 노력을 기울여야 할 것이다. 이외에도 미국과 캐나다 등 전 세계 곳곳에 포진한 한인 디아스포라는 한반도의 평화와 통일을 위하여 아낌없는 노력을 해왔음을 기억할 필요가 있다. 그러므로 한국교회의 통일선교는 한인 디아스포라 교회와 적극적인 연합을 통하여 여러 국가와 국제기구, 민간 기관들의 의사결정 과정 속에 한반도를 향하신 하나님의 선하신 뜻이 바르게 반영되도록 노력해야 할 것이다. 하나님께서 한인 디아스포라를 통해 주신 인적 자원과 광범위한 네트워크는 향후 통일 한국을 세워가는 데 중요한 기여를 지속적으로 할 것으로 믿는다.

한반도의 통일에 대하여 한인 디아스포라 교회가 가지는 기여점

---

7) 재외동포재단 홈페이지(okf.or.kr)

을 세 가지로 볼 수 있다.

첫째, 한인 디아스포라는 한반도 밖에서 한반도의 냉전과 분단과 갈등에 대하여 보다 객관적이며 균형 잡힌 시각을 제공함으로써 한반도 통일에 대한 창의적인 접근을 제안할 수 있다. 둘째, 한인 디아스포라는 한반도의 통일과 평화를 위한 국제적인 지원과 협력을 도모하는 일에 있어서 그들이 속한 나라의 지도자들과 정책 결정자들을 움직일 수 있는 역량을 가진다. 셋째, 한인 디아스포라는 남북한 사람의 통일을 매개하는 중요한 역할을 할 수 있다. 이들은 여러 문화권에서 다양한 배경의 사람들과 폭넓게 접촉하고 관계를 맺어 왔기에 타문화 수용력이 훨씬 높다. 그러므로 이들은 남북한 사람들 간의 상이한 가치관과 문화를 중간에서 지혜롭게 조율할 수 있다. 이런 맥락에서 한국교회는 한인 디아스포라 교회가 통일목회와 통일선교에 수월하게 참여할 수 있도록 한인사회에 맞는 통일선교 콘텐츠를 제공하도록 적극 노력해야 할 것이다.

한인 디아스포라 교회가 한국교회와 파트너가 되어 함께 협력하기 위해서는 중요한 선결과제가 있다. 이는 이 글의 초반에 제시한 '한국교회의 하나 됨'이다. 한국교회의 대립과 분열이 협력적인 연합으로 이어지지 않으면, 한인 디아스포라 교회 역시 분열된 한국교회의 영향에 예민하게 요동치면서 크고 작은 갈등을 겪을 수밖에 없다. 한인 디아스포라 사회는 지리적으로는 한반도에서 떨어져 있지만, 세계화된 시대에 한국과 세계 곳곳은 긴밀하게 연결되어 있기 때문이다. 따라서 한국교회는 복음 안에서 하나 되어 한인 디아스포라 교회와 발전적인 협력 관계를 맺어가도록 힘써 노력해야 할 것이다.

III. 세계교회의 역할

세계교회의 역할은 두 가지 면에서 제시된다. 첫째, 세계교회는 정치적 논리를 초월하여 북한과 교류하며 관계를 맺어가야 한다. 둘째, 세계교회는 이산가족 상봉이라는 보편적인 인권 문제의 해결을 도모하는 중재자 역할을 해야 한다. 본 언약서는 한반도의 통일에 있어서 세계교회의 역할을 강력하게 기대한다.

> "첫째, 세계교회는 북한과 직접적인 만남을 통해 북한과의 사업과 개발, 교육과 인도주의적 교류를 통하여 '원수' 된 상태와 상관없이 국가와 민족의 경계를 뛰어넘어 관계를 맺을 수 있어야 한다(마 5:43-48, 롬 5:8, 갈 3:28)."

세계교회는 북한과 직접적인 만남을 통한 다층적인 교류를 함으로써 '경계를 넘는 관계'를 맺어가야 한다. 지난 80년대 초부터 세계교회협의회(WCC)를 중심으로 한 세계교회는 북한교회와 접촉을 시도했고, 실제로 남북한 교회와 그리스도인의 만남을 주선하는 데 중요한 기여를 하였다. 1984년 일본 도잔소에서 세계교회협의회 주최로 열린 '동북아시아의 평화와 정의에 관한 협의회'는 한반도의 평화와 통일문제를 세계교회와 한국교회가 본격적으로 협의한 최초의 국제회의였던 것으로 평가된다. 이후 1986년 스위스 글리온에서 개최된 제1차 글리온 회의는 세계교회협의회 국제문제위원회가 주최한 세미나로서 남북한 교회 대표가 통일을 위한 대화를 나누기 시작한 첫 모임이 되었다. 이와 같이 세계교회는 단절되고 경직된 남북한의 관계에 새로운 대화와 만남의 물꼬를 튼 중요한 역할을 담당하였다.

향후 세계교회는 이들이 가지고 있는 여러 채널을 통하여 북한과 대화를 지속해갈 필요가 있다. 세계교회는 북한에 대한 인도주의적 지원을 원하는 그리스도인들을 북한과 연결하는 역할을 할 수 있다. 또한 북한에서 선한 목적으로 사업하려는 이들을 지원할 수 있다. 북한 내의 교육 문제도 지원할 수 있다. 세계교회는 하나님 나라의 가치를 붙잡으며 자국중심주의로 갈 수밖에 없는 여타 국가들의 이기적인 행태와 다를 수 있다.

이러한 세계교회의 역할을 위한 성서적 준거점은 다음의 성경 말씀에서 볼 수 있다. 마태복음 5장 43-48절은 산상수훈의 한 부분으로서 원수에 대한 예수 그리스도의 가르침을 보여준다.

> "43 또 네 이웃을 사랑하고 네 원수를 미워하라 하였다는 것을 너희가 들었으나 44 나는 너희에게 이르노니 너희 원수를 사랑하며 너희를 박해하는 자를 위하여 기도하라 45 이같이 한즉 하늘에 계신 너희 아버지의 아들이 되리니 이는 하나님이 그 해를 악인과 선인에게 비추시며 비를 의로운 자와 불의한 자에게 내려주심이라 46 너희가 너희를 사랑하는 자를 사랑하면 무슨 상이 있으리요 세리도 이같이 아니하느냐 47 또 너희가 너희 형제에게만 문안하면 남보다 더하는 것이 무엇이냐 이방인들도 이같이 아니하느냐 48 그러므로 하늘에 계신 너희 아버지의 온전하심과 같이 너희도 온전하라"

그리스도인의 사명은 원수를 미워하는 데 있지 않고, 사랑하고 그들을 위하여 기도하는 데 있다. 한국교회와 세계교회는 바로 이 지점에서 남북한의 냉전 구도를 극복하는 주도적인 노력을 감당해야 할 필요가 있다.

로마서 5장 8절은 예수 그리스도의 죽으심이 우리를 향한 하나님의 사랑에 대한 결정적 증거임을 말한다.

> "우리가 아직 죄인 되었을 때에 그리스도께서 우리를 위하여 죽으심으로 하나님께서 우리에 대한 자기의 사랑을 확증하셨느니라"

그리스도인이 북한을 사랑하며 중보기도를 할 수 있는 근본적인 이유는 하나님께서 먼저 우리를 사랑하셨기 때문이다. 이와 같은 맥락에서 사도 요한은 "사랑하는 자들아 하나님이 이같이 우리를 사랑하셨은즉 우리도 서로 사랑하는 것이 마땅하도다"(요일 4:11)라고 권면한다.

마지막으로 사도 바울은 갈라디아서 3장 28절에서 예수 그리스도 안에서 모든 인간적인 차별과 경계가 철폐됨을 선언한다.

> "너희는 유대인이나 헬라인이나 종이나 자유인이나 남자나 여자나 다 그리스도 예수 안에서 하나이니라"

예수 그리스도의 복음은 남한 사람이나 북한 사람이나 부유한 사람이나 가난한 사람이나 남성이나 여성이나 다 하나 되게 하는 능력이 됨을 기억해야 한다. 모든 그리스도인은 이 진리를 믿음으로 인정하며 힘써 살아내야 한다. 이것이 하나님께서 오늘 이 시대에 세계교회와 한국교회의 그리스도인에게 기대하시는 바이다.

"둘째, 이산가족 상봉 문제는 디아스포라 모두에게도 중요한 문제이다. 가족과 생이별을 직접 경험한 세대가 사라지기 전에 세계교회는 코리안 디아스포라의 이산가족 상봉을 위해 신속한 조사와 상봉을 위한 노력이 있어야 한다."

한반도 분단의 비극적인 결과 중의 하나는 이산가족 문제이다. 이산가족은 한반도 분단의 가장 큰 피해자 중의 하나이며, 분단의 아픔을 온몸으로 느껴야 했던 이들이다. 분단 후 가족과 헤어져 다시 만나지 못한 지 벌써 70여 년의 시간이 흘렀다.

'이산가족 생사확인 및 교류촉진에 관한 법률'에 따르면 한반도의 이산가족은 "이산의 사유와 경위를 불문하고, 현재 군사분계선 이남 지역과 군사분계선 이북 지역으로 흩어져 있는 8촌 이내의 친척·인척 및 배우자 또는 배우자이었던 자"로 정의된다.[8] 남한의 이산가족 현황은 2005년 통계청의 인구조사자료에 따르면 71만 6천 명, 2000년 법원행정처의 조사자료에 따르면 62만 6천 명으로, 조사기관에 따라 다소 차이는 있지만 대략 60~70만 명으로 추정되고 있다. 통일부와 대한적십자사가 공동 운영하는 이산가족정보통합시스템에 따르면 1988년부터 2020년 9월 말까지 등록된 전체 상봉 신청자는 13만 3,401명이다.[9] 이산가족의 고령화는 상당히 진행되어 80대 이상의 비율이 64.8%이며, 생존자의 평균연령도 80세를 넘어섰다. 이산가족 상봉 신청자 중 사망자 수는 8만 명을 넘어서면서 전체 상봉 신청자 중 생존자 비율이 40% 이하가 되었다. 이에 따라 인도적인 차원에서

---

8) 남북 이산가족 생사확인 및 교류 촉진에 관한 법률'(법률 제9519호, 2009.3.25, 제정, 시행 2009.9.26.) 제2조. 법제처 국가법령정보센터(law.go.kr).
9) "제3차 남북 이산가족 교류촉진 기본계획"(2019. 12), 통일부 홈페이지(unikorea.go.kr).

헤어진 가족 구성원 간의 상봉은 더욱 시급한 문제가 되고 있다. 해외 디아스포라 한인 중에도 상당히 많은 이산가족이 있다. 해외 동포들은 부분적으로 북한을 방문하여 가족을 상봉한 사례가 있지만, 여전히 많은 이들이 가족과 재회하기를 절박한 심정으로 기다리고 있다.

따라서 한국교회는 세계교회와 연합하여 이산가족 문제가 가지는 인도적 차원의 중요성을 지속적으로 강조하며, 하루빨리 이산가족 상봉의 다양한 경로가 열리도록 노력을 다해야 할 것이다. 특별히 세계교회는 북한에 이산가족 상봉 문제를 적극적으로 제안함으로써 이산가족 문제 해결의 마중물 역할을 해주기를 기대한다. 이미 고령화되고 전 세계에 산재해 있는 이산가족들을 고려하여 전면적인 상봉이 쉽지 않은 경우에는 화상 상봉, 서신 교환 및 생사 확인을 통해서라도 가족들 간의 만남을 주선해야 할 필요가 있다.

지난 1990년대 중반 이후 한국에 본격적으로 입국하여 살아가고 있는 북한 이탈주민도 새로운 이산가족이라고 할 수 있다. 이들에게는 북한에 남겨진 수많은 가족과 친척이 있다. 많은 북한 이탈주민은 가족과의 소통과 재회를 간절히 기대하며 살아가고 있다. 그러므로 한국교회는 남북한 간에 평화가 안정적으로 정착됨으로써 북한 이탈주민들이 자신들의 가족을 다시 만나는 때가 속히 오도록 힘을 합쳐 적극적인 노력을 감당해야 할 것이다.

마지막으로 이산가족 문제를 다룸에 있어서 이를 정치적으로 활용하려는 모든 시도는 경계되어야 한다. 남북한 정부 간의 관계 혹은 정치적이고 군사적인 문제로 이산가족 상봉이 중단되거나 파행되는 일이 더 이상 있어서는 안 될 것이다. 한반도의 이산가족 문제는 인류의 가장 보편적인 가족 간의 문제라는 점에서 인도주의적인 접근이 꾸준히 이뤄져야 한다. 이를 위해 한국교회는 남북한의 흩어지고 헤어진 가족이 서로 조건 없이 만날 수 있는 창구를 만들고 이를 제도화하는 노력을 힘써 기울여야 할 것이다.

IV. 나가면서

본 언약서의 제5장은 남북한의 복음적 통일과 회복에서 한국교회와 한인 디아스포라 교회, 세계교회의 중심적인 역할에 주목하였다. 본 언약서는 하나님의 자녀 된 그리스도인들이 한반도의 화해와 평화 그리고 궁극적으로 복음적 통일을 전심으로 수행해야 하는 사명이 있음을 다루었다. 또한 그리스도인 간의 다툼이 복음의 신뢰성을 훼손한다는 점을 기억하고, 지금까지의 분열의 역사를 넘어 겸손히 하나님의 말씀과 성령을 의지함으로 하나 됨을 힘써 지켜가야 한다는 점을 확인하였다. 또한 한국교회가 통일한반도 지향의 목회를 구체화해야 한다는 점도 제안하였다. 마지막으로 한국교회가 세계교회 및 한인 디아스포라 교회와 연대하여 북한 내의 인권 문제와 신앙의 자유, 이산가족 상봉 등의 문제를 해결하는 데 힘을 기울여야 한다는 점도 강조하였다.

본 언약서를 기초로 하여 한국교회와 세계교회, 한인 디아스포라 교회가 성령 하나님의 도우심 가운데 하나님의 선하신 뜻을 온전히 담아내기를 소망한다. 이 한반도 땅에 하나님의 회복과 평화와 사랑의 역사가 속히 임하기를 간절히 기도한다.

참고문헌

김병로 외 3명, 『그루터기』 (서울: 박영사, 2020).

김지철, "복음의 진정성과 교회의 일치성: 사도행전 15:1-35을 중심으로" 「교회와 신학」 제28호
       (1996), 50-75.

김범수 외 7명, 『2022 통일의식조사』 (서울: 서울대학교통일평화연구원, 2020).

법제처 국가법령정보센터 law.go.kr

오픈도어 선교회 홈페이지 opendoors.or.kr

재외동포재단 홈페이지 okf.or.kr

통일부 홈페이지 unikorea.go.kr

제 6 장
정부, 기업, 언론, 종교의 역할

1. 정부의 역할

첫째, 통일된 한반도의 정부는 신앙의 자유를 보장하는 자유민주주의에 입각한 통일 정부이어야 한다.

둘째, 한국교회는 정부가 인도적 차원의 대북 지원을 적극적으로 해주기를 기대한다.

셋째, 한국교회는 정부가 통일과정에서 보편적 인권에 입각한 북한 인권 문제를 해결하는 데 적극 나서주기를 촉구한다.

넷째, 한국교회는 정부가 탈북 여성의 인신매매를 방관하고 체포된 탈북민을 강제 북송하는 중국 정부의 비인도적 처사에 대해 강력하게 항의하기를 촉구한다.

2. 기업의 역할

첫째, 한국교회는 기업이 통일연구와 통일운동을 하는 사회단체(NGO)들을 적극 지원하고 통일의 일익을 담당할 탈북청년들을 고용하여 통일 인프라를 구축하는 일을 확대하기를 촉구한다.

둘째, 한국교회는 통일시대를 맞이하여 기업이 정당한 방법으로 기업 활동을 하고, 공정하고 정직한 기업문화를 창달하기를 기대한다.

셋째, 노사는 적대적 관계가 아니라 공동운명체이다. 현재의 노사관계를 개선하지 않으면 노사 모두 통일 이후 큰 어려움에 봉착할 것이 분명하다. 한국교회는 협업(協業)·상생(相生)의 노사관계를 원한다.

3. 언론의 역할

첫째, 언론은 통일을 주제로 한 수준 높은 기사와 프로그램을 늘리고, 건강한 통일문화 창출에 선도적 역할을 담당해야 한다.

둘째, 언론은 탈북민을 소재로 할 때 흥미나 오락성을 지양하고, 북한에 존재하는 순수예술과 민족의 동질성을 알리며 실향민과 이산가족 문제를 소개하는 데 힘써야 한다.

셋째, 언론은 통일과 통일 이후의 문제를 책임 있게 다룰 수 있는 전문 언론인 양성에 힘써야 하며, 언론에 종사하는 모든 기독인은 통일선교가 한국교회의 중요한 사명임을 강하게 인식하고 예언자의 자세를 지녀야 한다.

4. 종교의 역할

첫째, 종교 지도자들은 영토·체제·심리적 분단에 따른 갈등을 극복하기 위해 통일 영성을 연구해야 한다.

둘째, 종교인들은 NGO 단체들과 연합하여 북한을 돕고 나누는 활동이 활성화되도록 적극 협력하여야 한다.

셋째, 종교인들은 남북이 하나가 되는 종교-문화 나눔 축제 등을 통해 남북 문화의 이질감을 극복하고 사회통합을 이룰 수 있게 해야 한다.

Ⅰ. 들어가면서

통일선교언약은 모두 네 부분으로 되어 있다. 여기서는 둘째 부분의 세 번째 장인 제6장 "정부, 기업, 언론, 종교의 역할"을 살피는데, 한국기독교교회협의회가 1988년 2월 29일에 발표한 민족의 통일과 평화에 대한 한국기독교회 선언(이하 88선언)과, 한국기독교총연합회가 1996년 12월 7일에 발표한 한국교회 통일정책선언(이하 96선언)과 대조하면서 진행하려고 한다. 88선언, 96선언과 통일선교언약을 대조하고 연관시키는 작업은 본 해설서의 앞부분에서 이미 여러 차례 행해졌고 뒷부분에서도 행해진다. 이는 통일선교언약이 이 두 선언의 연장선상에 있고, 또 변증법적 관계가 있다고 할 수 있기 때문이다.

이 글의 끝부분에서는 로잔언약과 통일선교언약에 대해서 살펴보려고 한다. 서문에서 이미 말했지만, 통일선교언약의 기저에는 로잔언약의 정신이 보이지 않게 깔려 있기 때문이다.

둘째 부분은 통일을 이루는 과정을 내용으로 하고 있는데, 다음과 같은 말로 시작된다.

> 복음통일은 하나님 나라 가치를 통해 민족 정체성을 새롭게 창출하는 '과정'이 있어야 한다. 분단 이후 서로 다른 체제에 따라 형성된 상이한 가치관을 극복할 수 있는 것은 '하나님 나라' 가치이다. 통일의 '과정'에서 이를 극복할 수 있도록 노력해야 한다.

제목이 "통일을 이루는 과정에 대하여"이고, 시작 부분에 '과정'이라는 말을 반복 사용함으로써 통일선교언약이 과정을 중요하게 여기고 있음을 보여주고 있다. 96선언도 둘째 부분, 통일의 방법에서 다음과 같이 말하고 있다.

7. 통일은 그 자체가 목적이 아니라 '과정'이므로 맹목적 지상주의를 거부하고 하나님의 뜻과 방법에 부합하는 통일을 추구한다.

통일의 과정이 중요하다는 점에 대해서 통일선교언약과 96선언은 이같이 인식을 같이하고 있다.

II. 본론

A. "정부의 역할"에 대해

통일선교언약은 제6장의 "1. 정부의 역할"에서 다음과 같이 말한다.

"첫째, 통일된 한반도의 정부는 신앙의 자유를 보장하는 자유민주주의에 입각한 통일정부이어야 한다."

96선언에는 통일한국의 상(像)에서 통일한국은 하나님의 공의와 사랑이 지배하는 민족공동체여야 하고, 자유와 평등, 평화의 나라, 모든 사람이 하나님의 형상으로 지음 받은 인간으로서의 존엄성이 존중되는 나라, 모든 계층 간, 세대 간, 지역 간의 갈등이 해소됨으로써 유기적인 화합을 지향하는 나라, 동북아시아의 안전과 세계평화를 도모하며 예수 그리스도의 정신으로 이웃 나라들과 협력과 발전을 이뤄가는 나라여야 한다는 내용이 담겨 있다. 통일선교언약 제6장 1항의 "자유민주주의에 입각한 통일정부"의 구체적인 모습이 바로 이런 것이라고 할 수 있다.

88선언과 96선언에는 신앙의 자유에 대한 언급이 없는데, 통일선교언약은 한반도 통일은 신앙의 자유를 보장하는 통일정부이어야 함을 명시하고 있는 것이 특징이다.

통일선교언약은 이어서 정부가 인도적 차원의 대북 지원을 적극적으로 해주기를 기대한다고 밝히고, 보편적 인권에 입각한 북한 인권 문제 해결에 적극 나서기를 촉구하며, 탈북 여성의 인신매매와 강제 북송하는 중국 정부의 비인도적 처사에 대해 중국 정부에 항의하기를 촉구하고 있다.

88선언의 "5. 남북한 정부에 대한 한국교회의 건의"는 통일선교언약의 "1. 정부의 역할"과 비슷한 성격을 가지고 있지만, 남한 정부에 대해서만 건의하는 것이 아니라 남북한 정부를 대상으로 하고 있다는 점이 두드러진 특징이다. 그 건의의 내용은 이산가족들이 다시 만나서 함께 살 수 있도록 하는 문제에서 시작하여 민족의 자주성과 주체성을 지켜나가야 하는 문제에 이르기까지 15개 항목에 이르고 있어, 3개 항으로 되어 있는 통일선교언약과 대조를 이루고 있다.

88선언에는 물론 96선언에도 탈북민에 대한 언급은 전혀 등장하지 않는다. 두 선언이 발표될 당시에는 탈북민이 발생하지 않았거나 그 숫자가 적어서 이슈가 되지 않았기 때문이다. 대북 지원에 대한 직접적인 언급도 없다. 통일선교언약은 탈북민 문제, 대북 지원 문제 등 88선언과 96선언 발표 이후 생긴 변화와 발생한 일들을 담고 있다는 점에서 큰 의미를 가진다. 디아스포라의 중요성이 날로 증대하고 있는 점을 반영하여 디아스포라의 역할을 강조하고 있는 것 또한 그렇다.

한반도 통일이 신앙의 자유를 보장하는 자유민주주의에 입각한 통일정부이어야 하는 것은 통일선교의 대원칙이다. 신앙의 자유가 보장되지 않는 통일은 무의미하다. 96선언은 14항의 후반에서 이렇게 촉구한다.

> 북한 당국도 통일을 위하여 신앙의 자유를 비롯한 인간의 기본권을 보장하는 내적 개혁을 단행하여야 한다.

96선언 해설서는 제목을 『평화통일과 북한복음화』(쿰란출판사, 1997)라고 했는데, '북한 복음화'는 기본적으로 '신앙의 자유 보장'과 같은 맥락의 말이다.

통일선교언약은 한국교회는 정부가 인도적 차원의 대북 지원을 적극적으로 해주기를 기대한다고 말하고 있다. 인도적 차원의 대북 지원은 꼭 필요하며 확대될수록 좋은 일이다. 남한은 6·25전쟁 후 미국을 비롯한 우방 국가들에게 막대한 원조를 받았다. 대북 지원은 동족 간에 행해지는 것이라는 점에서 그 원조와는 성격이 달라야 하며, 따라서 대북 지원을 하는 마음가짐이나 자세와 방법도 달라야 한다. 일각에서는 '대북 지원'이라는 말 대신에 '대북 협력' 또는 '대북 나눔'이라는 말을 사용하자는 주장이 제기되고 있다. 지원이라는 말은 지원을 하는 쪽과 지원을 받는 쪽이 이른바 '갑을관계'가 되기 쉽기 때문인데, 귀 기울일 필요가 있는 주장이라고 여겨진다. 이미 '대북협력 민간단체협의회', '남북나눔운동'과 같이 이름에 이 말을 사용하고 있는 단체들도 있다.

현재 대북 지원에 능동적인 열심을 가지고 앞장서 있는 것이 바로 교회라는 사실은 이미 잘 알려져 있다. 그러나 교회의 대북 지원은 동기의 순수성, 실적주의와 경쟁 지양, 과정과 방법의 정당성과 투명성, 지원 대상과 내용의 효율적인 배분과 선정 등을 비롯하여 개선되어야 할 점들이 많다. 교회는 "만일 형제나 자매가 헐벗고 일용할 양식이 없는데 너희 중에 누구든지 그에게 이르되 평안히 가라, 덥게 하라, 배부르게 하라 하며 그 몸에 쓸 것을 주지 아니하면 무슨 유익이 있으리요" (약 2:15-16)라는 말씀을 바탕으로 이 일을 해야 한다.

현재 국제사회의 대북 제재 때문에 대북 지원이 거의 시행되지 못하고 있는 것은 안타까운 일이다. 우리는 인도적 차원의 대북 지원은 제재의 대상에서 벗어나고 그 적용범위가 넓어지도록 정부가 더 노력할 것을 기대한다.

북한의 인권 문제에 대해 말하는 것은 '뜨거운 감자'로 여겨지고 있다. 88선언은 "민족의 분단이 장기화하면서 양 체제에서 모두 안보와 이데올로기의 이름 아래 인권은 유린되어 왔으며"라고 말한다. 양 체제, 다시 말해 남과 북에서 인권이 유린되어 왔다고 말하는 것이다. 88선언은 "6. 평화와 통일을 위한 한국교회의 과제"에서 1995년을 '평화와 통일의 희년'으로 선포한다고 하며 누가복음 4장 18-19절을 바탕으로 가난한 사람들, 묶인 사람들, 억눌린 사람들에 대한 강한 관심을 표명하고 있고, 96선언은 "3. 통일한국은 모든 사람이 하나님의 형상으로 지음 받은 인간으로서의 존엄성이 존중되는 나라이다"라고 말하면서, 14항에서 "인간의 기본권"이라는 말을 사용하고 있다. 이 두 선언에는 차이가 있지만 모두 인권 문제에 대한 언급을 빼놓지 않고 있다.

북한 정권의 '아킬레스건'이 된 북한 인권 문제는 반드시 개선 내지 해결되어야 한다. 유엔총회는 2005년부터 북한의 인권침해를 비판하고 즉각적 개선을 촉구하는 내용의 북한 인권결의안을 매년 채택해 오고 있는데, 여러 차례 표결 없이 전원 합의로 채택되었다. 북한인권결의안은 "오랜 기간 그리고 현재도 조직적이고 광범위하며 중대한 인권침해가 진행되고 있다"라고 지적하고 있다. 북한의 인권 문제가 개선되어 이와 같은 지적과 인권결의안을 채택하는 일이 멈춰져야 할 것이다. 한국교회와 정부가 북한의 인권 문제에 적극 나서주기를 촉구하는 이유가 여기에 있다. 정부와 교회는 이 일을 위해 국제사회가 북한에 영향력을 행사할 수 있도록 힘써야 한다.

중국은 지금 세계 양대 강대국의 하나(G-2)임을 자랑하고 있다. 그와 같은 중국에서 살길을 찾아 중국 영토에 들어온 탈북 여성의 인신매매와 같은 전근대적이며 비인도적인 일이 벌어지고 있는 것은 모순이요, 수치스러운 일이다. 북한과는 '혈맹국'이라는 특수성이 있기는 하지만, 중국이 체포된 탈북자들을 계속해서 북송시키고 있는 일 역시 마찬가지이다. 중국에서 북송된 탈북자들이 북한에서 어떤 처우를 받고 있는지는 중국 정부도 잘 알고 있을 것이다. 정부는 중국 정부의 비인도적 처사에 대해 끊임없이 항의하며 외교적인 노력을 펼쳐서 이 같은 일이 멈춰지도록 해야 한다.

B. "기업의 역할"에 대해

통일에 있어서 서로 다른 경제 체제 문제가 차지하는 비중은 말할 수 없이 크다. 통일은 정치, 영토 등의 문제이면서, 시장경제 체제와 사회주의 경제 체제가 어떻게 조화를 이루며 합일점을 찾느냐 하는 문제이기 때문이다.

88선언과 96선언도 경제 문제에 대한 언급을 빼놓지 않고 있다. 88선언은 "5. 남북한 정부에 대한 한국교회의 건의"에서 다음과 같이 말했다.

> (4) 남북한의 경제 교류는 민족의 이익에 부합할 뿐 아니라 상호 이해증진의 계기가 될 수도 있으므로 가능한 최대한 개방되어야 한다.

96선언은 "통일한국의 상"에서 이렇게 밝혔다.

> 4. 통일한국은 모든 국민에게 인간다운 삶을 보장할 수 있는 경제 질서가 운영되는 나라이어야 한다.

이처럼 중요한 경제 문제에서 그 일선을 담당하고 있는 기업의 책임은 매우 중요하다. 통일을 이루는 과정에서 기업은 먼저 통일연구와 통일운동을 하는 사회단체들을 적극 지원해야 한다. 기업이 이익을 사회에 환원하는 것은 바람직한 일이며 그 같은 일이 점점 많아지고 있다. 기업 이익의 사회 환원에서 통일연구와 통일운동을 하는 사회 단체들을 적극 지원하는 순위가 높아져야 하며, 정부는 이에 대한 세금 감면과 여러 혜택을 주는 것이 바람직하다.

탈북민들, 특히 사회활동을 시작하는 탈북 청년들이 겪고 있는 애로 가운데 큰 것이 취업 문제이다. 현재 남북하나재단과 탈북민취업지원센터를 비롯하여 여러 단체가 탈북민의 취업을 위해 힘쓰고 있는 것은 바람직하다. 이 문제에서 기업의 역할이 매우 중요하다. 기업들이 탈북 청년들을 고용하는 데 적극적이지 않고, 탈북 청년들이 취업이 되어도 기업문화에 적응하며 활동하는 데 어려움을 겪는다는 호소가 많다. 기업은 통일에 있어서 탈북 청년들이 가지고 있는 중요성과 비중을 인식하고, 이들에게 취업의 기회를 폭넓게 제공하며, 이들이 잘 적응하도록 배려하고 이끌어야 한다.

정당한 방법으로 기업 활동을 하고 공정하고 정직한 기업문화를 창달하는 것은, 서로 다른 경제 체제에서 오랜 기간을 지낸 남한과 북한의 경제 활동에서 효과적인 접촉점을 만들고 공감을 형성하며 그 영역을 넓혀가는 효과를 발휘할 것으로 기대된다.

남한의 노사문화는 현재 그리 바람직하다고 말하기 어려운 형편이다. 심지어는 '특권재벌', '귀족노조'라는 말도 나돌고 있어서 이대로 통일을 맞이하면 어떻게 될지 우려스럽다. 통일을 위해서도 노사관계는 반드시 개선되어 바람직한 노사문화가 형성되어야 한다.

통일 이후 사회주의 사고와 행동양식에 길들여진 북한 주민들을 새로운 체제에 적합하도록 전환시키는 플랜을 마련하고 시뮬레이션을 하는 것도 통일의 과정에서 기업이 해야 할 중요한 과제 가운데 하나이다. 또한 기업은 장차 북한에 진출할 때 중복과 경쟁을 피하며 질서 있게 들어갈 수 있도록 지금부터 조사와 협의 등의 사전 준비를 해야 할 것이다.

C. "언론의 역할"에 대해

언론은 사실을 전달할 뿐만 아니라 사실을 해석하고, 의미를 부여하며, 비판한다. 언론은 이 같은 일을 통해 여론을 형성하면서 시대를 이끌어 나간다. 언론은 막강한 힘을 가지고 있어서 행정부, 입법부, 사업부에 이어 '제4부'라는 말을 듣기도 한다. 언론의 힘을 생각하면 통일을 이루는 과정에서 언론이 차지하고 있는 비중이 크고, 따라서 책임도 막중하다는 것을 언론인들은 잊지 말아야 한다.

통일을 이루는 과정에서 언론의 역할은 88선언이나 96선언에는 들어 있지 않다. 하지만 통일선교언약은 언론이 통일을 주제로 한 양질의 기사와 프로그램을 늘일 것을 주문하고 있다. 언론은 먼저 통일 문제를 얼마나 많이 다루고 있는지를 스스로 살펴보아야 한다. 통일 문제가 활자 매체에서 얼마나 많은 지면을 차지하고 있고, 전파 매체의 편성에서 얼마만큼의 비중을 가지고 있는가를 살펴보면 매우 빈약하다고 할 수밖에 없는 것이 현 실정이다.

통일을 주제로 한 기사와 프로그램은 질적인 면에서도 개선되어야 한다. 마지못해 지면을 할애하고 편성하는 느낌을 주어서는 안 된다. 원론적이며 상식 수준의 내용을 반복하는 것에서 벗어나 업그레

이드된 기사와 프로그램을 독자와 시청자들에게 제공해야 한다. 그럴 때 언론은 건강한 통일 문화 창출에 선도적인 역할을 담당할 수 있다.

언론기관 종사자들은 통일 문제를 담당하는 부서는 선호하지 않는 경향이 있다. 이런 일도 지양되어야 한다. 통일 문제를 담당하는 부서는 그 언론기관의 엘리트들이 집결하는 부서로 인식되어야 한다.

언론은 통일 문제의 뒤에서 이끌려가는 모습을 보여서는 안 된다. 통일 문제를 앞에서 이끌고 가야 한다.

탈북민의 숫자가 늘어나면서 탈북민을 소재로 한 프로그램이 태어나고 늘어나는 추세를 보이는 것은 반가운 일이다. 그러나 그 프로그램들이 흥미 위주와 센세이셔널리즘에 빠져들고 있다는 말이 많아지고 있다. 출연자가 한정되어 있고, 자신이 체험하지 않은 일을 자신의 체험인 것처럼 말한다는 지적도 나온다. 제작 여건의 문제가 있고, 인기 유지와 시청률 경쟁의 문제가 있지만 프로그램의 근본적인 생명력은 진실성에 있다는 사실이 탈북민이 출연하는 프로그램에서 더욱 존중되어야 한다.

탈북민이 출연하는 프로그램과 함께 탈북민과 관련된 보도도 차원이 높아져야 한다. 또 탈북민뿐만 아니라 탈북민 문제를 담당하고 있는 기관에서 일하고 있는 사람들의 애환도 소개되어야 할 것이다.

북한의 예술이 체제 선전, 특히 통치자 찬양에 많이 이용되고 있는 것은 사실이다. 그러나 그런 가운데서도 북한에 순수예술이 존재하고 있음을 종종 대하게 된다. 예술이 주는 감동은 체제를 넘어서 모든 사람에게 공통적이다. 언론은 북한의 순수예술을 더 많이 발굴하고 소개해야 한다.

속담, 설화, 민요 등에는 민족의 전통과 정서가 고스란히 녹아 있는데 우리는 북한에도 이와 같은 것들이 많이 보존되어 있는 것을 보고 있다. 또 설이나 추석 같은 민족 고유의 명절을 지키는 것이 북한에서는 분단 후 상당 기간 억제되어 왔으나 그 이후에는 오히려 남한 못지않게 잘 지켜지고 있는 것도 알려져 있다. 이와 같은 것은 민족의 동질성이 살아있다는 점에서 매우 긍정적이며, 통일에 도움을 주는 일이다. 언론은 이런 점을 발굴하고 알리기에 힘써야 한다.

88선언은 이에 대해 "5. 남북한 정부에 대한 한국교회의 건의"의 "4) 남북한 긴장 완화와 평화증진을 위하여"에서 다음과 같이 말하고 있다.

> (3) 민족 동질성 회복을 위하여 남북의 언어, 역사, 지리, 생물, 자연자원 등에 관한 학술 분야에서 교류와 합동 연구를 추진하고 문화, 예술, 종교, 스포츠 분야에서도 서로 교류하여야 한다.

88선언은 정부의 통일정책 수립에 많은 영향을 미쳤는데, 1991년 12월 13일에 발표된 남북기본합의서의 "제3장 남북교류·협력" 가운데 88선언의 다음 조항을 많이 참고한 것으로 보인다.

> 제16조. 남과 북은 과학·기술, 교육, 문학·예술, 보건, 체육, 환경과 신문, 라디오, 텔레비전 및 출판물을 비롯한 출판·보도 등 여러 분야에서 교류와 협력을 실시한다.

하지만 88선언에 들어 있는 '종교'가 '남북기본합의서'에는 빠져 있다.

이산가족 문제는 88선언, 96선언, 통일선교언약에 모두 등장한다. 88선언은 "5. 남북한 정부에 대한 한국교회의 건의"의 "1) 분단으로 인한 상처의 치유를 위하여"에서 다음의 두 개 항을 두고 있다.

> (1) 무엇보다도 먼저 지난 40여 년간 분단 체제에서 온갖 고생을 겪으면서 희생되어온 이산가족들이 다시 만나서 함께 살 수 있도록 해야 하며, 어느 곳에서든지 당사자들이 살기 원하는 곳으로 자유롭게 옮겨 살 수 있도록 보장하여야 한다.
> (2) 통일이 되기 전이라도 남북으로 갈라져서 사는 모든 사람들에게 일년 중 일정한 기간 동안(추석이나 명절 같은 때) 자유롭게 친척과 고향을 방문할 수 있도록 허용해야 한다.

96선언은 "통일한국의 상"에서 다음과 같이 말하고 있다.

> 9. 통일은 인도적 차원에서 남북한 이산가족의 문제를 최우선적으로 해결해야 하며, 다각적인 남북교류 협력이 이루어져야 한다.

88선언으로부터는 30여 년, 96선언으로부터는 20여 년의 세월이 흐르면서 1세대 이산가족들이 많이 세상을 떠나고 실향민과 이산가족 문제는 점점 잊히고 있다. 언론은 실향민과 이산가족 문제가 치유되어야 할 우리의 아픈 상처임을 끊임없이 환기시켜야 한다.

언론은 통일 문제에 대한 전문인력 양성에 힘써야 한다. 이는 지금뿐만 아니라 장래, 또는 통일이 예기치 않게 빨리 이뤄졌을 때를 대비해서도 꼭 필요한 일이다. 구약성서의 신명기 기자는 광야 생활을 되돌아보고 정리하면서, 동시에 가나안 복지에 들어갔을 때 가져야 할 자세를 아주 구체적으로, 현재적 미래의 시제로 기술하고 있다. 통일 문제에 대해 신명기적 안목을 가진 언론인들이 양성되어야 한다.

지금까지 말한 것들은 기독 언론기관에서 먼저 이행되어야 한다. 기독 언론인은 통일선교가 한국교회의 중요한 사명임을 본인 스스로가 강하게 인식해야 하며, 이 같은 인식이 그가 쓰는 기사나 제작하는 프로그램을 통해 효과적으로 전달되도록 해야 한다. 일반언론에 종사하고 있는 기독인들은 통일선교언약이 말하고 있는 언론의 역할을 모범적으로 감당하고 이행하기에 힘써야 한다.

D. "종교의 역할"에 대해

88선언에는 '한국기독교회', '우리 한국교회', '한국의 그리스도인들', '남한의 그리스도인들', '한국기독교교회협의회'라는 말이 여러 번 사용되고 있으며, 특히 후반부에는 '한국교회'라는 말이 집중적으로 나오고 있다. 종교라는 말은 문화, 예술, 스포츠와 더불어 한 번만 등장하고 있다. 96선언에는 종교라는 말이 등장하지 않는다. 이에 반해 통일선교언약에서는 종교라는 말을 제6장 4항의 제목에 사용하면서 종교에 대해 포괄적이고 개방적인 모습을 보여주고 있다.

통일선교언약은 먼저 다음과 같이 말한다.

> 종교지도자들은 영토, 체제, 심리적 분단에 따른 갈등 극복을 위해 통일 영성을 연구해야 한다.

통일 영성은 차별과 분리와 분열이 없는 통합화의 가치로 하나 됨을 이루는 통일, 화해와 용서, 용납과 수용의 예수 십자가 안에서의 통일, 예수님이 주시는 평안과 사랑, 부활의 능력으로 이루어지는 통일, 한마디로 복음통일을 믿는 것을 말한다. 복음은 남북의 체제와 이데올로기를 뛰어넘어 통일을 이룰 수 있는 가장 강력한 영적 능력이어서 체제 분단의 깊은 골은 통일 영성을 통해 극복할 수 있다.

통일 영성은 하나님 나라 가치 안에 통일의 비전이 있음을 정확히 인지하게 해준다. 이 통일의 비전은 통일 한반도를 전제한 삶을 살게 한다. 또 통일 영성은 교회가 통일 목회에 관심을 갖고 성경이 가르치는 통일에 대한 연구와 통일 기도, 통일 영성 개발, 통일선교 사역자 양성에 적극적으로 참여하게 해준다.

통일이 정치나 영토를 넘어 전 분야에서 이뤄져야 함에 대해 96선언 역시 "통일한국의 상"에서 다음과 같이 말한다.

10. 통일은 정치적·경제적 통일뿐만 아니라 문화적·영적·심리적 통일까지 이루어져야 한다.

88선언은 "6. 평화와 통일을 위한 한국교회의 과제"에서 이렇게 언급한다.

20. 한국교회는 '희년을 향한 대행진' 속에서 평화와 통일을 위한 교회갱신 운동을 활발히 전개한다.

이는 평화와 화해의 결단을 하는 신앙공동체로서 평화교육과 통일교육을 폭넓게 시행해 나갈 것과 민족통일의 역사적·신학적 당위성을 인식하게 하는 통일교육을 촉진할 것을 말하고 있는데, 이는 통일선교언약에서 말하고 있는 "통일 영성 연구"와 맥을 같이하는 것이다. 96선언이 "우리의 실천과제"에서 다음과 같이 말하는 것도 마찬가지이다.

> 15. 한국의 기독교인들이 교회의 일원으로서뿐만 아니라 민주국가의 시민으로서 통일운동에 선도적 책임을 다하며, 통일을 위한 교회교육을 강화해야 한다.

통일선교언약은 "1. 정부의 역할"에서 대북 지원에 대하여 언급하고 있는데, "4. 종교의 역할"에서 다시 한 번 이렇게 말한다.

> "둘째, 종교인들은 NGO 단체들과 연합하여 북한을 돕고 나누는 활동이 활성화되도록 적극 협력하여야 한다."

Ⅲ. 로잔언약과 통일선교언약

로잔언약은 머리말에서 다음과 같이 말한다.

> 우리는 하나님이 우리 시대에 행하시는 일에 깊은 감동을 받으며, 우리의 실패를 통회하고 아직 미완성으로 남아 있는 복음화 사역에 도전을 받는다.

우리는 통일선교가 하나님이 우리 시대에 행하시는 중요한 일 가운데 하나임을 믿는다. 또 북한 복음화가 아직 미완성으로 남아 있는 중요한 복음화 사역 가운데 하나임을 고백한다.

로잔언약은 끝부분에서 이렇게 말한다.

그러므로 우리는 이 신앙과 그 결단을 확인하고 이 언약을 공포하려 한다.

우리도 통일선교에 대한 신앙과 결단을 확인하고 이 통일선교언약을 공포하고 있다.

로잔언약은 "6. 교회의 전도"에서 다음과 같이 말한다.

우리는 우리 교회의 울타리를 헐고 비그리스도적인 사회에 스며들어가야 한다.

우리는 북한이 대표적인 비그리스도적 사회이며, 그래서 교회는 통일선교의 사명을 새롭게 해야 한다고 믿는다.

로잔언약은 또 이렇게 말하고 있다.

교회가 희생적으로 해야 할 일 중에서 전도가 최우선이다.

교회는 통일선교를 위한 희생을 피해왔음을 부끄러워하며 통일선교의 순위를 높여야 한다.

또 로잔언약은 교회에 대하여 이렇게 말한다.

교회는 하나의 기관이라기보다 하나님 백성의 공동체이다.

우리는 북한 주민 역시 이 공동체 안에 들어 있음을 믿는다.
로잔언약 "7. 전도를 위한 협력"에서는 이렇게 말하고 있다.

전도는 또한 우리를 하나가 되도록 부른다.

교회는 통일선교를 위해 하나가 되어 협력해야 한다. 로잔언약은
"9. 전도의 긴박성"에서 인류의 3분의 2 이상이 아직도 복음화되어야
하는데 우리는 이토록 많은 사람을 등한히 하고 있다는 사실을 부끄
럽게 생각한다고 말하고 있다. 우리는 통일선교를 등한히 하고 있는
것을 부끄러워해야 한다.

로잔언약은 "우리는 성령의 능력을 믿는다"라고 외치고 있다. 통일
선교언약 제정도 성령의 능력을 믿으며, 그 능력을 의지하는 가운데
진행되어 왔다.

Ⅳ. 결론

이상에서 통일선교언약의 "제6장 기업, 언론, 종교의 역할"을 살펴
보았는데, 시작 부분에서 말한 것과 같이 앞서 발표된 88선언, 96선
언과 대조해 가며 연관성과 차이점을 찾아보았다.

88선언, 96선언, 통일선교언약은 통일을 이루는 일이 한국교회에

내리는 하나님의 명령이라는 점을 공통으로 바탕에 깔고 있다.

88선언과 96선언은 각기 발표 당시의 시대상을 잘 반영하며 한국 교회의 통일운동과 북한 복음화운동이 나아가야 할 길을 잘 제시하였다.

88선언에서 제시된 일들 가운데는 시간이 흐르고 환경이 변함에 따라 해소된 일들도 있다. 예를 들면 "민족분단의 고정화 과정에서 불가피하게 나타날 수밖에 없었던 일시적 과오나 가족이나 친척이 특수한 전력을 갖고 있다는 이유로 오늘날까지도 사회적으로 부당한 차별을 받는 사람들이 존재하는 현실은 즉각 타파되어야 한다"고 한 것이나 "정부 당국이 통일논의를 독점해서는 안 된다"는 것 등이다. 반면 핵무기의 위협은 외려 증대된 점이 안타깝다.

로잔언약은 다음의 맺음말로 끝을 맺고 있다.

> 그러므로 이와 같은 우리의 믿음과 우리의 결심에 따라 우리는 온 세계 복음화를 위해 함께 기도하고, 계획하고, 일할 것을 하나님과 우리 상호간에 엄숙히 서약한다. 우리는 다른 사람들도 이 일에 우리와 함께 동참할 것을 호소한다. 우리로 하여금 하나님의 영광을 위해 이 언약에 신실하도록 그의 은혜로 도와주시기를 기도한다. 아멘, 할렐루야!

통일선교언약을 선포하면서 우리도 같은 말을 한국교회와 디아스포라 교회 앞에 하고 싶다. 로잔언약의 맺음말은 통일선교언약의 맺음말이기도 하다.

참고문헌

한국기독교교회협의회. "민족의 통일과 평화에 대한 한국교회 선언", 1988.

한국기독교총연합회. "한국교회 통일정책 선언문", 1996.

제1차 세계복음화국제대회(로잔회의). "로잔언약", 1974.

강승삼 외 16인 공동집필. 『평화통일과 북한복음회』(서울 : 쿰란출판사, 1997).

제7장
통일 이후 사회통합

첫째, 한국교회는 남북의 주민들이 정서적으로 한 동포요, 혈육으로 한 민족이며 신앙적으로 한 형제자매임을 고백한다.

둘째, 한국교회는 오랜 분단으로 이질화된 남북 주민들의 인성과 문화, 민족 정체성에 대해 서로 이해하고 존중하며 포용하여 새로운 공동체를 창조하는 데 앞장선다.

셋째, 한국교회는 기독교 진리가 사회 공공영역에 널리 퍼지도록 비기독교인과 소통이 가능한 공통 언어로 대화하며 사회통합을 선도한다.

Ⅰ. 들어가면서

본 언약서에서 "통일 이후 사회통합"은 제3부 제7장에 속하는 것으로, 남북한이 통일을 이루는 과정과 그 이후에 어떻게 사회통합을 이루어 갈 것인지에 대한 성경적 해법을 담고자 한다. 통일 이후의 사회통합은 한국교회가 공감하면서도 남북 주민이 함께 이루어가야 할 문제이기 때문이다.

본 언약서에서는 통일 이후의 사회통합을 세 가지로 설명하였다. 첫째로 "한국교회는 남북의 주민들이 정서적으로 한 동포요, 혈육으로 한 민족이요, 신앙적으로 한 형제자매임을 고백한다"는 것이다. 둘째로 "한국교회는 오랜 분단으로 이질화된 남북 주민들의 인성, 문화, 민족 정체성에 대해 서로 이해하고 존중하며 포용하여 새로운 공동체를 창조한다"는 것이다. 셋째로 "한국교회는 기독교 진리가 사회 공공영역에 널리 퍼지도록 비기독교인과 소통이 가능한 공통 언어로 대화하여 사회통합을 선도한다"는 것이다.

이는 성경적으로 볼 때 진정한 통일은 '하나님과 연합'하게 하는 것이므로, 남북 주민의 진정한 통합은 '주 안에서 민족의 공동체성을 회복'하는 것이며, 그 열매는 말씀으로 사회의 각 공공영역에서 '새로운 생명공동체를 창조'하는 것으로 나타나야 한다고 볼 수 있다.

II. 통일 이후 사회통합의 3대 과제

A. 첫째: 진정한 통일은 하나님과 연합하게 하는 것

> "첫째, 한국교회는 남북의 주민들이 정서적으로 한 동포요, 혈육으로
> 한 민족이며, 신앙적으로 한 형제자매임을 고백한다."

남과 북은 분단 75년이 넘어가면서 정치·경제·사회·문화의 모든 면에서 동질성은 사라지고 이질성이 심화되어 가고 있다. 따라서 단지 정치적·외교적 노력에 의해 외적·제도적으로 통일이 이루어진다고 하여 진정한 '통일'(unification)이 달성된다고 볼 수는 없다. 이와 더불어 사회적·문화적 노력에 의해 남북 주민들 간에 내적·심리적 '통합'(integration)이 함께 이루어져야 성취된다고 볼 수 있다. 더욱이 기독인에게는 이 모든 일이 주 안에서 합력하여 하나로 '연합'(unity)하게 될 때 온전히 이루어지는 것이라고 볼 수 있다. 따라서 우리는 통일 이후 진정한 사회통합이 이루어질 때까지 선교의 끈을 놓아서는 안 된다.

'통일'이라는 말은 성경에 단 두 번 나온다. 두 번 다 에베소서인데, 1장 10절 "하늘에 있는 것이나 땅에 있는 것이 다 그리스도 안에서 '통일'되게 하려 하심이라"는 말씀과, 4장 6절 "하나님도 한 분이시니 곧 만유의 아버지시라 만유 위에 계시고 만유를 '통일'하시고 만유 가운데 계시도다"라는 말씀에서 나온다. 즉 기독인에게 통일은 '그리스도 안에서 하나가 되는 것'이며, 이는 '만유를 통일하시는 하나님으로부터 비롯되는 것'임을 믿는다는 것이다.

그런데 1장 10절에 나오는 '통일'이란 말은 영어 성경에 "under one head"로 표현되어 있는데, 이는 그리스도를 머리로 하여 이 세상 모든 것을 그의 통치하에서 '유기적으로 통일'되게 한다는 의미를 지니고 있다. 따라서 이는 '통합'(integration)이라는 말로 해석할 수 있다. 4장 6절에서 만유 가운데 계신 한 분이신 하나님께서 만유를 '통일'하신다고 하였을 때도 영어로는 'through all'로 표현되어 있는데, 이 또한 이 세상 모든 것을 하나님을 통하여 '유기체적으로 통일'되게 한다는 의미를 지니고 있다. 따라서 이것도 '통합'으로 해석하는 것이 더 적절하다 할 것이다.

결국 기독교에서 말하는 통일은 예수 그리스도의 '십자가 사랑'(헌신과 희생, 자신을 완전히 내려놓고 오직 하나님의 뜻에 따라 사는 것)으로 하나님과 모든 사람과 만유가 '유기체적으로 한마음과 한뜻'이 되도록 '통합'시키는 것이며, 이를 통하여 북녘 주민을 포함한 '내 이웃'(나와 다르고 생각도 다르고 내 마음에 들지도 않지만, 내 곁에서 함께 살 수밖에 없는 사람들)을 "내 몸과 같이 사랑"(인애·자비·긍휼)하여 그리스도 안에서 하나로 통합되게 하는 것이라고 정의 내릴 수 있다(권성아, 2017. 5, p. 76).

박정수(2010, pp. 101~102)도 사도 바울이 로마서 9-11장을 통하여 "이방인 선교에 관한 '신학의 종합'이라는 새로운 경지에 도달할 수 있었다"고 하면서, 그의 "인류사의 거대한 종말론적 통합의 관점"은 궁극적으로 에베소서 2장 12-16절 말씀에 나오는 "예수 그리스도의 화해의 죽음에서 기원했다"라고 하여, 이를 유대인과 이방인의 대립이 극복되는 '통합의 신학'이라 표현한 바 있다. 이와 같이 우리는 북녘 주민뿐만 아니라 기독인과 비기독인의 분열과 대립을 극복하여 하나로 통합할 방안을 내놓을 수 있어야 할 것이다.

한편 통합으로서의 통일이라는 말은 성경에서 '연합'(unity)이라는 말과 밀접히 연관되어 있다. 이 말이 가장 먼저 사용된 것은 아담과 하와가 한 몸을 이루었을 때(창 2:24)이며, 왕 가운데에는 히스기야가 "여호와께 연합(hold fast)하여 그에게서 떠나지 아니하고 … 여호와께서 그와 함께 하시매 그가 어디로 가든지 형통하였더라"(왕하 18:6-7)라고 나온다. 이와 같이 연합은 "보라 형제가 연합하여 동거함이 어찌 그리 선하고 아름다운고 … 여호와께서 복을 명령하셨나니 곧 영생이로다"(시 133:1-3)라는 말씀처럼, 부부·형제·주종 등 어떤 관계에 있든지 모두 하나님 안에서 한 형제가 되어 한마음 한뜻으로 살아갈 때를 일컫는 말이며, 그 궁극적 목적은 하나님께서 우리에게 '영원한 생명'을 복으로 주시는 데 있다.

이러한 구약에서의 '연합'의 의미를 신약에서 사도 바울은 그리스도의 십자가 "사랑 안에서 연합"(골 2:2)하는 것이라고 보았다. 즉 "만일 우리가 그의 죽으심과 같은 모양으로 연합한 자가 되었으면 또한 그의 부활과 같은 모양으로 연합한 자도 되어야"(롬 6:5) 하며, 그와 같이 할 때 하나님께서는 그리스도를 머리로 하여 나·너·우리의 모든 지체가 연합할 수 있도록 우리를 자라게 하신다는 것이다(골 2:19).

이에 성경에서의 통일과 연합은 모두 모든 인간관계를 예수 그리스도의 십자가 사랑으로 회복하여 하나님 안에서 하나가 되도록 하는 것이라고 할 수 있으며, 이를 보편적 언어로 바꾼다면 '통합'이라는 말로 표현할 수 있다. 따라서 남과 북이 통일을 이루어가면서 그 이후 사회통합까지 완성하기 위해서는 무엇보다도 먼저 한국교회가 그 과정에서 남북의 주민들이 정서적으로 한 동포이며 혈육으로 한 민족일 뿐만 아니라 신앙적으로 한 형제자매임을 고백하면서 하나님과 연합하게 하여야 한다. 다시 말해 하나님께 꼭 붙어 '부활의 소망'에까지 이르게 할 수 있어야 한다.

이를 위해 우리는 먼저 남북 주민이 정서적으로 한 동포임을 고백할 수 있도록 그들에게 마음으로 다가가야 한다. 독일 통일에서 볼 수 있듯이 급작스런 통일은 통일 이후 많은 심리적·정서적 갈등을 유발한다. 땅의 통일과 법의 합의는 이루어졌어도, 문화와 가치관의 차이로 인한 혼란과 어려움은 통일 이후 더 확연하게 드러나기 때문이다(주도홍, 2015, p. 135). 따라서 우리는 남북 주민들 간에 심리적·정서적 갈등을 최소화하기 위해 이를 말씀으로 치유하면서 하나로 연합할 수 있는 방향에서 '마음으로 하나 되는 통일방안'을 마련해야 한다.

남과 북이 마음으로 하나 되기 위해서는 먼저 우리가 '새 영'과 '새 마음'을 받아 우리의 굳은 마음을 제거하고 부드러운 마음을 지닐 수 있어야 한다(겔 36:26). 그러는 동시에 분단 70년이 넘으면서 심화된 서로의 정체성을 무시하거나 동화시키려 하지 말고 있는 그대로를 이해하고 존중하며 포용하여 '통일공동체'를 이루어가려는 태도, 즉 서로를 배타(exclusion)하지 말고 서로 마음을 열며(mutual openness) 서로에게 내재(mutual indwelling)하고 서로를 관통(inter-penetration)하여 공동체의 원석인 '삼위일체의 모형'이 나타나도록 해야 한다(하충엽, 2019, p. 90).

이를 위해서는 사도행전 2장이 그 모형이 되어줄 수 있을 것이다. 즉 오순절에 성령이 임하여 거기 모인 모든 사람이 변화되고 초대교회를 이루어 성도들의 코이노니아가 이루어진 것처럼, 우리는 통일이 되면 북녘 주민들과 정서적 통합을 이루기 위하여 이념과 사상, 편견 등 모든 것을 내려놓고 "날마다 마음을 같이하여 성전에 모이기를 힘쓰고 집에서 떡을 떼며 기쁨과 순전한 마음으로 음식을 먹고 하나님을 찬미하며 또 온 백성에게 칭송을 받도록"(행 2:40-41) 해야 할 것이다. 그래야 북녘 주민들도 우리에게 마음으로 다가와 우리가 주 안에서 하나 되는 통일공동체를 이룰 수 있을 것이다.

다음으로 우리는 남북 주민이 혈육으로 한 민족임을 고백할 수 있어야 한다. 남과 북은 현재 혈육으로 한 민족이라고 할 수 있다. 그러나 그렇다고 한민족이 처음부터 단일민족이었던 것은 아니다. 고조선 국가가 형성될 때부터 남북 분단이 이루어지기까지 시베리아 민족, 한족, 몽고족, 아랍 민족, 남방 민족, 일본 민족 등 수많은 종족이 결합되어 한민족을 이루었기 때문이다(이희근, 2008). 이렇게 다양한 종족이 그동안 한반도와 만주를 중심으로 역사와 문화를 함께하면서 혈육으로도 한 민족을 이루게 된 것이다.

이것이 단합된 '민족의식'으로 드러난 것은 3·1독립운동 때였으며, 여기에는 기독교의 역할이 가장 컸다. 이에 일제는 1920년대부터 한민족의 의식과 역사, 언어 및 문화를 왜곡시키는 정책을 펴나갔으며, 1930년대 이후에는 천황을 신격화하여 '황국신민화'를 강제하면서 한민족의 정신과 기독교를 말살시키려 하였다. 이에 일제로부터 해방이 되었을 때 남녘에서는 일부 민족주의자들이 한민족의 조상인 단군을 중심으로 단일민족과 단일문화를 강조하였으며(손진태, 1948), 소련식 공산주의 입장에서 한민족의 역사와 문화를 도외시하던 북녘에서는 1980년대 후반부터 '조선민족제일주의'를 강조하더니 1993년 단군릉 발굴을 계기로 주체사상을 단군민족의식과 연계하여 강화시켜 나갔다. 그리하여 특히 기독교인들이 '민족' 운운하는 것은 '신앙'과 배치된다 하여 민족주의뿐만 아니라 민족의식까지 배타하는 경향을 보였다.

구한말 이 땅에 기독교가 전파되었을 때 한민족은 개화되면서 대부흥을 얻었으며, 그 힘으로 일제에 대항하여 민족독립운동을 전개하고 신사참배를 반대할 수 있었다. 분단 후 북녘을 공산당이 장악하는 바람에 기독교는 거의 남녘에서만 성장하였지만, 지하교인들을 포함하여 북녘에는 여전히 우리의 신앙적 형제자매들이 고난 가운데 믿음을 어렵게 지키고 있다.

우리는 통일이 되면 이들과 더불어 하나의 신앙공동체를 이루어가야 한다. 따라서 남과 북으로 갈려 있어도 우리는 믿음으로는 아브라함의 자손이며, 육체적 혈육뿐만 아니라 그리스도의 피로 인하여 우리는 영적으로도 하나 된 형제자매임을 고백할 수 있어야 한다. 우리는 사도 바울이 고백한 것처럼 "나의 형제 곧 골육의 친척을 위하여 내 자신이 저주를 받아 그리스도에게서 끊어질지라도"(롬 9:3) 남과 북이 함께 하나님과 연합하길 소망해야 한다. 그러면 하나님께서 통일코리아를 이룬 한민족을 세계 모든 민족 위에 뛰어나게 하실 것이다(신 28:1).

B. 둘째: 진정한 통합은 주 안에서 민족의 공동체성을 회복하는 것

> "둘째, 한국교회는 오랜 분단으로 이질화된 남북 주민들의 인성과 문화, 민족 정체성에 대해 서로 이해하고 존중하며 포용하여 새로운 공동체를 창조하는 데 앞장선다."

'언약'(言約)이란 하나님께서 우리에게 "말씀으로 약속"해 주신다는 것이며, '선교'(宣敎)란 예수님의 가르침을 사람들에게 베푸는 것, 즉 "말씀을 선포"하는 것이다. 그리고 '통일선교'를 "한반도에서 파괴된 '민족의 공동체성'을 회복하고자 하는 교회와 그리스도인의 실천"을 뜻한다고 보면(박정수, 2010, p. 107), '통일선교언약'은 "주 안에서 우리 민족의 하나 됨(민족의 공동체성 회복)을 위하여 하나님께서 말씀으로 우리에게 약속하신 것을 선포하고 실천하는 일"이라 할 수 있다.

언약은 구약에서 대홍수가 나기 전 하나님이 노아에게 "너와는 내가 내 언약을 세우리니"(창 6:18)라고 말씀하실 때 처음 나타났으며, 하나님이 아브라함과 언약을 맺으실 때는 "아브라함을 크게 번성하게 하여 여러 민족의 아버지가 되게 할 것이며 왕들이 그에게서 나오게 하리라"고 하시면서, 이를 아브라함 대대 후손 사이에 세워서 '영원한 언약'을 삼고 하나님이 그들의 '하나님'이 되리라고 약속하셨다(창 17:2-7).

여기서 주목해야 할 사실은 언약이라는 것이 우리가 무엇인가를 잘해서 하나님께 복을 달라고 요구할 수 있는 것이 아니라는 것이다. 구원과 마찬가지로 언약 또한 행위의 결과로 주어지는 것이 아니다. 하나님께서는 누군가가 자신을 진심으로 믿고 그와 '동행'하면 이를

'의'(righteousness)로 여기시고(창 6:9; 15:6) 그와 '일방적으로' 언약을 맺으신다. 이렇게 하시는 것은 "나는 그들에게 하나님이 되고 그들은 내게 백성이 되게" 하기(히 8:10) 위함이다.

이는 세계가 다 하나님께 속한 것이기 때문에 어느 민족이든 "너희가 내 말을 잘 듣고 내 언약을 지키면 너희는 모든 민족 중에서 내 소유가 되겠고 너희가 내게 대하여 제사장 나라가 되며 거룩한 백성이 되리라"(출 19:5-6)는 것이다. 그리고 우리가 하나님의 규례와 계명을 준행하면 하나님께서 이 땅에 '평화'를 주실 것이며, 우리를 직접 돌보아 번성하게 하시고 창대하게 하실 뿐만 아니라 우리와 함께 한 언약을 이행하실 것이라는 것이다(레 26:3-9). "그런즉 너는 알라 오직 네 하나님 여호와는 하나님이시요 신실하신 하나님이시라 그를 사랑하고 그의 계명을 지키는 자에게는 천 대까지 그의 언약을 이행하시며 인애를 베푸시되"(신 7:9)라고 하였으니, 이것이 바로 하나님과 연합하는 "잊을 수 없는 영원한 언약"(렘 50:5)이다.

한편 하나님께서는 그의 백성과 언약을 맺으실 때 '피'를 뿌리게 하신다(출 24:8). 이는 바로 "죄 사함을 얻게 하려고 많은 사람을 위하여 흘리는" 그리스도의 피, 즉 '언약의 피'를 상징한다(마 26:28; 눅 22:20; 고전 11:25). 그래서 하나님은 부활 승천하셔서 하나님 우편에 앉아 계시나 종말의 때에 이 세상에 다시 오셔서 이 세상을 심판하실 예수님을 "더 좋은 약속으로 세우신 더 좋은 언약의 중보자"(히 8:6), 즉 "새 언약의 중보자"(히 9:15)라 하셨다. 이는 "양들의 큰 목자이신 우리 주 예수를 영원한 언약의 피로 죽은 자 가운데서 이끌어 내신 평강의 하나님이 모든 선한 일에 너희를 온전하게 하사 자기 뜻을 행하게 하시고, 그 앞에 즐거운 것을 예수 그리스도로 말미암아 우리 가운데서 이루시기를 원하시기"(히 13:20-21) 때문이다.

'이방인'인 우리는 그리스도 밖에 있었기 때문에 약속의 언약들에 대하여 '외인'이었으며, 따라서 세상에서 소망이 없고 하나님과도 멀어진 상태로 사는 자였다. 그러나 그리스도 예수 안에서 '그리스도의 피'로 인하여 하나님과 가까워질 수 있게 되었다(엡 2:11-13). 하나님께서는 이미 예수 그리스도가 "백성의 언약과 이방의 빛이 되게 하리라"고 말씀하셨으며(사 42:6), 그래서 우리는 그리스도 안에서 '한 새로운 인간형'으로 창출될 수 있었다(차정식, 2000, p. 84). 따라서 이방인인 우리도 예수 그리스도의 피를 믿는 '언약의 자손'이 되었으며(행 3:25), '새 언약의 일꾼'이 될 수 있는 것이다(고후 3:6).

하나님께서는 "주를 사랑하고 주의 계명을 지키는 자를 위하여 언약을 지키시는" 분이다(단 9:4). 이에 우리는 이 땅에 전쟁을 없게 하시고(호 2:18) '생명과 평강의 언약'을 주시는(말 2:5) 하나님께서 이스라엘뿐만 아니라 온 인류가 하나가 될 때 '화평의 언약'을 세워 '영원한 언약'이 되게 하시며 "나는 그들의 하나님이 되고 그들은 내 백성이 되리라"(겔 37:26-27)고 약속하신 것을 우리 민족에게도 동일하게 주실 것을 믿고 나아가야 할 것이다.

따라서 통일을 위해 한국교회가 해야 할 일은, 우선 오랜 분단으로 이질화된 가운데서도 여전히 공통된 속성을 지니고 있는 남북 주민들의 인성과 문화를 우리의 역사 속에서 회복하는 것이다. 그런 후 우리의 민족 정체성을 주 안에서 새롭게 이해하고 존중하여 서로의 다름을 포용하면서 통합이라는 새로운 공동체를 창조해 나가야 한다.

동시에 이와 관련하여 하나님께 주시는 말씀과 언약이 무엇인지 깨달아 이를 남북 주민들에게 선포하고 확장시켜 나가야 한다.

이러한 통합을 위해서는 먼저 언약 안에서 한민족의 인성을 회복해야 한다. 하나님께서는 우리 인간을 '하나님의 형상'에 따라 지으셨을(창 1:26) 뿐만 아니라 모든 민족을 다 하나님께서 지으셨다고(시 86:9) 말씀하셨다. 따라서 바벨탑 사건으로 언어를 혼잡하게 하신 하나님의 뜻에 따라(창 11:7) 종족들이 흩어지며 점차 각기 하나의 민족을 형성하게 되었다면, 모든 민족은 다 나름의 인성과 하나님의 성품을 동시에 지니고 있다고 볼 수 있다.

이 땅에 복음이 전파되기 전까지 한민족의 인성은 이렇게 표현될 수 있다. "사람들의 성품이 어질고('仁') 생육하기를 좋아한다. 이는 마치 만물이 땅에 뿌리('夷')를 내려 생육함과 같아 그들은 천성적으로 부드럽고 순하다"(범엽 저, 이현 등 주, 1959, p. 2807). 이는 물론 '동이족'을 일컫는 말이며, 이들은 후에 오랑캐라 불렸고, 이들이 모두 한민족이 된 것은 아니다. 그러나 동이족이 우리 민족의 원뿌리가 된 것은 분명하며, 이들에 대해 중국인들은 '뿌리가 깊은 속성'을 지니고 있다고 보았다. 그래서 어떠한 상황에서도 잘 흔들리지 않는 심지 깊은 민족이며, '천성적으로' 성품이 어진 종족이라 하였다.

이들은 "생육하고 번성하여 땅에 충만하라"(창 1:28)는 창조명령과 "인자(인애)와 진리가 네게서 떠나지 말게 하고 그것을 네 목에 매며 네 마음 판에 새기라"(잠 3:3)고 하신 말씀을 땅끝까지 이르러 그대로 실천하며 사는 사람들, 즉 뿌리가 움직이지 아니하는 의인들(잠 12:3)과 같이 여겨진다. 그래서 중국인들은 동이의 나라를 도를 잘 따르는

'군자의 나라'이며 정신이 죽지 않는 '불사의 나라'라고 표현하였으며, 공자는 이러한 동이족의 어짊(仁, 인애)을 표상으로 하여 유교를 창시하고 자신 또한 이러한 나라에 가서 살고 싶다고 표명하였다.

이는 물론 이 땅에 기독교가 전파되기 이전에 형성된 것이지만, 일제와 분단이라는 억압과 압제의 상황 이전까지 유지되어 오던 한민족의 성품이란 점을 인정하여 이에 대한 자긍심을 지닐 필요가 있다. 그러면서 이를 성경적으로 재해석하고 재발견하여 통일코리아에서도 믿지 않는 자들뿐만 아니라 다른 나라에도 모범이 되는 하나님의 형상, 즉 그리스도 안에서 '한 새로운 인간형'을 지닌 한민족의 인성과 성품으로 새롭게 창출해 나가야 할 것이다.

통합을 위해서는 또한 언약 안에서 우리의 문화를 재발굴할 수 있어야 한다. '문화'(culture)라는 것이 본래 땅을 경작하면서 하나님을 찬양하고 경배하는 가운데 생긴 것이라는 점, 따라서 그 안에서 가장 중요한 요소가 '언어'라는 점을 확인하는 것이 중요하다. 바벨탑 사건으로 각 종족은 언어를 중심으로 전 세계로 흩어졌지만, 이후 형성된 민족들을 살펴보면 그들의 언어를 중심으로 독특한 문화를 신과의 관계 속에서 형성하고 있음을 볼 수 있다.

한민족의 문화 또한 한글에서 그 독특성이 가장 잘 드러난다. 선교사들이 이 땅에 들어왔을 때, 물론 기독교를 전파하기 위한 수단이긴 하지만, 성경을 번역하는 일과 각종 관련 문서를 간행하기 위해 한글을 사용하는 일에 전념하면서 한글에 관한 다양한 연구를 진행하였다.[1] 그들은 한글로 번역된 성경만 널리 보급된다면 하나님이 성경

---

1) 개신교계 선교사로 육영공원 교사로 있으면서 한국의 독립을 위하여 꾸준히 노력한

을 읽는 사람의 마음을 감동시켜 그리스도께 돌아올 수 있게 한다고 믿었다. 그리하여 모든 문서 및 출판 활동에서 순 국문을 사용할 것을 원칙으로 삼았다. 이는 좁게는 한국 기독교인에게 국문을 보급하고(이만열, 1987, p. 142) 넓게는 '한국 문자의 부흥'에 공헌하는 계기가 되었다(L. G. Paik, 1971, p. 162).

특히 성경 번역이 가져다준 공헌은 기독교의 창조신을 '하나님'으로 결정한 것과 한국어 문장의 순화와 전통문화를 계승하고 발전시킨 데 있었다(김용복, 1983, p. 145). 한민족에게는 "원래 유일신으로서의 하느님에 대한 경외 존중 사상이 있었고, 그에 따라 당연히 기독교의 신을 '하느님'이란 말로 부르게 되었기 때문에, 기독교 전파에 큰 편익을 주었다"(최현배, 1962, p. 70)는 것이다. 이와 같이 선교사들에 의한 한글의 재발견은 전통적 가치의 계승이라는 차원에서뿐만 아니라 그것이 민족을 의식화·주체화시켰다는 점에서 중요한 의미가 있다.

선교사들의 이러한 노력으로 우리는 우리나라의 말과 글의 중요성을 깨달아 그 가치를 재발견하는 계기를 형성할 수 있었으며, 외국인에게 국문을 널리 알림으로써 그 독창성과 우수성을 인정받는 동시에 우리로 하여금 독창적인 문자를 가진 위대한 민족이라는 자부심을 갖게 하였다. 그래서 로렌 커닝햄은 기독교 역사상 '가장 위대한 전환' 가운데 하나가 20세기 한국에서 일어났는데, 이는 바로 15세기에 세종대왕이 "백성들이 가난한 이유는 그들이 읽을 줄 모르기 때

헐버트(Homer B. Hulbert, 1863-1949)는 『한민족의 기원』(*The Origin of the Korean People*, 1895), 『고유한 한국말』(*Korean Survivals*, 1900), 『한국의 역사』(*The History of Korea*, 1901) 등을 저술하여 한글의 우수성을 세계에 널리 알렸을 뿐 아니라 우리의 민족의식을 드높이는 데에도 상당한 기여를 하였다.

문"이라는 말씀을 하늘로부터 듣고 "백성을 가르치는 바른 소리"인 '훈민정음'을 창제했기 때문에 가능했다고 하였다(로렌 커닝햄 & 제니스 로저스, 2006, p. 61).

또한 한복과 김치·간장·된장·고추장 등의 발효식품 및 온돌문화와 노래 등 창조주 하나님의 창조세계와 부합하는 문화를 많이 지니고 있는 것이 한민족이라 할 수 있다. 그러나 일제강점기를 거치면서 이러한 것들은 근대화되지 못한 문명이라 하여 무시되기 시작하였으며, 분단 이후 특히 남녘에서는 서구의 자본주의 물결이 넘치고 북녘에서는 인간을 중심으로 한 주체사상에 함몰되어 한민족 고유의 문화가 많이 잊히거나 사라져버리고 말았다.

이에 우리는 남북 주민을 하나 되게 하는 새로운 공동체의 언어와 문화적 특성을 우리의 역사 속에서 되찾아 이를 하나님의 언약의 말씀 속에서 재구성해 민족 정체성을 새롭게 창출해 낼 필요가 있다. 그런 가운데 우리는 오랜 분단으로 이질화된 남북의 역사와 문화를 서로 질타하고 배척하기보다는 여전히 동질적으로 유지하고 있는 요소들을 찾아내어 서로 이해하고 존중하며 포용하고 공생하는 '보편적인 공동체'로 나아갈 수 있도록 하는 자세가 필요하다. 서로 상호작용이 이루어지는 가운데 민족 정체성이 창조되어야 공유가 가능하고, 실질적인 통일 공동체가 형성되는 지점에 도달할 수 있을 것이다(하충엽, 2019, p. 93). 그래야 북녘 주민뿐만 아니라 믿지 아니하는 자들도 심리적·정서적으로 공감하면서 마음으로 다가와 함께 통합의 과정으로 나아갈 수 있을 것이다.

C. 셋째: 통합의 열매는 말씀으로 새로운
생명공동체를 창조하는 것

"셋째, 한국교회는 기독교 진리가 사회 공공영역에 널리 퍼지도록 비
기독교인과 소통이 가능한 공통 언어로 대화하며 사회통합을 선도
한다."

기독교의 진리는 한마디로 "예수께서 이르시되 내가 곧 길이요
진리요 생명이니 나로 말미암지 않고는 아버지께로 올 자가 없느니
라"(요 14:6)고 하신 말씀 속에 있다. 오직 예수님만이 통일된 이후에도
우리가 살아가야 할 유일한 길이며 진리이며 '생명'이기 때문에, 우리
는 통일의 과정에서 이를 모든 사람에게 말씀으로 '선포'하고 삶으로
살아낼 수 있어야 한다. 그래야 남과 북의 주민들을 하나로 통합하여
하나님 아버지께로 나아갈 수 있을 것이다.

세상과 공적 관계를 맺지 않는 기독교의 정체성은 존재하지 않는
다(위르겐 몰트만, 1997, p. 9). 이에 '통일선교'의 궁극적 목적은 기독교 진
리가 통일된 나라에서도 사회 공공영역(정치·경제·사회·문화 등)에 널리 퍼
져, 그리스도를 중심으로 하나의 생명공동체를 만드는 방식으로 사회
통합을 이루는 것이라 할 수 있다. 따라서 이를 위해서는 이념이나 종
교가 아닌, 삼위 하나님의 말씀으로 남북 주민들의 정서적·심리적·역
사적·문화적 삶을 통합할 수 있는 새로운 생명공동체를 창출해 나갈
수 있어야 한다.

문제는 '새로운 생명공동체'를 창출해 가는 데 있어서, 이 땅에 기
독교가 전파된 이래 한 세기가 넘는 일제강점기와 분단 시대를 거치

면서 너무나 이질화된 남북갈등과 남남갈등을 어떻게 극복하면서 사회통합을 이루어낼 것인가 하는 점이다. 특히 이 과정에서 문제가 되는 것은 우리 기독교인들 간의 갈등이 더욱 심각하다는 점이다. 이에 우리는 남과 북의 비기독교인과 소통하여 사회통합을 선도하는 방안을 마련하는 가운데, 즉 말씀을 비기독교인과 대화가 가능한 공통 언어로 재해석하여 통합의 목적과 내용 및 방법을 제시하는 가운데 기독교인의 신앙 또한 회복할 수 있는 기회를 제공할 필요가 있다.

1. 통합의 목적

기독교 진리가 통일코리아의 공공영역에 널리 퍼지도록 하기 위해서는 사회 전반이 그리스도의 길을 따르는 새로운 생명공동체가 되어 '하나님 나라' 즉 "오직 성령 안에 있는 의와 평강과 희락이 넘치는 나라"가 되도록 해야 한다. 그래야 우리가 '그리스도를 섬기는 자'가 되어 하나님을 기쁘시게 하며 사람에게도 칭찬을 받게 될 뿐만 아니라 결국에는 '화평의 일'과 '서로 덕을 세우는 일'(mutual edification)을 이루게 될 것이기 때문이다(롬 14:17-19). 따라서 이를 통일코리아라는 새로운 생명공동체의 목적으로 삼고자 한다.

첫째, 통일코리아에는 '하나님의 의'가 넘쳐나게 해야 한다.
"의와 공의가 주의 보좌의 기초"(시 89:14 등)라고 하셨듯이, '의'[2]는

---

2) 여기서 '의'(義)는 영어로는 'righteousness'로 표기되어 있다. 그런데 'righteousness'는 한글로는 대부분 '공의'로 표현되었으며, 때로는 '정의'로도 표현되어 있다. 우리는 보통 'justice'를 '정의'라 번역하는데, 이는 한글 성경에서도 대부분 그렇게 표기되어 있다. 이에

하나님으로부터 나오는 것이다(righteousness from God). 하나님은 의로우신 분으로서(신 32:4; 느 9:33; 살후 1:7 등) 모든 사람이 하나님의 뜻을 이 세상에 정의롭고 공의롭게 펼치며 살길 원하시며, 그 결과에 따라서 하나님은 의와 공평(equity)으로 세상·사람·백성을 심판하신다(창 18:25; 레 19:15; 시 98:9; 계 19:11 등).

그러나 "의인은 없나니 하나도 없다"(롬 3:10)고 하신 것처럼 인간은 결코 의로울 수 없다. 그래서 예수님 또한 이 땅에 오신 목적이, 건강한 사람이 아닌 병든 자에게 의사가 필요한 것처럼, 의인을 부르러 온 것이 아니라 죄인을 불러 회개시키기 위함이라고 하셨다(마 9:12-13; 막 2:17; 눅 5:31-32). '정직하신 주'(upright One)의 길을 따라가는 사람만이 의인이라 칭함을 받을 수 있으며, 그럴 때 주께서 그의 길을 평탄하게 해주신다(사 26:7).

그리고 의인은 정직하시고 의로우신 하나님을 믿는 자, 곧 움직이지 않는 믿음의 "뿌리로 말미암아 결실"을 맺는 자이다(잠 12:12). 따라서 그 결실은, "의인의 열매는 생명나무"(잠 11:30)이며 "공의로운 길에 생명이 있다"(잠 12:28)라고 하신 것처럼, 생명의 구원으로 나타난다. 남북 주민이 함께하는 새로운 생명공동체를 이와 같이 가장 선한 가

본인은 두 용어의 사용 기준을 이사야 28장 17절 말씀으로 삼고자 한다("나는 정의를 측량줄로 삼고 공의를 저울추로 삼으니…"). 하나님께서는 '정의'(justice)는 건축할 때 수직을 잡는 데 사용하는 '측량줄'(measuring line)과 같은 것이며, '공의'(righteousness)는 수평을 맞추는 데 사용하는 '저울추'(plumb line)와 같은 것이라고 하셨다. 즉 '정의'는 하나님과 인간의 수직적 관계에서 나타나는 하나님의 의를 뜻하며, '공의'는 인간 사이의 수평적 관계에서 나타나는 하나님의 의를 뜻하는 것이라고 볼 수 있다. 한편 시편에 보면 'justice'가 '공평'으로 표기된 부분이 있으며(시 97:2 등), 'equity'를 '공의'라고 번역하여(시 99:4 등) 개념의 혼동을 가져온다. 이에 'equity'를 '공평'으로 표기한 시편 말씀에 근거(시 96:10; 98:9 등)하여 '하나님의 의'는 우리가 일반사회에서 사용하는 '정의'와 '공의'뿐만 아니라 우리가 보통 '평등'이라고 부르는 '공평'까지도 포괄하면서 이들 개념을 뛰어넘는 깊은 의미를 지니고 있다고 할 수 있다.

치인 '정직'(잠 8:6)을 뿌리로 하여 만들어갈 때 하나님의 의(정의·공의·공평)가 넘치는 '영화로운 나라'(잠 14:34)가 될 수 있을 것이다.

둘째, 통일코리아에는 '하나님의 평강'이 넘쳐나게 해야 한다.

우리가 보통 '평화'(peace)라고 하는 말은 성경에 거의 등장하지 않는다. 대신 '평강'[3]이라는 말을 주로 사용하면서, 하나님이 '평강의 하나님'(빌 4:9; 살전 5:23; 히 13:20 등)이시기 때문에 평강은 여호와께로부터 말미암는다고 한다(왕상 2:33). 이에 우리는 하나님의 말씀을 '생명과 평강의 언약'(말 2:5)으로 받을 수 있으며, 하나님만이 이 세상의 평화를 허락하실 수 있음을 믿는 것이다.

성경에서는 예수님만이 유일한 '평강의 왕'(사 9:6-7; 히 7:2)으로 묘사되고 있으며, 이 예수님만이 우리에게 '당신의 평안'을 주실 수 있고, 이는 세상이 주는 평안과는 비교할 수 없다고 한다(요 14:27). 그래서 사도 바울은 의인은 "평강의 길을 아는 자"(롬 3:17)로, "예수 그리스도로 말미암아 하나님과 화평을 누릴"(롬 5:1) 때, "하나님의 평강이 그리스도 예수 안에서 우리 마음과 생각을 지키실 것"(빌 4:7)이라 하였다.

예수님께서도 직접 "화평하게 하는 자는 복이 있나니 그들이 하나님의 아들이라 일컬음을 받을 것이요"(마 5:9)라고 하신 것처럼, 우리는 그리스도의 평강이 우리 마음을 주장하게 하여 평강을 위하여 우리가 한 몸으로 부르심 받은 것을 잊지 말아야(골 3:15) 한다. 그래서

---

3) 우리가 보통 '평화'라고 표현하는 영어의 'peace'는 성경에 수도 없이 많이 나온다. 그런데 'peace'는 한글로는 '평강'뿐만 아니라 '화평'이나 '평안'으로도 표기되어 있어 일관된 의미를 찾기가 쉽지 않다. 따라서 여기서는 '하나님의 의'와 관련된 것만 주로 다루었다.

이 세상이 주는 '전쟁과 대비되는 평화'가 아니라 '하나님이 주시는 평강과 화평'을 통일코리아의 가치로 삼아 '평강의 열매'(히 12:11)로 사회통합을 이룰 때까지 정진해야 한다.

셋째, 통일코리아에는 '하나님의 희락'이 넘쳐나게 해야 한다.

통일코리아에 '희락'(joy)이 넘쳐나도록 하기 위해서는 희락 또한 하나님께서 언제 기뻐하시는가 하는 측면에서 보아야 할 것이다. 구약에서 히스기야 왕이 성전을 정화하고 남북으로 나뉘어 있던 유다와 이스라엘이 다 함께 모여 유월절 의식을 거행하였을 때 "예루살렘에 큰 '기쁨'이 있었으니 이스라엘 왕 다윗의 아들 솔로몬 때로부터 이러한 기쁨이 예루살렘에 없었다"(대하 30:26)고 하였다. 거기 모여 기뻐하던 무리들은 자신들이 숭배하던 우상을 다 제거하였다.

신약에서는 예수님이 세례를 받으실 때 그리고 예수님이 변형되셨을 때 하나님은 똑같이 "이는 내 사랑하는 아들이요 내 기뻐하는 ('pleased') 자라"(마 3:17)라고 하시면서 "너희는 그의 말을 들으라"고 하셨다(마 17:5). 이와 같이 하나님은 누군가 그의 뜻대로 행할 때 그를 기뻐하시며 그에게 지혜와 지식과 희락을 주신다(전 2:26). 그리고 '화평'을 의논하는 자에게는 희락이 있다고 하였다(잠 12:20). 하나님은 "사람의 행위가 여호와를 기쁘시게 하면 그 사람의 원수라도 그와 더불어 화목하게 하신다"(잠 16:7).

따라서 우리 민족이 그동안 하나님보다 더 숭배하던 모든 우상을 제거하고 남과 북이 반목하던 모든 것을 내려놓은 후 하나님의 말씀에 따라 '화평'을 의논하면서 통일을 이루게 되면, "여호와의 속량함을 받은 자들이 돌아오되 노래하며 시온에 이르러 그들의 머리 위에 영영한 희락을 띠고 기쁨과 즐거움을 얻게" 될 것이다(사 35:10). 그리고 이와 같이 될 때 우리 민족의 모든 슬픔과 탄식은 진정 사라지게 되며, 동방의 예루살렘인 평양을 포함한 통일코리아가 '샬롬의 땅'이 되어 하나님께 큰 기쁨이 될 것이다.

2. 통합의 내용과 방법

남과 북은 묘하게도 서로 다른 방향으로 나아가면서도 비슷한 방식으로 변화하였다. 일제로부터 해방되었을 때는 남과 북 모두에게 '민족'과 '독립'이 최대 관심사였다. 그러나 미군과 소련군에 의하여 분단이 이루어지면서 남녘은 미국을, 북녘은 소련을 따라 배우자는 방향으로 사회 전반이 정리되어, 1948년 8월과 9월에 '민주공화국'과 '인민공화국'을 수립하게 되었다. 그러다 북녘에서 1967년 '주체사상'을 완성하고 1972년 12월 '사회주의헌법'을 내놓는 가운데, 남녘에서는 1968년 '국민교육헌장'을 공표하고 1972년 12월 '유신헌법'을 내놓는다.

이와 같이 북녘은 주체사상이라는 '북한식 공산주의'로, 남녘은 반공주의라는 '남한식 민주주의'로 시기를 같이하며 서로 다르게 나아가는 가운데, 북녘은 김정일로 그 주도권이 넘어가면서 1986년 이후 '조선민족제일주의' 입장에서 사회 전반의 변모를 꾀하였다. 반면 남녘에서는 '민주화운동'이 1987년 활활 타오르면서 헌법의 개정과 아울러 사회 전반이 변화하기 시작하였다. 특히 1990년대에 들어 소련이 붕괴하고 동유럽에 개혁·개방이 이루어지면서 이후의 남과 북의 변화는 완전히 다른 방향으로, 즉 북녘은 보다 '폐쇄사회'로, 남녘은 보다 '개방사회'로 나아가게 되었다.

그런데 이와 같이 남과 북이 서로 다른 방향으로 나아가는 가운데 서도 우리는 남과 북을 통합할 수 있는 요소들을 발견할 수 있다. 그 중 가장 핵심적인 것이 김정일이 1986년에 내놓은 '사회정치적 생명 체론'이다(김정일, 1992). 이는 인간사회를 살아 있는 유기체에 비유하여 수령은 유기체의 '머리'에, 당은 '심장'에, 인민대중은 '몸'의 각 부분에 해당한다고 하면서, 이들이 하나로 결합된 통일체이기 때문에 사회는 자주적 생명력을 가지고 '영생'한다고 보는 것이다.

북녘에서는 이 이론에 입각하여 1974년 '수령론'으로 발전시킨 주체사상이 개인에게 영생을 부여하고 죽음의 문제를 해결해 줌으로써 북녘사회를 통합하는 토대가 되고 있는데(김병로, 2016, p. 112), 이는 '그리스도를 머리로 한 몸을 이루는 지체'가 되어야 한다는 사도 바울의 '지체론'(고전 12:12-27)을 잘못 적용한 것임을 알 수 있다. 따라서 이 사회정치적 생명체론과 주체사상 등을 성경 말씀에 입각하여 올바르게 재해석한다면, 반공주의 또한 극복하면서 남과 북이 소통 가능한 공통 언어로 대화하며 통일코리아를 유기체적으로 통합할 수 있는 근거를 마련할 수 있을 것이다.

이와 같이 사상과 이념 문제를 포함하여 남북의 통합은 사회 공공영역, 즉 정치·경제·사회·문화·교육 등 모든 영역에서 이루어져야 할 것이다. 그러나 그 영역이 어떤 것이든 각 영역에서 하나님의 의와 평강과 희락이 넘치는 공동체가 되도록 해야 한다. 이를 위해서는 예수님께서 이 땅에 계실 때 하셨던 것처럼, 우리가 북녘 주민과 더불어 공동체적으로 살면서 그들을 "가르치고(teaching) 천국 복음을 전파하며(preaching) 모든 병과 약한 것을 고치는(healing)"(마 4:23; 9:35) 사역을 감당해야 한다. 그래야 선교와 더불어 교육과 치유의 사역을 함께 함으로써 '그리스도를 머리로 한 몸을 이루는 지체'를 형성할 수 있을 것이다.

그러나 우리가 한 몸에 많은 지체를 가지고 있고 모든 지체가 같은 기능을 가진 것도 아닐 뿐만 아니라(롬 12:4-5) 남과 북 주민 어느 누구도 똑같은 사람이 없다. 더욱이 우리는 너무나 오랜 세월 동안 서로 다른 사상에 의하여 교육받아 왔고, 또 그렇게 살아왔다. 따라서 우리가 그리스도 안에서 한 몸이 되어 서로 돌아보고 살피는 지체가 되기 위해서는 남과 북의 주민이 한 성령으로 세례를 받아 한 가족이 되도록 하되, "믿음과 이성이 대립적인 것이라기보다 서로를 거울로서 필요"(정종훈, 2009, p. 274)로 하듯이, 비기독교인과도 소통이 가능한 언어로 대화하면서 사회통합을 이루어야 한다.

이를 위해서는 더 약하게 보이는 몸의 지체가 도리어 요긴한 것을 깨달아 몸의 덜 귀히 여기는 그것들을 더욱 귀한 것들로 입혀 주어, 우리의 몸 가운데서 분쟁이 없고 오직 여러 지체가 서로 같이 돌보도록 해야 한다. 한 지체가 고통을 받으면 우리의 모든 지체가 함께 고통을 받을 수밖에 없으므로, 우리는 그리스도 안에서 통일코리아의 사회통합이라는 열매를 맺을 때까지 '참 포도나무'이신 예수님께 꼭 붙어 있어야 한다(요 15:1-17).

이는 가지가 나무에 붙어 있지 않으면 스스로 열매를 맺을 수 없기 때문이기도 하지만 한 지체가 고통받는다고 잘라버리면, 그 가지는 밖에 내던져져 말라버리거나 불에 태워질 수밖에 없기 때문이다. 이에 우리는 '뿌리 깊은 나무'에 잘 달라붙어 있어서 영양분을 충분히 흡수하도록 해야 한다. 그러면 하나님 아버지께서 직접 '농부'가 되어 우리를 길러주실 것이다. 우리는 이를 믿고 북녘에서 그 지역의 생활 여건과 산업을 활성화시키는 동시에 그 지역의 역사와 문화를 그리스도 안에서 살리는 방향에서 새로운 통일공동체를 이룰 때까지 복음 전파와 더불어 교육과 치유 사역을 계속해야 할 것이다.

III. 결론

이 글은 통일 이후의 사회통합에 관한 하나님의 언약을 제시하면서, '진정한 통일'은 남북 간의 정치적·외적 통일이 아닌, 주민 간의 정서적·내적 통합이라 보았다. 그리고 '진정한 통합'은 남북 주민이 함께 "하나님과 연합하여 주 안에서 하나 되는 민족의 공동체성을 회복하는 것"으로 보았으며, 그 통합의 열매는 말씀으로 통일코리아의 각 공공영역에서 '새로운 생명공동체를 창조'하는 것으로 나타나야 한다고 하였다.

새로운 생명공동체란 기독교 진리가 통일 이후 사회의 공공영역에 널리 퍼져 통일코리아가 "성령 안에서 하나님의 의와 평강과 희락이 넘치는 나라"(롬 14:17)가 되도록 하는 것을 뜻한다. 따라서 이를 위해서는 사상과 이념 문제를 포함한 통일 이후의 삶의 모든 영역에서

"그리스도를 머리로 한 몸을 이루는 지체"(고전 12:12-27)를 형성해 갈 때까지 말씀 전파와 더불어 교육과 치유의 사역(마 4:23; 9:35)을 함께 감당해야 한다고 보았다.

그러나 이러한 과정은 결코 쉽게 이루어지는 것이 아니다. 너무 오랫동안 분단이 지속되어 남과 북의 동질성은 점차 사라지고 이질성이 심화되었기 때문이다. 따라서 통합의 과정은 삶의 모든 영역에서 동질성을 담보하려고 하는 것보다는, 분단되기 이전의 우리 역사와 문화 속에서 여전히 유사하게 유지·발전시켜 온 요소가 무엇인지를 찾아, 이를 말씀으로 재해석하여 민족의 공동체성으로 재창출해내는 과정이 되어야 할 것이다.

그리고 이 과정에서 우리는 북녘 주민들에게 '신앙'만으로 다가가기보다는 그들의 '마음'을 얻을 수 있도록 정서적으로 다가가야 할 것이다. 그래야 서로 달라진 인성과 문화 및 민족 정체성을 함께 이해하고 존중하고 포용하면서 새로운 공동체를 창출해낼 수 있을 것이다. 이에 한국교회는 기독교 진리가 통일코리아의 공공영역에 널리 퍼질 때까지 북녘 주민뿐만 아니라 비기독교인과도 소통할 수 있는 사회통합 방안을 끊임없이 내놓고 실천해야 할 것이다.

참고문헌

권성아. "일제와 분단 상황에 나타난 기독교 통합사상". 기독교통일학회. 「기독교와 통일」 8-1
    (2017. 5), 71-101.

김병로. 『북한, 조선으로 다시 읽다』 (서울: 서울대학교출판문화원, 2016).

김용복. 한국교회와 우리 민족의 과제. 기독교사상편집부(편). 『한국역사와 기독교』 (서울: 대한
    기독교서회, 1983).

김의원 편. 『한영해설성경』 (서울: 성서원, 2008).

김정일. "주체사상교양에서 제기되는 몇 가지 문제에 대하여"(1986. 7. 15.). 『친애하는 지도자
    김정일동지의 문헌집』, 144-169. (평양: 조선로동당출판사, 1992).

박정수. 『성서로 본 통일신학』 (서울: 한국성서학연구소, 2010).

손진태. 『조선민족사 개론』 (서울: 을유문화사, 1948).

이만열. 『한국기독교문화운동사』 (서울: 대한기독교출판사, 1987).

이희근. 『우리 안의 그들: 섞임과 넘나듦 그 공존의 민족사』 (서울: 너머북스, 2008).

정종훈. 『민주주의를 꽃피우는 공공신학』 (서울: 한국장로교출판사, 2009).

주도홍. 『통일로 향하는 교회의 길』 (서울: CLC, 2015).

차정식. "바울신학에 나타난 통일사상." 「한국기독교신학논총」 17, (2000), 51-89.

최현배. "기독교와 한글." 연세대학교 신과대학 신학회. 「신학논단」, 1962.

하충엽. "케노시스(Kenosis) 복음통일론." 기독교통일학회·한반도평화연구원·온누리교회. 「제
    1회 복음-평화-통일 컨퍼런스: 통일로 향하는 교회의 길」 (2019. 11), 79-94.

宋 范曄(著). 唐 李賢 等(註). 『後漢書』 (北京: 中華書局, 1959).

몰트만, 위르겐(1997). 곽미숙 옮김. 『세계 속에 있는 하나님: 하나님 나라를 위한 공적인 신학의
    정립을 지향하며』 (서울: 동연, 2009).

커닝햄, 로렌 & 로저스, 제니스. 『열방을 변화시키는 책: 나라를 변화시키는 성경의 능력』
    (Singapore: YWAM Singapore Publishing, 2006).

Paik, L. G. The History of Protestant Missions in Korea, 1832-1910, (Seoul: Yonsei
    University Press, 1971).

제 8 장
섬김을 통한 복지, 교육 그리고 선교

첫째, 한국교회는 하나님 사랑과 이웃 사랑의 정신으로 남북한 통합을 위한 섬김의 모범을 보인다(마 22:36-40).

둘째, 한국교회는 통일 후 사회의 안정과 발전을 이끌어 갈 수 있도록 '기독교 복지관'을 세우도록 한다. 이를 통해 남북한 주민들의 심리적 안정을 도모하고 통일 시대에 필요한 역량을 갖출 수 있도록 돕는다(엡 4:4-6).

셋째, 한국교회는 북녘에 '기독교 학교'를 설립하여 복음 전파와 인재 양성의 사명을 감당하도록 한다. 또한 실력과 신앙을 겸비한 기독교 인재를 양성하여 통일 후 사회 발전을 이끌어가게 한다(빌 2:1-4).

넷째, 한국교회는 남북한 선교의 사명을 감당해야 한다. 이를 위해 교회는 단순한 예배당이 아니라 지역사회를 섬기고 체계적인 기독교 교육을 제공하여 남북한 주민들이 함께 살아가는 터전이 되어야 한다(행 2:42-47).

I. 들어가면서

독일 통일 이후 세계 유일한 분단국가인 한반도의 통일에 대한 논의가 활발하게 이루어지고 있다. 특히 독일 통일의 과정에서 나타난 명암을 지켜보며 한반도 통일의 반면교사(反面教師)로 삼을 수 있는 다양한 논의가 촉발되었다. 이는 정치·경제·사회 구조 등 제도적 통합의 측면에서 다루어지던 것을 넘어 사회통합의 관점에서의 통일 논의로 확장된 것이다.

우리는 동독과 서독이 베를린 장벽 붕괴로 상징되는 제도적 통일을 이룬 후, 이를 지탱할 만한 사회적 자본이 튼튼하지 못했던 터에 겪게 된 심각한 사회적 혼란과 갈등을 눈여겨볼 필요가 있다. 동서독 통일 이후 서독 사람들은 동독 사람들에 대한 우월의식을 가지게 되었을 뿐 아니라 통일 이후 늘어난 세금 부담 등으로 인해 불만이 여기저기에서 터져 나왔다. 동독 사람들도 자신들이 일구어 놓은 체제와 역사를 부정당하는 사회 분위기로 인해 '이등 국민'(Bürger zweiter Klasse) 컴플렉스에 시달리는 등 독일 통일의 경험은 '한 국가, 두 체제'가 가지는 사회 갈등의 양태를 여실히 보여주었다.

또한 통일 이후 동서독의 정치·경제적 틈은 많이 좁혀졌지만, 심리적 장벽은 허물어지지 않았다는 경고음이 여전히 울리고 있다. 2019년 9월 독일 정부가 발표한 연례 보고서에 따르면, 동독 지역 주민 57%는 여전히 스스로를 '2등 시민'으로 생각하는 것으로 조사되었다. 특히 이들의 소외감과 상대적 박탈감은, 난민이 대거 유입되기 시작한 2015년을 기점으로 동독에서 극우 세력이 급격하게 성장할 수 있었던 배경으로 거론되며 더 복잡한 '사회통합'의 과제를 던지고 있다(이철민, 2019).

베를린 장벽의 붕괴만으로 독일 통일이 완성된 것이 아닌 것처럼, 휴전선이 허물어지는 것만으로 남북한의 통일을 이뤄냈다고 말할 수 없을 것이다. 남한과 북한은 지난 70년이 넘는 분단의 시기만큼 정치와 경제, 문화와 교육 등 사실상 사회의 모든 영역에서 이질화되었다. 이념과 문화가 공유되는 한 국가 안에서도 다양한 생활 모습이 나타나는데, 분단 이후 70년이란 긴 시간 동안 이질화된 사회 속에서 살아온 남한과 북한의 모습에 커다란 차이가 나타나는 것은 당연한 일이다. 진정한 통일은 국가 제도적 통합과 더불어 남한 사람과 북한 사람의 내적 통합을 통해서 완성된다. 제도의 통합을 통하여 외형상 하나의 국가 체제를 갖추었다고 해서 남한과 북한의 주민들이 하나의 구성원이 되는 것은 아니기 때문에 통일한국 시대의 성공 여부는 이 차이를 극복하고 통합하는 시대가 되게 하는 데 있다.

이렇듯 이질화된 두 사회가 만나 통일의 과정에서 경험하게 될 다양한 사회 갈등을 고려할 때, 사회통합의 문제는 더 이상 제도적 통합이나 경제적 통합의 부수적 문제가 아님을 자각해야 한다. 사회 갈등은 그저 시간의 문제로 해결되지 않기 때문에 사회통합의 문제를 제도 통합의 하위 영역에 위치시키는 것이 아니라 그 자체로 폭넓은 논의가 필요한 필수적 요소가 된 것이다(김영한, 1994:218).

한국교회는 복음의 불모지가 되어버린 북녘의 교회를 회복해야 할 제사장적 사명뿐 아니라 하나님 나라가 이 땅 가운데 임하게 해야 할 왕적 사명을 동시에 가지고 있다(벧전 2:9). 따라서 통일 후 사회통합을 위한 교회의 역할은 단순한 복지 제공을 넘어 하나님 나라를 확장시켜 나갈 교회의 본질적 사명이라 할 수 있다. 무엇보다 한국교회는 통일 후 사회를 분열시키는 다양한 장벽과 도전들을 무너뜨리는 일에 참여해야 한다. 증오심과 적대감을 극복하는 것은 정치적 과제일 뿐만 아니라 성서적이고 신학적인 과제이기도 하다.

II. 섬김을 통한 복지, 교육 그리고 선교

"첫째, 한국교회는 하나님 사랑과 이웃 사랑의 정신으로 남북한 통합을 위한 섬김의 모범을 보인다(마 22:36-40)."

온전한 통일은 사회 제도의 통합과 사람의 통합이 통전적으로 이루어질 때 비로소 완성된다. 특히 통일의 과정에서 발생할 수 있는 다양한 갈등을 예측하고, 이를 극복하기 위한 내적 통합의 폭넓은 논의는 성공적인 통일의 완성이라는 측면에서 매우 중요하다 할 것이다.

앞서 살펴보았듯이 통일 후 발생될 사회 갈등은 두 가지 요인을 가지고 있다. 하나는 사회적으로 발생하는 '구조적 문제'이고, 다른 하나는 타자의 '다름'을 '틀림'으로 인식하는 '이해의 문제'이다. 통일 후 발생할 수 있는 구조적 문제와 인식의 문제는 사회를 중심으로 한 계층 간의 갈등 양상으로 표출될 가능성이 높다(박종철, 1996:29). 주목할 것은 사회는 정신적 가치에 영향을 받고, 반대로 정신적 가치는 사회 문화적 조류에 영향을 받기 때문에, 구조적 문제와 이해의 문제는 상호 연결되어 함께 나타날 가능성이 높다는 점이다. 그러므로 통일 후 사회통합은 이 두 가지 측면을 함께 고려해야 하는데, 하나는 사회 제도의 통합으로서 체제와 제도가 하나로 합쳐지는 것이며, 또 다른 하나는 의식의 통합, 문화의 통합으로 사람의 통합이다(전성우, 1993:63). 여기서 한 가지 더 강조할 것은 기존의 통일 논의가 사회 제도적 통합에 집중되었다면, 이제는 내적 통합의 문제를 제도 통합의 하위 영역에 위치시키는 것이 아니라 그 자체로 폭넓은 논의가 필요한 필수적 요소가 된 점이다.

성경은 인간 공동체 갈등의 본질을 '하나님과 원수 상태에 빠져 있는 모든 인간의 영적 갈등'임을 역설하고 있다(엡 2:1-22). 다시 말해 아담 곧 인류의 죄로 말미암아 하나님과의 갈등과 투쟁이 나타나게 되었으며, 그 결과가 유대인과 이방인의 갈등임을 암시한다. 창세기는 '뼈 중의 뼈요 살 중의 살 - bone of my bones and flesh of my flesh'(창 2:23)이라 고백했던 아담과 하와의 완벽한 관계가 죄로 인하여 '그 여자 - The Woman'(창 3:12)로 타자화되는 과정을 보여준다. 죄는 하나님과 인간의 관계뿐 아니라 인간과 인간 사이를 타자화시킨다. 그래서 사도 바울은 공동체 안의 적대관계를 해소하는 방법으로, 그들 서로를 위한 화해의 노력에 초점을 맞추는 것이 아니라 하나님과 화평케 하는 수직적 복음을 의지하여 공동체 안에서 수평적 화해 창조의 사명을 선포한다. 캐서린 애쉴리만(Kathryn Acshliman, 1993)은 예수 그리스도로 말미암아 하나님과의 평화를 경험한 개인에 주목한다. 죄로 인하여 비-인간화(De-humanization)된 개인은 십자가에서 화해를 이루신 그리스도를 통해 자신을 재-인간화(Re-humanization)할 수 있다. 십자가의 은총은 하나님과 화평을 이루게 할 뿐 아니라 거듭난 그리스도인으로 하여금 타인과의 상호적 관계 공동체의 화평을 구현할 내적 동력이 된다.

> "너희는 그 은혜에 의하여 믿음으로 말미암아 구원을 받았으니 이것은 너희에게서 난 것이 아니요 하나님의 선물이라 … 그는 우리의 화평이신지라 둘로 하나를 만드사 원수 된 것 곧 중간에 막힌 담을 자기 육체로 허시고 … 또 십자가로 이 둘을 한 몸으로 하나님과 화목하게 하려하심이라 원수 된 것을 십자가로 소멸하시고"(엡 2:8, 14, 16)

성경은 '그리스도인과 교회는 사적 존재(Private Being)인 동시에 공적 존재(Public Being)'임을 보여준다. 개인적 차원에서 하나님의 사랑을 깊게 체험한 사람이 이웃과 소통하며, 이들을 향한 섬김과 사랑을 통해 하나님 나라를 전파할 수 있다. 이는 '하나님 사랑'과 '이웃 사랑'의 두 축이 상호 의존하고 일치될 수 있는 '경천애인'(敬天愛人) 정신의 구현을 통해 이루어진다. 하나님과의 수직적인 관계에서 새롭게된 그리스도인은 하나님 나라가 이 땅 가운데 임하도록 사람들의 수평적인 관계 속에서 공동체 안에 거룩한 공간(Holy Space)을 만들어낼수 있다(함승수, 2019, p. 19).

마태복음 22장에서 예수님은 율법사와의 대화를 통해 경천애인의 삶을 가장 큰(μεγαληγορία) 계명[1]으로 천명하셨다. 하나님의 초월적인 사랑(ἀγαπήσεις)[2]은 이웃을 네 자신(σεαυτόν)과 같이 사랑하라

---

1) 본문에서 사용한 '크다'(μεγαληγορία)라는 말은 정도나 계급에 대하여 사용될 때 최상급으로 '제일 중요한'이라는 의미를 가진다.
2) 본문에서 사랑하라는 단어는 무조건적인 사랑을 뜻하는 '아가파오'(ἀγαπάω)의 미래

고 명령한다. 자신을 사랑하는 것은 의지적 노력을 넘어선 마땅한 행위이다. 예수님의 가르침은 너를 먼저 사랑하고 그 남은 사랑으로 이웃을 사랑하라는 순차적 사랑이 아닌, 이웃에 대하여 그가 마치 '내자신'인 것처럼 사랑하는 적극적인 형제적 연합을 요청하고 있다. 이것이 "너희는 서로 사랑하라"(요 13:34)라는 그리스도의 새 계명이다.

이러한 경천애인의 정신은 한국교회와 그리스도인 개인의 구원을 넘어서 공동체적 차원을 포함하는 사회적 책무가 있는 삶을 전제한다. 그리고 통일 후 사회통합이라는 변혁을 이루어 내는 실천으로 나가야 한다고 도전한다. 그러므로 하나님과 평화를 이룬 개인은 평화를 이루지 못한 깨어진 공동체 속으로 들어가 화평을 구현할 책무를 지닌다. 하나님의 조건 없는 사랑을 경험한 교회와 그리스도인은 그 사랑을 확장하여 공동체를 돌보고 사랑하는 삶을 마땅히 살아내야 하는 것이다.

> "둘째, 한국교회는 통일 후 사회의 안정과 발전을 이끌어 갈 수 있도록 '기독교 복지관'을 세우도록 한다. 이를 통해 남북한 주민들의 심리적 안정을 도모하고 통일 시대에 필요한 역량을 갖출 수 있도록 돕는다(엡 4:4-6)."

통일코리아는 발전된 국가가 되어야 한다. 발전이라는 개념은 '정치적으로 민주화되고, 경제적으로 발전되며, 안전한 사회적 복지체계가 구비되고, 교육을 통한 성장의 기회가 주어지는' 등의 다양한 가치

시제인 '아가페 세이스'(ἀγαπήσεις)를 사용하고 있다. 이것은 감정적인 표현을 넘어서 앞으로 감당해야 할 사랑의 책무가 있음을 내포한다.

가 함축된 개념으로서, 주어지는 것이 아니라 함께 만들어가는 것이다. 따라서 한국교회는 통일코리아 사회발전의 핵심적 지표를 상정하고, 이를 구체적으로 이루어낼 수 있는 통합적인 전략을 갖추고 있어야 한다.

통합적인 전략은 크게 두 가지 측면을 고려해야 한다. 하나는 사회발전을 이끌 수 있는 기독교적 역량을 구축하는 것이고, 다른 하나는 사회통합을 이끄는 심리적 상담의 역할을 감당하는 것이다. 이는 창세기 1장 28절을 통해 교회와 그리스도인에게 주신 세상과 사회를 발전시켜야 할 창조명령(The Creation Mandate)과 마태복음 22장 37절의 경천애인 정신에 따라 사회통합을 이루어내야 할 대명령(The Great Commandment)을 통해 확인된다. 따라서 한국교회는 '기독교 통합 복지관'을 통해 사회발전과 사회통합을 위한 역할을 감당해야 한다.

독일의 통일 후 모습은 체제 통합의 한계와 숙제가 무엇인지를 구체적으로 보여준다. 이는 사회적으로 발생하는 '구조적 문제'와 새로운 체제와 사회로 인해 겪게 될 '심리적 문제'를 포괄한다. 먼저 구조적 측면에서 통일 직후 약 200만~300만 명에 이르는 동독인 실업자가 배출되었다. 시장경제체제로의 전환 과정에서 경쟁력이 없다고 판단되는 동독 산업시설을 청산하면서 대규모로 실업자가 발생한 탓이다. 동독인들은 약 1/3 이상의 일자리가 바뀌어서 사회적 지위의 상승과 하락을 동시에 경험했다(전성우, 1995:69). 서독의 경우에도 통일 이후 늘어난 세금 부담[3]이 고스란히 서독 사람들에게 전가되어 이로

---

3) 참고로 2019년 한 해 징수된 통일세의 규모가 2019년 한 해 기준으로 약 189억 유로, 한화로 약 25조 1,370억 원에 이른다.

인한 불만이 여기저기에서 터져 나왔다. 심리적 측면에서 서독 중심의 통일로 인하여 체제 우위를 인정받은 서독 사람들이 동독 사람들에 대한 우월의식을 가지게 되었고, 반면 동독인들은 높은 자의식에도 불구하고 동독에서 통용되던 행위 준거의 틀과 확실성이 더 이상 유효하지 않은 것으로 치부되어 '이등 국민' 의식을 가지게 되었다(권오성, 1995:97). 동독 사람들은 서독 사람들을 오만한 '베씨'(Wessi)라고 불렀고, 서독 사람들은 동독 사람들을 무능한 '오씨'(Ossi)라고 부르며 서로 비하했다는 것은 잘 알려진 사실이다.

잦은 교류와 협력에도 불구하고 발생한 독일의 사회 갈등 양상은 한반도 통일이 어떠한 유형으로 이루어져도 구조적이며 심리적인 갈등을 피할 수 없다는 것을 보여준다. 또한 남한과 북한의 단절된 관계와 비교할 때, 활발한 교류와 준비가 있었던 서독과 동독이 겪은 사회적 혼란은 통일에 있어 사회적 통합을 이뤄야 할 한국교회의 역할이 얼마나 중요한지를 보여준다.

통일이 되면 남한은 급격한 노동시장 변동에 따른 임금과 고용의 문제에 직면하게 될 것이고, 통일 비용 등 통일로 촉발된 경제적 부담에 어려움을 겪을 가능성이 높다. 북한의 주민들 역시 노동시장의 변동에 대한 혼란은 물론이고 실업과 인플레이션 등 이전에 경험해보지 못한 새로운 문제에 직면하게 될 것이다. 지배계급 역시 그동안 향유하던 혜택을 더 이상 누릴 수 없게 되어 신분 격하와 생활 수준의 저하를 경험하게 될 것이다. 여기서 주목할 부분은 남북한 모두 통일 편익에 대한 기대가 있을 것인데, 만약 통일 후 사회가 실제적인 삶의 질을 향상시키지 못하는 경우 심리적 갈등이 유발될 수 있다는 점이다. 기대가 충족되지 못하면 통일에 대한 불만뿐 아니라 이전 삶에 대한 향수[4]가 생길 수 있다.

남한과 북한은 분단 이후 70년이란 긴 시간 동안 이질화된 사회 속에서 살아왔다. 통일의 주역이 될 청소년들의 간극은 더욱 커 보인다. 남한의 청소년에게는 다원화, 다문화, 개인주의, 경쟁, 국제, 개방 등으로 상징되는 '원심력이 강한 문화'가 형성되어 있는 반면, 북한의 경우 단일화, 획일화, 집단주의, 전체주의 등 '구심력이 강한 문화'가 형성되어 있다. 서로의 다름으로 인한 사회 혼란은 불가피하지만, 이렇듯 이질적인 두 세대가 준비 없이 만난다면 통일 후 갈등의 양상은 증폭되고 장기화될 수밖에 없다. 특히 옛 가치와 제도를 대체할 새로운 규범과 가치 체계가 자리 잡지 못할 경우 무규범(Anomie)과 도덕적 위기 상황을 맞을 수 있다는 점을 한국교회는 염두에 두어야 한다.

사회의 통합은 남북한 구성원 모두에게 새로운 사회와 삶을 요구하기 때문에, 새로운 사회를 살아갈 수 있는 역량과 더불어 사회를 지탱할 수 있는 새로운 규범과 가치 체계를 필요로 한다. 그러므로 한국교회는 통일 이후 사회적 통합의 기초를 세우는 데 필요한 '제도적 결속'과 '심리적 결속'의 필요성[5]을 이해하고, 이를 실현할 수 있는 구체적이며 통전적인 준비를 해야 한다. 이는 단순히 수혜적이며 단편적인 복지지원 정책을 넘어서는 것이다. 따라서 한국교회는 고용과 실업

---

4) 독일 통일 후 동독 지역의 주민들이 경험한 '오스탈지어'(Ostalgier)가 대표적인 예이다. 오스탈지어는 동쪽을 의미하는 오스트(Ost)와 향수를 의미하는 노스텔지어(Nostalgia)의 합성어로, 구 동독 주민들이 통일 후 독일에 실망하며 과거 동독 체계에 대한 그리움에 젖어 있는 것을 지칭한다.
5) '제도적 결속'이 새로운 사회, 경제 체제에 적응하여 뿌리내릴 수 있는 통일한국 시대의 '역량 증진'에 관한 것이라면, '심리적 결속'은 통일 시대의 의식과 문화의 통합으로 사람의 통합을 위해 서로를 인정하고 관용하는 '심리적 안정'에 관한 것이다.

의 문제로부터 과도기적 체제 전환 시대에 일어날 수 있는 다양한 문제를 해결하기 위한 '기독교통합 복지관'을 설립할 필요가 있다. 이를 통해 남북 주민들의 심리적 상담뿐 아니라 통일코리아 발전에 필요한 역량 교육을 통해 사회통합과 발전에 이바지할 수 있어야 한다.

> "셋째, 한국교회는 북녘에 '기독교 학교'를 설립하여 복음 전파와 인재 양성의 사명을 감당하도록 한다. 또한 실력과 신앙을 겸비한 기독교 인재를 양성하여 통일 후 사회 발전을 이끌어 가게 한다(빌 2:1-4)."

기독교 학교는 '실력과 신앙을 겸비한 기독교 인재'를 양성하여 복음 전파와 나라 발전의 초석이 되어 왔다. 한국 근대교육의 시작은 선교사와 교회들이 세운 기독교 학교의 시작과 맥을 같이하고 있다. 기독교 학교는 근대 학교 교육뿐 아니라 서구 근대성이 이식되는 통로였고, 일제강점기 시기에는 민족정신을 고취하고 기독교 신앙으로 다져진 일꾼을 양성하는 데 중요한 공헌을 하는 등 민족적 일꾼과 지도자를 낳는 모태가 되었다. 무엇보다 실력과 신앙을 겸비한 기독교 인재를 양성하여 나라 발전의 화수분 역할을 해온 것이 사실이다. 통일 후 기독교 학교를 세워야 할 이유가 여기에 있다. 기독교 학교는 '복음화'되고 '제자화'된 기독교 인재를 양성하여 사회통합과 사회발전을 이끈다는 측면에서 무엇보다 중요하다.

통일은 분단의 시간만큼이나 크게 이질화된 남한과 북한 사회의 재구조화(再構造化)를 요청하는데, 사회의 근본적인 재구조화는 교육을 통해서 이뤄진다. 교육은 개인적으로 선천적인 소질을 발견하고 발전시켜 온전한 삶을 살 수 있도록 할 뿐 아니라 공동체적으로 문화와 역사를 전수하여 사회의 존속과 변혁을 위한 기반을 만들기 때문이다. 재건주의 학자로 알려진 브라멜드(Brameld, 1950)는 "문화라는 것은 저절로 재건되지 않고 그냥 방치해 두면 그 스스로의 실패와 갈등에 의하여 필연적으로 붕괴되고 말기 때문에 교육은 이와 같은 문화와 사회 재건의 과제에 집중적으로 헌신할 수 있으며, 또 헌신해야 한다."라고 말했다. 교육의 주된 목적 중 하나는 문화 및 사회를 재건하는 것이다. 따라서 한국교회는 남한과 북한의 민족 정체성을 재조정하여 하나의 발전된 문화로 재건할 수 있도록 기독교 학교를 설립해야 한다.

통일 후 세워야 할 기독교 학교[6]는 실력과 신앙을 겸비하게 하는 통전적인 학교로서 "그리스도인 교사와 학생들이 기독교적 세계관과 교육과정을 가지고 교수하고 학습하는 기독교적인 학습의 장, 기독교적인 학문공동체"로 규정할 수 있다(박은조, 1999:29-30). 즉 기독교 학교는 실력과 신앙의 두 축이 파편적으로 존재하는 것이 아니라 유기적으로 통합된 교육을 실시하는 학교로서, 복음화(Evangelism)되고 제

---

6) 기독교 학교란 '기독교'와 '학교'라는 두 단어의 조합을 통해 보다 선명하게 정의할 수 있다. '복음화'를 중요한 가치로 두는 '기독교'와 '전문성'을 중요한 가치로 두는 '학교'가 어떻게 조합되고, 어느 부분을 강조하는가에 따라 기독교 학교의 의미가 보다 선명해진다. 기독교 학교의 유형은 아래와 같으며 본 해설서에서 지향하는 기독교 학교는 기독성과 전문성이 통합되어 있는 C 모델의 학교이다.

기독교 학교의 유형		기독성 추구	
		약함	강함
전문성 추구	약함	기독교 학교 없음	(분리 모델) 미션스쿨(a)
	강함	(분리 모델) 기독교계 학교(b)	(통합 모델) 기독교 학교(c)

[표1] 기독교 학교의 유형

자화(Discipleship)된 기독교 인재를 양성하는 전문화된 교육기관을 의미한다.

기독교 학교는 기독교 건학이념에 따라 인간성을 개발하고 사회발전에 필요한 역량을 가르치며, 문화유산을 전승하여 발전시키는 일련의 교육을 기독교적으로 실현해야 한다. 이를 위해 기독교에 관하여 가르치는 것(teaching about)이 아니라 기독교 교육(teaching of)을 하는 학교로서 교육을 통해 기독교 정신을 구현하는 학교가 기독교 학교의 바른 모델이라고 할 수 있다(고용수, 2001:12). 기독교 학교의 교육과정은 일반 학교의 교육과 구별되어야 한다. 단순한 인지적 수월성을 높이는 차원이 아니라 지식의 주인이 하나님이심을 고백하며 하나님께서 주신 다양한 지능을 높이는 확장된 개념의 수월성 교육이 되어야 한다. 또한 경천애인의 정신을 구현할 수 있게 하는 협동과 상호존중의 공동체적 교육이 되어야 한다. 기독교 학교의 인재상은 수직적으로는 하나님과의 관계가 기반이 되어 온 민족의 복이 되라(창 12:1)는 부르심을 따라 복의 소유자가 아닌 복의 유통자로서, 하나님 나라가 이 땅 가운데 임하게 하는(마 6장 10절) 수평적 관계를 추구하는 사람이다. 이러한 교육목적을 가지고 인재를 양성하기 위해서는 무엇보다 교사가 중요하다. 기독교 학교의 교사는 가르치는 자에서 양육하는 자로 자기 인식의 변화가 있어야 한다. 기독교의 진리는 아는 것과 행동이 일치된 야다(יָדַע)적인 지식이기 때문에, 기독교 학교의 교사는 말이 아닌 삶을 통해 진리를 담아내는 자가 되어야 하며, 주어진 교과목을 기독교적으로 재해석하여 일반 교육과정 안에서 진리를 담아낼 수 있도록 노력해야 한다.

선교 초기 한국교회는 힘써 기독교 학교를 세우고 지원하는 체계적인 구조를 갖추고 있었다. 선교회 계통의 기독교 학교는 '선교부 교육위원회 및 교육연합회'가 조직되어 있었고, 한국교회가 설립한 학교를 위해서는 교단 산하의 '학무국'(學務局)[7]이 만들어져 있었다. 특히 학무국 안에는 학무위원들이 있어 지역별 학교를 감독 및 지원하는 역할을 하였으며, 교육과정과 교육 자료 개발 등을 위한 교육과정위원들을 별도로 두어 기독교 학교의 교육을 지원하였다. 장로교단의 경우는 노회 및 총회 시에 각 학교의 상황을 보고하도록 함으로써 교회와 기독교 학교 간의 지원체계를 확립하였고, 총회 차원에서 대정부 교섭을 하고 학교의 신설 및 폐지 등의 업무를 돕는 역할을 감당하였다.

이와 같이 한국교회는 통일 후 기독교 학교의 설립 및 재건, 운영을 위한 체계적인 계획과 전략을 세워야 한다. 북한에 기독교 학교를 설립하는 것은 향후 북한에 어떤 교육을 구현할 것인가에 대한 국가수준의 구상 속에서 이루어져야 하며 한국교회의 공동체적인 관점을 가지고 설립되어야 할 것이다. 이를 위해서 남한의 기독교 학교가 겪은 시행착오를 반복하지 않고 자율성이 보장된 기독교 학교가 설립될 수 있는 청사진을 그려야 한다. 그리고 이를 실현하기 위한 교육제도에 대한 연구가 계속되어야 한다.

하나님께서 통일을 허락하시면 한국교회는 한반도 전국 곳곳에 기독교 학교를 설립하여 기독교 교육을 함으로써 통일한국의 다음

---

7) 학무국은 대한제국 때 학교와 외국 유학생에 관한 일을 맡아보던 관청이다. 초기 한국교회는 소속 기독교 학교를 위해 학무국을 교단별로 세웠다.

세대가 하나님 나라의 일꾼으로 양성되도록 준비해야 한다. 한반도는 물론 분쟁과 전쟁이 있는 세계를 하나님의 공의와 사랑, 평화의 나라로 변화시키는 비전을 바라보면서 시대적 소명을 감당해야 할 것이다.

> "넷째, 한국교회는 남북한 선교의 사명을 감당해야 한다. 이를 위해 교회는 단순한 예배당이 아니라 지역사회를 섬기고 체계적인 기독교 교육을 제공하여 남북한 주민들이 함께 살아가는 터전이 되어야 한다(행 2:42-47)."

교회는 개인과 교회의 담을 넘어 이 세상 속에서 하나님의 뜻을 이루고, 하나님 나라를 확장하는 사명을 가지고 있기에 그리스도인들은 하나님의 백성으로서 이 세상 속에서 어떻게 살아가야 하는지 교회를 통해 배우고 훈련되어야 한다. 그러나 기존 교회는 예수 그리스도를 통한 복음 전파와 개인의 신앙생활, 교회 확장에 관심을 쏟아왔기 때문에 사회적 실천에 대한 관심이 부족했던 것이 사실이다.

토마스 그룹은(1983) 하나님의 나라야말로 교회가 지향해야 할 모든 목적을 포괄하는 목적 위의 목적, 즉 궁극적 목적(Meta-Purpose)이 된다고 강조하였다. 제임스 파울러(1986) 역시 교회는 '하나님 나라의 맥락 안에서 창조적인 제자직 교육'을 해야 한다고 주장하였는데, 이러한 논의는 하나님 나라를 이루어야 할 교회의 궁극적 목적을 드러낼 뿐 아니라 그 목적을 감당할 수 있는 교회의 역할이 무엇인지 제시한다. 이는 교회가 개인의 영혼 구원이나 개인적 신앙생활을 지도하는 것에 머물러, 기독교 신앙을 개인화시키고 탈사회화시켜선 안 된다는 것을 함축한다. 교회는 성도들을 단순한 교회인(church-person)으로 만드는 것을 넘어 하나님의 백성으로서 자신을 인식하고, 하나님 나라를 선포하신 예수 그리스도의 사역을 뒤이어, 오늘 여기에서(Here and Now) 하나님 나라를 확장해 나가시는 성령의 역사에 동참할 수 있도록 이끌어야 한다.

교회는 통일 후 공동체를 회복하고 발전시킬 수 있어야 한다. 이것은 교회의 공적 책무인데, 기독교 신앙은 본질적으로 공동체적이기 때문이다. 촘촘하게 네트워크되어 있는 사회의 문제들은 이미 개인의 노력만으로 해결할 수 없게 되었다. 모든 문제는 개인의 문제이자 공동체의 문제이며, 공동체의 문제는 동시에 개인의 문제가 되었다. 따라서 그리스도인들은 개인의 삶에 매몰되지 않고 공동체를 향해 있어야 하며, 교회는 가난하고 억압받는 이웃을 위해 현실을 변혁하는 역할을 감당할 수 있어야 한다. 이는 인생의 전 과정을 통해 수행되어야 할 뿐 아니라 사회적이며 관계적으로 실현되어야 한다(Volf, 2014, 김명윤 역, p. 142).

따라서 한국교회는 통일 후 북녘땅에 예배당 중심의 교회가 아니라 공동체를 형성하고 이 안에서 더불어 살아갈 수 있도록 지역사회를 섬기는 역할을 감당하는 교회로 존재해야 한다. 성경이 말하는 섬김은 단순한 수혜적 행위를 넘어서 더불어 살아가는 공동체에 대한 지향으로 나타난다. 사도 바울은 고린도 교회에 대한 권면[8]과 사도행전의 기록을 통해 더불어 살아가는 유무상통(有無相通)의 초대공동체

---

8) "이는 다른 사람들은 평안하게 하고 너희는 곤고하게 하려는 것이 아니요 균등하게 하려 함이니 이제 너희의 넉넉한 것으로 그들의 부족한 것을 보충함은 후에 그들의 넉넉한 것으로 너희의 부족한 것을 보충하여 균등하게 하려 함이라"(고후 8:13-14)

모습[9]을 잘 기록하고 있다.

성경이 말하는 섬김은 돌봄이 필요한 자들에 대한 실천적 행위를 동반하여 믿음으로 한 지체가 될 뿐 아니라 물건을 서로 통용하고 재산과 소유를 팔아 서로의 필요를 따라 나누어 주는 실천적 나눔을 강조하고 있다. 이것이 하나님 나라 '공동체'의 모습이다. 이는 사회주의 개념과 같은 강제적 나눔이 아니라 사랑의 통치에 따른 인격적 교제와 다스림의 회복에 따른 자발적 나눔의 모습이다. 고린도 교회와 사도행전 속 기독교 공동체의 모습은 통일 후 교회의 영향력이 사회 속으로 흘러가야 할 이유를 제시한다.

통일 후 사회통합을 위해서는 개인의 희생과 자발적 자유 포기 등이 요구되며 이를 가능하게 하는 집합적 가치 의식이 필요하다(에밀 뒤르케임, 노치준, 민혜숙, 2017). 그리고 이 집합적 가치 의식에 영향을 줄 수 있는 교회의 역할은 아무리 강조해도 지나침이 없다. 성서적 권위에 따라 성도들의 삶에 영향력을 주는 기독교의 전통은 사회통합의 과정에서 한국교회와 성도들의 역할과 책무가 무엇인지를 보여준다. 그것은 그리스도께서 이 땅 가운데 오신 자발적 복종을 따르는 삶이며, 하나님의 나라가 이 땅 가운데 임하게 할 빛과 소금의 역할에 대한 책무라 할 수 있다. 십자가의 자기희생과 자기 부인은 사회통합의 과정에서 발생할 다양한 수고스러움을 내 것으로 삼을 수 있는 토대가 되며, 고아와 과부를 돌보는 참된 경건에 대한 가르침은 현실 세계를 변혁시키는 실제적 명제가 된다. 기독교는 시대의 동류의식(kind

---

9) "믿는 사람이 다 함께 있어 모든 물건을 서로 통용하고 또 재산과 소유를 팔아 각 사람의 필요를 따라 나눠 주며"(행 2:44-45)

consciousness)을 강화할 뿐 아니라 보편적 가치를 창출하여 집단의 행동규범을 제공할 수 있다. 이것이 교회가 할 수 있는 거룩한 역할이다.

기독교는 '교회'라는 공동체를 통해 준거집단의 역할을 감당할 뿐 아니라 가치관과 행동의 준거들을 제시한다. 그 좋은 예가 실향민을 품은 한국 초기 기독교의 공동체성이다. 고향을 뒤로하고 낯선 남한의 땅으로 내려온 실향민들의 혼란은 교회라는 공동체를 통해 상당 부분 해결되었다. 이전에 삶을 지탱해 오던 방식과 규범들이 낯선 남한 땅에서 의미 있는 역할을 하기 어렵게 되었지만, 공동체로서 교회는 실향민들의 정서적 고향뿐 아니라 새로운 사회에 정착할 수 있는 새로운 가치와 규범을 제공하였기 때문이다. 교회의 공동체성은 새로운 사회에 적응할 수 있는 재사회화의 동력이 된다.

III. 나가는 말

기독교 신앙을 '세상 속에서 그리스도인의 삶의 모습은 어떠해야 하는가?'에 대한 답을 찾는 과정이라고 할 때, "세상의 빛과 소금이 되라"는 예수님의 가르침은 그리스도인과 교회가 세상 속에서 어떻게 존재해야 하는지 명백하게 보여준다. '겨자씨와 누룩의 비유'는 세상 속에 침투하여 하나님 나라의 천착을 위해 사명을 감당해야 할 그리스도인의 공적 사명을 분명하게 보여준다(마 13:31-33; 막 4:30-32; 눅 13:18-21). 따라서 그리스도인과 교회는 통일 후 세상의 공공선

(common goods)을 드러내는 빛과 소금이 되어야 하며, 세상 속에서 공공성을 구현할 겨자씨와 누룩이 되어야 한다.

한국교회는 오랜 기간 주체사상과 북한식 사회주의 속에 살던 북한 주민들이 복음으로 회심할 수 있도록 그들을 섬기며 직접적인 관계를 맺을 수 있어야 한다. 더 나아가 그리스도의 제자로 살아갈 수 있도록 교회는 실제적이며 구체적인 섬김을 위한 체계적인 방안을 가지고 있어야 한다. 여기에는 단순한 교회 설립을 넘어서 통일코리아 시대의 공동체성을 형성하는 데 필요한 구체적인 방안이 포함되어야 한다. 이는 경천애인의 가르침을 뿌리로 하여 하나님 사랑과 이웃 사랑 정신이 통일코리아 시대에 흘러갈 수 있도록 하는 '기독교 통합 복지관' 설립과 '기독교 학교' 설립 등을 통해 구체화될 수 있다.

구한말 이 땅에 전파된 복음은 단순한 신앙의 영역이 아닌 사회 전반을 새롭게 하는 기폭제가 되었음을 우리는 잘 알고 있다. 병원이 세워지면서 보편적인 돌봄과 치료가 가능해졌고, 선교사와 교회를 통해 설립된 기독교 학교는 근대교육과 문명을 이식했을 뿐 아니라 사회발전의 화수분이 되었다. 교회가 사회를 선도한 자랑스러운 역사가 우리 앞에 있는 것이다.

통일 후 예상되는 다양한 시대 변화를 예측하며 한국교회가 사랑의 섬김과 실천을 감당할 때 초대공동체에 기록된 그 부흥의 역사가 우리 앞에 현실로 이루어질 것을 믿는다.

"믿는 사람이 다 함께 있어 모든 물건을 서로 통용하고 또 재산과 소유를 팔아 각 사람의 필요를 따라 나눠 주며 날마다 마음을 같이하여 성전에 모이기를 힘쓰고 집에서 떡을 떼며 기쁨과 순전한 마음으로 음식을 먹고 하나님을 찬미하며 또 온 백성에게 칭송을 받으니 주께서 구원 받는 사람을 날마다 더하게 하시니라"(행 2:44-47)

참고문헌

고용수. "기독교학교의 종교교육". 「기독교교육」. 통권 389호, 2001.

김영한. "독일 통일과 교회의 역할". 『민족 통일과 한국 기독교』 (서울: IVP, 1994).

김도일. "남북한 교과서 비교분석을 통한 통일교육 모색을 위한 연구". 「장신논단」 VOL. 45 (2013), 205-231.

뒤르테임 에밀. 『종교 생활의 원초적 형태』 (서울: 민영사, 1992).

박은조. 『하나님이 기뻐하시는 학교』 (서울: 예영커뮤니케이션, 1999).

권오성. 『독일 통일과 교회의 노력』 (서울: 고려글방, 1995).

이철민. "동독인 57% '난 독일의 2등 시민'" 「조선위클리비즈」. http://weeklybiz.chosun.com.에서 2019. 10. 13. 인출.

전성우. "동서독 통일과정의 사회학적 함의". 「경제와 사회」, 26 (1995) p. 10~53.

함승수. "평화교육을 통한 기독교 통일교육 방향 연구." 「기독교교육정보」, 62 (2019), 187-216.

함승수. "코로나19 이후, 새로운 기독교 통일교육 과정 개발에 관한 연구". 「기독교교육정보」, 66 (2020), 259-294.

Kathryn, A. *Growing toward peace* (VA: Herald Press, 1993).

Moltmann, J. 『하나님의 이름은 정의이다』 (서울: 21세기교회와 신학포럼, 2011).

Volf, M. 『광장에 선 기독교』 (서울: 한국기독학생회출판부, 2014).

제 9 장
북녘에 교회 세우기

첫째, 통일 후 북녘에 교회 세우기는 한국교회가 합의한 '북한교회 재건 원칙'의 정신을 계승하며, 변화된 상황과 여건에 따라 한국교회가 연합하여 발전시켜 나간다(엡 4:2-3).

둘째, 통일 이후 북한에 확산할 가능성이 높은 이단과 사이비 문제에 대해서는 한국교회 연합 차원에서 원칙을 세워 공동으로 대응한다.

셋째, 통일 후 북한 선교는 경쟁적 성과주의를 지양하고 모든 교단이 선교지 분할 협의를 통해 진행하되, 북한교회의 참여와 협력을 통해 추진해야 한다.

Ⅰ. 들어가면서

　다양한 통일·북한선교의 1차적 지향점은 결국 '북녘에 (유·무형의) 교회 세우기'를 향해서 가는 것이다. 물론 북녘에 교회를 세우는 것의 궁극은 세계선교를 통한 하나님 나라의 확장이며 그 사명을 감당하기 위한 출발점이 바로 북한 복음화, 한반도 복음화인 것이다. 그러므로 제9장의 "북녘에 교회 세우기"는 '통일선교언약'에서 대단히 중요한 의미를 갖는다고 할 수 있다.

　본 언약에서는 북녘에 교회를 세우는 데 있어서 다음의 세 가지 원칙을 담고 있다. 첫째, 통일 후 북녘에 교회 세우기는 한국교회가 합의한 '북한교회 재건 원칙'의 정신을 계승하며, 변화된 상황과 여건에 따라 한국교회가 연합하여 발전시켜 나간다(엡 4:2~3). 둘째, 특히 이단과 사이비 문제에 대해서는 한국교회 연합 차원에서 원칙을 세워 공동으로 대응한다. 셋째, 통일 후 북한 선교는 경쟁적 성과주의를 지양하고 모든 교단이 선교지 분할 협의를 통해 진행하되, 북한교회의 참여와 협력을 통해 추진해야 한다. 본 9장에서는 앞에서 언급한 '북녘에 교회 세우기'의 세 가지 원칙 안에 담겨 있는 북한교회 재건 3원칙, 이단 사이비 대응, 선교지 분할이라는 세 가지 키워드를 중심으로 설명해 나가고자 한다.

II. '북녘에 교회 세우기' 세 가지 원칙

A. 한국교회가 합의한 '북한교회 재건 원칙'의 정신 계승
(북한교회 재건 3원칙)

"첫째, 통일 후 북녘에 교회 세우기는 한국교회가 합의한 '북한교회
재건 원칙'의 정신을 계승하며, 변화된 상황과 여건에 따라 한국교회
가 연합하여 발전시켜 나간다(엡 4:2-3)."

북한교회 재건에 대한 논의를 하기에 앞서서 먼저 언급해야 할 중
요한 논제는 '북녘에 교회를 누가 세울 것인가?'이다. '북한교회재건운
동'이 본격적으로 펼쳐지면서 생겨난 대표적인 비판인 동시에 반드시
확인해야 할 논제는 '북한교회 재건의 주체가 누구인가'의 문제이다.
비판적 시각을 가지고 있는 단체에서는 '남쪽 교회가 북한교회 건축에
대한 재정만 확보하면 북한교회 재건의 주체가 되는 것인가?'라며 문
제를 제기했고, 북한의 조선그리스도교련맹에서도 남한교회의 일방적
인 계획과 모금에 대하여 비판하며 공화국의 교회는 공화국 주민들이
알아서 할 일임을 밝히기도 하였다. 또한 '재정 확보만으로 진정한 의
미의 북한교회 재건이 이루어지는가?' 등의 비판이 회자되었다.

교회 설립의 주체, 특별히 북한교회 재건의 주체에 대한 논의를
위해서는 먼저 본질적인 의미의 교회 설립의 주체에 대하여 말씀하
고 있는 성경으로 돌아가서 그 의미를 찾아야 한다. 신약성경에서 '교
회'(ἐκκλησία)라는 단어가 처음으로 등장한 것은 마태복음 16장 18
절과 마태복음 18장 17절 두 곳이다. 이 두 곳 모두 예수께서 직접 사

용하셨다는 데 특별한 의미가 있다. 그런데 여기서 필자가 특별히 주목하고자 하는 구절은 마태복음 16장 18절이다.

> "또 내가 네게 이르노니 너는 베드로라 내가 이 반석 위에 내 교회를 세우리니 음부의 권세가 이기지 못하리라"
> κἀγὼ δέ σοι λέγω ὅτι σὺ εἶ Πέτρος, καὶ ἐπὶ ταύτῃ τῇ πέτρᾳ οἰκοδομήσω μου τὴν ἐκκλησίαν, καὶ πύλαι ᾅδου οὐ κατισχ ύσουσιν αὐτῆς
> (헬·한·영 대조 신약성경, 1986, p. 125).

여기에서 주목하고자 하는 내용은 "내가 이 반석 위에 내 교회를 세우리니"(καὶ ἐπὶ ταύτῃ τῇ πέτρᾳ οἰκοδομήσω μου τὴν ἐκκλησίαν)이다. 이 구절에서 예수님은 친히 자신이 교회 설립의 주체이심을 선포하고 계신다. 다시 말해서 초대교회에서부터 지금의 현대교회에 이르기까지 교회 설립의 주체와 진정한 의미의 소유가 모두 그에게 있음을 선언하고 있는 것이다.

그러므로 북쪽뿐 아니라 남쪽 역시, 그리고 지구촌 어느 곳에서 세워지는 교회든 교회 설립의 주체와 소유는 사람이 아닌 예수님이며, 예수께서 그 자신의 소유인 교회를 친히 세우신 것이다. 그러하기에 북녘에 교회 세우기의 주체는 온전히 예수 그리스도이심을 남북의 모든 교회가 고백하며 북녘에 교회 세우기를 시작해야 할 것이다.

특별히 '내 교회를 세우리니'에서 '세우리니'(οἰκοδομήσω)는 건축 용어로서 '건설하다', '확장하다'의 의미를 갖고 있다(라형택, 1997, p. 341). 예수께서 자신의 교회를 세우실 뿐만 아니라 그 교회의 확장도 진행하심을 약속하고 계신 것이다. 이는 하나님 나라 확장의 도구로서 교회를 사용하심을 의미한다. 그러므로 복음통일과 북녘에 교회 세우기는 궁극적으로 통일코리아를 통한 하나님 나라의 확장, 즉 세계선교의 도구로서의 북녘 교회임을 믿어야 하며, 세계선교 즉 하나님 나라 확장의 주체도 예수 그리스도이심을 고백해야 할 것이다.

또한 북한교회 재건의 주체와 더불어 진지하게 고민해야 할 논제는 '북한교회는 무엇을 위해 존재해야 하는가?'이다. 사도행전 2장 42-47절에 기록된 초대교회의 모습을 보면, "저희가 ① 사도의 가르침을 받아 ② 서로 교제하며 떡을 떼며 ③ 기도하기를 전혀 힘쓰니라 … 날마다 마음을 같이 하여 ④ 성전에 모이기를 힘쓰고 집에서 떡을 떼며 기쁨과 순전한 마음으로 음식을 먹고 ⑤ 하나님을 찬미하며 …"라고 기록하고 있다. 즉 교회의 존재 목적이 말씀, 교제, 기도, 찬양임을 보여주고 있다. 다시 말해서 '예배'가 교회의 존재 목적이라는 것이다. 그리고 이 '예배'가 온전히 드려질 때 초대교회는 온 백성에게 칭송을 받고, 주께서 구원받는 사람을 날마다 더하게 하셨다'. 이 말은 온전한 예배가 이루어질 때 사람들에게 칭찬받을 뿐 아니라 하나님께서도 부흥의 역사를 허락하심을 말씀하고 있는 것이다. 또한 고린도전서 12장 12-13절에는 "몸은 하나인데 많은 지체가 있고 몸의 지체가 많으나 한 몸임과 같이 그리스도도 그러하니라 우리가 유대인이나 헬라인이나 종이나 자유자나 다 한 성령으로 세례를 받아 한 몸이 되었고 또 다 한 성령을 마시게 하셨느니라"고 말씀하고 있다. 교회는 개인으로 존재하는 것이 아니라 예수 그리스도를 머리로 하는 한 몸, 한 공동체로 존재한다는 것이다.

최근 코로나19 팬데믹의 상황에서 한국교회를 비롯한 세계교회는 전염 예방을 위한 교회 내에서의 집회 제한으로 인한 예배의 자유가 훼손되었다. 이에 대하여 교회는 분노하면서 동시에 예배의 본질에 대한 깊은 성찰과 반성의 시간을 갖게 되었다. 오랜 기간 제한된 시공(時空) 안에 모여서 드리던 익숙한 예배만이 온전한 예배라고 하는 외형적 형식에 대하여 깊은 회의(懷疑)를 갖게 된 것이다. 이를 통해 정해진 시공 안에서 드리던 예배는 물론이거니와 시공의 제한성을 초월하여 흩어져 있는 상황 속에서도 성도들이 소통의 형식을 통하여 하나님의 임재를 느끼고 그리스도를 머리로 영적으로 교통하며 하나 될 때도 영적 공동체를 이루어 갈 수 있음을 경험하게 되었다. 이는 집회의 제한성을 가지고 있는 북쪽의 성도들과 남쪽의 성도들도 소통이 이루어질 수만 있다면 하나님의 임재 안에서 영적으로 교통하여 그리스도를 머리로 하나 됨의 공동체를 이루어 갈 수 있음을 보여주는 것이다.

이처럼 북한교회 재건의 본질적인 주체는 예수 그리스도이며 북한교회 재건의 궁극적 목적은 하나님의 임재를 경험하는 예배의 회복임을 전제하면서 북한교회재건운동과 북한교회 재건 3원칙에 대하여 논의해 나가고자 한다.

통일 후 북녘에 교회를 세우는 일에 가장 적극적이고 구체적으로 남쪽에서 진행된 것은 사단법인 한국기독교총연합회 남북교회협력위원회 산하의 북한교회재건위원회를 통하여 진행된 '북한교회재건운동'이다. 북한교회재건위원회는 1992년부터 1995년까지 3년간 북녘 교회에 대한 많은 자료를 수집하여 해방 전 북녘에 존재했던 교회 중

2,850개(추후 1999년에는 3,040교회 주장)를 우선 확인하고, 북녘 교회를 다시 회복해야 한다는 사명감을 가지고 북한교회재건운동을 시작하였다. 그리고 1995년 6월 12일, 한국기독교총연합회 남북교회협력위원회 산하에 북한교회재건위원회가 공식적으로 49개의 교단과 13개 기관의 참여와 공인으로 설립되면서 더욱 활기를 띠게 되었다(북한교회재건위원회편, 1997, pp. 41~43).

또한 해방 전 북녘에 있던 2,850개의 교회에 대하여 대한예수교장로회 합동과 통합 교단을 비롯한 각 교단의 교회들이 적극적으로 재건 담당 교회를 입양하여 기도 후원과 재건비용 헌금 운동을 본격적으로 시작하게 되었다(한국기독교총연합회 10년사 발간위원회, 2002, p. 191).

북한교회재건위원회는 북녘 교회 세우기에서 가장 중요한 길잡이가 될 '북한교회재건 3대 원칙'을 다음과 같이 발표하였다(한국기독교총연합회, 1996, p. 52).

① 북한에 교회를 세우고자 하는 모든 교회나 단체가 연합하여 창구를 일원화한다.
② 북한에는 교파교회를 지양하고 단일 기독교단을 세운다.
③ 북한에 독립적이고 자립적인 교회를 세운다.

북한교회재건위원회는 『북한교회재건백서』를 통하여 다음과 같이 밝히고 있다(한국기독교총연합회 북한교회재건위원회 편, 1997, pp. 88~100).

첫 번째 원칙인 창구 일원화는 '연합의 원칙'으로서 선교현장에서 빈번하게 발생하는 경쟁적 선교 경향의 방지와 북한이라는 특수한 선교지에 대한 과열 현상을 막기 위함이라고 위원회는 밝히고 있다. 또한 통일 후 북한의 문호개방 속도에 따른 적절한 조절 역할을 통하여 우후죽순으로 교회 설립이 진행되지 않고 질서 있게 선교가 진행되도록 하기 위하여 모든 교단이 연합하여 창구를 일원화해야 한다.

두 번째 '단일 기독교단의 원칙'은 교회의 머리 되신 그리스도가 한 분이시니 그의 몸 된 교회도 하나이어야 하므로 사분오열된 남쪽 교회의 모습을 북한에서 또다시 재현하지 말고 하나 되는 기회로 삼아야 한다는 것이다. 그렇지 못할 경우 경쟁적 교파주의가 오히려 북한 복음화에 부작용과 역효과를 낳을 수 있기 때문이다. 단, 단일 기독교단을 세울 경우 발생하는 신학의 문제와 교회 정치의 문제는 각 교회가 선택하여 운영할 수 있기에 문제가 되지 않는다. 대정부, 대사회적인 부분도 단일 기독교단으로 한목소리를 낼 수 있어야 사회적인 영향력을 가지게 된다. 따라서 남쪽에서의 개교회주의를 지양하고 연합의 정신으로 그리스도 예수의 한 몸 된 하나의 교회로 재탄생해야 한다.

마지막 세 번째는 '독립의 원칙'으로, 북한 지하교인들이 북한 복음화의 핵심이 되어야 한다는 것이다. 북녘에 세워지는 교회가 남쪽 교회만 의지하려 하거나 남쪽 교회가 북녘 교회를 계속 지배해 나가려고 해서는 안 된다. 또한 남한교회의 분파주의, 명예욕, 물질주의, 기복신앙, 권위주의, 개교회주의 등의 병적 현상들을 전염시켜서는 안 되며, 가르치려고 하기보다는 형제교회로서 자립하고 독립된 교회로 성장하도록 겸허히 섬겨야 한다.

북한교회재건위원회는 이러한 '북한교회 재건 3대 원칙'을 통하여 북한에 최소 1만 5천 개의 교회가 세워지는 것을 목표로 북한교회 재건운동을 펼쳤다. 그 첫 시작이 해방 전 북녘에 존재했던 2,850개의 확인된 교회였으며 이 교회들을 중심으로 사역을 계획하고 추진하였다(김중석, 1997).

　　혹자는 '북한교회재건운동'을 북녘에 '교회 건물 세우기 운동'이라며 건물 중심의 북한교회 재건으로 폄하하기도 하였다. 하지만 실제로 이 운동에 참여한 김상복 목사를 비롯하여 많은 실향민 목사들과 관계자들은 북녘의 무너진 무형교회의 회복을 위해 기도하며 이 운동을 추진하였고, 더불어 북녘 교회의 회복을 담을 유형교회의 재건을 실천하였다. 이 운동의 시작은 1990년 6월 29일 쌀 1만 가마, 800톤이 사랑의쌀나누기운동본부를 통하여 북한에 전달되면서부터이다. 이때부터 한국교회의 구체적인 남북교류가 시작되었고, 지속적인 양식 지원이 이루어졌는데, 그러던 중 1994년 7월 8일 김일성 주석이 갑작스럽게 세상을 떠나면서 실제적인 통일이 눈앞에 다가와 있는 듯이 느껴지게 되었다. 무형교회의 회복은 물론이거니와 구체적이고 실제적인 유형교회, 즉 북한교회 재건을 진행하지 않으면 안 될 상황이 된 것이다. 김상복 목사는 『북한교회재건백서』(김상복, 1997)의 발간사에서 다음과 같은 고백을 하였다.

> 우리가 그렇게도 소원해 오던 민족의 통일이 이제 매우 가까이 다가와 있다는 느낌을 금할 수 없다. 하나님의 손길이 바쁘게 움직이고 계신다. 북한의 경제적 상황, 남북적십자 간의 협력, 다가오는 4자 회담, 케도(KEDO)의 빠른 진행, 나진-선봉지역의 개발 참여, 황장엽 씨와 북한 주민들의 탈북 물결, 남한교회의 북한동포 돕기, 하나 되기, 기독교 통일정책의 합의, 활발해지는 탈북자 돕기운동, 북한교회 재건의 계획 완료 등

과거에 보지 못했던 사건들이 줄지어 일어나고 있다. 특히 북한교회 재건 계획의 완성은 한국교회에 엄청난 의미가 있다. … 한국교회 역사에서 북한 복음화를 위한 이와 같은 구체적인 계획이 전 교계적 합의와 협력하에 이루어진 적은 없었다. 준비가 무르익으면 하나님께서 통일의 문을 열어주실 것이다.

김상복 목사는 민족의 통일이 매우 가까이 다가와 있기에 통일을 준비하기 위해서는 구체적인 북한교회재건운동이 시급하였음을 보여주고 있다. 또한 김상복 목사와 함께 북한교회재건위원회 총무를 맡았던 김중석 목사 역시 그의 저서 『북한교회재건론』에서 북한교회재건위원회에서 채택한 '북한교회재건위원회 결성의 시급성'이란 결의문을 다음과 같이 소개하고 있다(김중석, 1998, pp. 83~87).

> ① 한반도 통일의 날이 다가오기 때문에 범교회적인 '북한교회 재건위원회' 결성이 시급하다.
> ② 경쟁적 선교를 지양하기 위하여 범교회적인 '북한교회재건위원회' 결성이 시급하다.

이 내용에서 보듯이 북한교회재건위원회에 참여하였던 대다수의 교단과 목회자들은 통일의 날이 코앞까지 다가왔다고 느끼며 교회의 구체적인 통일준비를 위하여 '북한교회재건위원회'를 서둘러 결성하고 진행하였다. 그러나 북한교회재건운동의 본의는 김중석 목사 등(1997)이 밝힌 것처럼 총체적 전도운동(Wholistic Evangelism), 종합적 구원-전인 구원(全人救援)이었다.

북한교회재건운동은 범교단적·범교회적으로 실제로 가까이 다가 온 통일을 바라보며 특별히 북녘에서 내려온 분단 1세대 월남 목회자들을 중심으로 기도하고 연구하며 벌인 의미 있는 운동이었다. 따라서 그 운동의 방향키가 된 '북한교회 재건 3대 원칙'의 정신을 계승하여 북녘에 교회 세우기의 초석으로 삼는 일은 역사적 맥을 이어가는 대단히 중요한 의미를 갖는 것이다.

B. 이단과 사이비에 대한 연합 차원에서의 공동 대응

"둘째, 특히 이단과 사이비문제에 대해서는 한국교회 연합 차원에서 원칙을 세워 공동으로 대응한다."

북녘 교회를 세우는 데 있어서 교회 안의 이견들은 대화를 통하여 협의하고 협력하여 원칙을 세우며 해결해 나갈 수 있다. 그러나 대화를 통하여 협의할 대상이 될 수 없는 이단과 사이비의 문제는 북한 복음화에 있어서 계속적인 장애가 될 수밖에 없다. 남쪽 교회 가운데서도 이단 문제로 인하여 수십 년 동안 기도하며 운영되어온 정상적인 교회가 무너지고 계속적으로 어려움을 겪는 모습을 너무도 많이 봐왔다. 그러므로 통일 이후 세워질 북녘 교회는 올바른 신학과 교리 가운데 세워져 나가야 함은 두말할 필요가 없다. 사도 바울은 갈라디아서 1장 8절에서 "그러나 우리나 혹 하늘로부터 온 천사라도 우리가 너희에게 전한 복음 외에 다른 복음을 전하면 저주를 받을지어다"라며 다른 복음을 전하는 이단에 대하여 강력하게 경고하고 선을 긋고 있음을 확인할 수 있다. 통일 후 북녘에 복음을 전함에 있어서 이단과 사이비의 문제는 통일 이전부터 연합적으로 강력하게 대응하고 철저히 준비하며 경계하여야 할 사안임에 틀림이 없다.

그러나 최근 기사와 발표된 자료들에 의하면 통일선교에 대한 이단들의 발표와 행보는 대단히 심각한 우려를 자아내고 있다. 최근 우리나라의 코로나19 전염 확산의 온상이 되어 사회적으로 심각한 물의를 일으킨 신천지는 북녘 선교에서도 우려할 만한 행보를 보이고 있다.

「국민일보」는 2019년 1월 14일 자 미션 면에서 '北선교 이단·사이비 경계령…조직적 침투 움직임'이란 제목으로, 남북화해의 틈을 타고 이단들의 속내가 드러나고 있음을 밝히며 통일선교를 준비하는 한국교회가 이들의 침투를 경계하고 철저한 대비책을 마련해야 한다고 했다. 특별히 대표적인 이단인 신천지 교주 이만희가 "북한 당국이 15만 명이 들어갈 수 있는 경기장 대관을 허락했다"며 "통일부만 허락하면 신천지 성도 20만 명과 함께 2019년 9월에 평양에서 만국회의를 진행할 수 있다"라고 공언했다. 하지만 다행히 통일부가 허락하지 않아 성사되지 않았다.

한국오픈도어 북한선교연구소(2019)에 따르면 신천지는 2018년 5월 위장 봉사단체 만남을 앞세워 임진각에 '조국통일선언문'이란 비석을 무단 설치하였다. 거기에는 "경서를 기준으로 한 신앙은 종교통일을 이룰 수 있다"는 내용을 담고 있으며, 비석 하단에 조국통일선언문을 발표한 주체를 국민대표 33인이라고 명시하고 33인의 대표를 이만희로 적고 있다고 하였다. 신천지는 민통선 이북에 위치한 철원 평화문화광장에도 세계평화선언문이란 비석을 설치했으며, 고성 통일전망대에도 비슷한 이름의 비석을 세웠다고 밝혔다. 이러한 행보는 신천지가 북한선교에까지 그들의 포교영역을 확대하고 있음을 확인시켜 주는 것이다. 심지어 「현대종교」(2016)에 따르면 신천지가 북한선교를 미끼로 조선족을 포교에 사용하고 있어 국내 포교에 북한선교를 도구로 사용하고 있음이 밝혀졌다.

또한 북한을 대상으로 가장 폭넓게 활동하고 있는 이단은 잘 알려진 대로 통일교이다. 통일교는 2018년도부터 한반도 평화와 평화통일, 세계 평화를 주제로 '신통일한국 희망전진대회'를 개최하고 있으며 2019년 5월 17일 일산 킨텍스 대회에는 제임스 울시 전 미국 중앙정보국(CIA) 국장, 댄 버튼 전 미국 하원의원, 김승로 대한체육회 사무총장, 국회의원 등 40여 개국 정계, 종교계 인사를 포함하여 10만여 명이 참석하는 행사를 진행했다(연합뉴스. 2019. 5. 17.). 문선명의 3남인 문현진은 '통일을 실천하는 사람들(통일천사)'이라는 NGO를 만들고 중도보수 성향의 시민단체들과 연대해 통일캠페인을 벌이고 있으며(통일을 실천하는 사람들 홈페이지 http://www.koreaunited.kr 참조), 2019년 3.1운동 100주년 기념 콘서트에서 1만여 명 앞에서의 인사말을 통해 '코리안 드림'을 통일비전으로 제시하기도 하였다. 또한 국내외 통일 외교 전문가 400여 명을 초청하여 '2019 원코리아국제포럼'을 개최하고 기조연설을 통해 '코리안 드림'을 강조하며 통일외교 분야에서도 역량을 확대해 나가고 있다(연합뉴스 2019. 10. 22.).

연합뉴스는 2019년 5월 8일 "통일교 한학자 총재 내년(2020) 평양 방문 준비…김정은 이미 초청"이라는 제목의 기사에서, 2019년 1월 1일에 김정은 위원장에게서 초청장을 이미 받았다고 하였고, 문선명 탄생 100주년인 2020년에 통일교 세계평화국회의원연합에 참여하는 전 세계 국회의원 900명이 함께 북한을 방문하는 방안을 가지고 있다고 밝히기도 하였다. 하지만 다행히 이는 성사되지 못하였고, 100주년 행사에 조선아시아태평양평화위원회 김영철 위원장의 이름으로 북쪽의 축하 화환만 오는 것으로 마무리되었다(연합뉴스 2020. 1. 30.).

특히 통일교는 북한 내에서의 사업적 역량과 활동에 있어 정통교회와 비교할 수 없을 정도의 규모와 전략을 발휘하고 있다. 장기적인 활동을 통하여 통일교는 교주 문선명의 생가를 성지로 복원하고 평화항공여행사, 평화무역, 보통강호텔, 세계평화센터 등 다양한 사업을 통하여 자리를 확고히 구축하고 있다. 잘 알려진 바대로 남북 최초 합영 기업인 평화자동차를 2013년에 북한에 무상으로 양도함으로써 이를 계기로 북한 내에서의 통일교 입지는 더욱 확고해졌다(「현대종교」, 2019. 9. 18). 이런 사업적 분야뿐만 아니라 평양 세계평화센터 내에 통일교 공식교회인 평양가정연합교회가 이미 세워져 있다는 것은 종교단체, 특히 정상적인 교회로서 북한의 인정을 이미 득하고 있음을 보여준다.

이 외에 전혀 예상하지 않았던 이단 중에 북한선교에 꾸준한 활동을 지속한 이단은 제칠일안식일교회(이하 안식교)이다. 안식교는 중국에서 유일하게 합법적인 종교로 인정받은 이단이며, 분단 이전 평양 순안을 중심으로 활동하였고, 삼육국제개발보호기구인 '아드라'(ADRA)를 통해 1995년부터 본격적으로 아동 영양 지원·에너지 개발·병원개선사업, 평양 빵공장 등을 10년 동안 운영해 오다가 2005년 철수하였다(「크리스챤투데이」, 2007. 10. 11). 그러나 2018년부터 다시 대북협력사업 방향성을 모색하고 있다. 안식교는 오래전부터 전 교회 차원에서 십일조의 1%를 북한선교를 위하여 비축하고 있으며, 자체적으로 북한 개척 선교사 교육 및 평신도 북한선교사 훈련 등 선교 인력 양성에도 신경을 쓰고 있다. 2018년 11월 삼육대와 평양과기대는 상호협력을 위한 업무협약(MOU)를 체결하기도 했다(「중앙일보」, 2018. 11. 18). 특별히 안식교는 '희망의 소리'(Adventist World Radio)라는 라디오 방송을 통해 방송을 통한 북한 접근 및 사역도 실시하고 있다. 그리고 탈북민 중에는 실제 안식교 라디오 방송을 북한 내에서 청취한 경험이 있다는 증언도 확인된다(한국오픈도어즈 북한연구소, 2019). 안식교는 2018년 9월 현재 북한 신도 수가 866명이라고 발표할 정도로 적극적인 포교를 진행하고 있다(「현대종교」, 2019. 9. 18).

국내 탈북민에게 가장 두드러지게 사역을 진행하고 있는 이단교회는 이재록의 만민중앙교회이다. 이재록은 자신의 딸을 앞장세워 탈북민들에게 매월 생활비와 쌀, 여러 가지 반찬 등을 제공하고 있다. 심지어는 북한 관련 부서를 담당하고 있는 탈북민 사역자까지 만민중앙교회에 이름을 얹고 지원비와 지원 물품을 받는 심각한 실정이다.

또한 박옥수의 기쁜소식선교회는 2012년 1월 9일 그의 설교에서 『죄 사함, 거듭남의 비밀』 1만 권을 인쇄하여 중국인 신자들을 통해 북한에 배포하였다고 주장하였다. 그리고 서울성락교회(김기동 목사)는 북한 출신인 김신조를 앞세워 탈북민들을 전도하고 있다. 또한 중국에 개척한 교회를 통하여 북한 사역을 진행하고 있으며 베뢰아의 신앙서적들을 북한에 유입시키는 일을 진행하고 있다(한국오픈도어즈 북한연구소, 2019).

통일선교에 있어서 이단과 사이비의 문제는 통일 이후만의 문제는 아니다. 이들은 복음통일을 준비하고 있는 작금에도 하나님께서 북한 선교의 첨병으로 이 땅에 보내주신 3만 4천여 명의 탈북민을 향한 통일선교에 많은 장애를 만들고 있다. 따라서 이단과 사이비의 문제는 통일 이후의 문제로 미루어서는 안 된다. 또한 대규모 물량공세로 진행하고 있는 이단과 사이비의 전도 방식은 탈북민들로 하여금 근본적으로 정통교회에 대한 부정적 인식을 가지게 할 뿐만 아니라 진리 자체에 대한 신앙과 믿음은 사라지고 황금만능주의 신앙을 자리 잡게 하여 결국 하나님께 영광을 돌리기보다는 황금송아지를 만들게 되는 우를 범하게 될 것이다. 특히 탈북민들이 건강한 목회자와 성도로 양육받지 못하고 이단이나 사이비에 오염된 채 통일 이후 북녘의 고향으로 돌아갈 경우에는 한국교회가 감당하지 못할 심각한 문제들을 야기할 것이다. 그러므로 통일 이전부터 연합적으로 이단과 사이비에 대한 철저한 준비와 대응 방안들을 준비해야 할 것이다.

C. 경쟁적 성과주의를 지양하고 선교지 분할 협의

"셋째, 통일 후 북한 선교는 경쟁적 성과주의를 지양하고 모든 교단이 선교지 분할 협의를 통해 진행하되, 북한 교회의 참여와 협력을 통해 추진해야 한다."

한국교회 선교사들의 경쟁적 성과주의는 선교지 현장에서 여러 가지 심각한 문제점들을 양산하고 있다. 한국선교신학회와 한국복음주의선교신학회가 주최한 제9차 공동학회에서 한국선교의 4대 문제

점에 대하여 김승호 교수는 다음과 같이 주장하였다. 첫째로 '한국사회와 한국교회의 성장주의와 성과주의의 선교지 이식', 둘째로 '네비우스(Nevius) 선교 원리의 불이행', 셋째로 '교단과 선교계의 분열과 과다 경쟁', 넷째로 '문화 이식적인 선교'이다(「기독일보」, 2017. 6. 12.).

그런데 필자는 이 네 가지 문제점의 공통분모는 결국 '경쟁적 성과주의'라고 본다. 세속화된 성공주의 신학에 의한 가시적 성과주의 선교가 과도한 선교사들 간의 경쟁과 분열, 단기간의 성과를 위한 문화 이식적 선교 그리고 무엇보다 선교지 선택에 있어서 "땅끝까지 이르러 내 증인이 되리라"(행 1:8)는 주님의 명령을 어기고 성과가 있을 만한 곳을 선택하는 특정 선교지 편중을 가져온 것이다.

또한 네비우스의 자치(自治), 자립(自立), 자전(自傳)의 3자 원칙은 초기 한국교회의 성장원리가 되어주었다. 하지만 원주민에게 맡겨서는 단기간 내에 많은 열매, 즉 성과가 나오지 않기 때문에 결국 선교사 자신이 모든 것을 카리스마적으로 주관하여 교회를 계속적으로 성장시키고 확장함으로써 성공을 이루는 성장주의와 성과주의에 몰입하게 되는 것이다. 게다가 이러한 성과를 유지하기 위해서는 계속적인 한국교회의 지지와 후원, 사역에 대한 직접적인 개입과 원격사역이 있어야 하는데, 이것을 위한 선교사의 역할 문제 등으로 인해 원주민에게 교회가 이양되지 않고 자치, 자립이 건강하게 이루어지지 못하고 있는 것이다.

그리고 '교단과 선교계의 분열과 과다 경쟁'의 문제 또한 선교사 개인적인 성장, 성과주의, 공로주의가 교단과 선교단체에 확대된 것이다. 선교지에서의 교단 간 혹은 선교단체 간 주도권 다툼 역시도 결국은 성장과 성과주의에서 기인한 것이다. 김승호 교수(2017)의 말처럼 "한국 선교사들은 선교지에서 하나님 나라의 확장을 위한 협력과 동역보다는 선교사 자신, 소속 교단, 혹은 선교단체의 성과와 성공에 더 관심을 두고 있다."

마지막으로 '한국 교회의 성공을 현지에 그대로 이식'하는 것이야말로 성공, 성과주의의 대표적인 경우라고 할 수 있다. 한국에서 성공하였으니 선교지에서도 성공한다고 생각하며 타문화(북녘)에 대한 고려나 배려가 없이 자문화(남쪽) 그대로 적용을 강요하는 자문화 우월주의(ethnocentrism)나 자문화 우선주의, 현지인 문화를 존중하지 않고 미개하다고 여기거나 경시하는 태도, 현지인의 방법과 문화 안에서는 성공할 수 없고 단기간에 성과를 거두기도 힘들다고 여겨 선교사가 주도하는 자문화 중심 선교의 근저에는 성공, 성과주의가 자리 잡고 있다. 또한 이러한 선교사 주도형의 성공은 결국 개척한 선교지 교회 및 부속건물들의 사유화로 이어지기도 한다. 이를 극복하기 위해서는 선교사의 사역 연한과 재배치에 대한 세부조항이 교단 및 연합기관 차원에서 준비되고 지켜져야 한다.

이처럼 경쟁적 성공, 성과주의를 극복하지 않고는 북녘 복음화가 건강하게 자리 잡을 수 없다. 그렇다면 이러한 문제들을 어떻게 극복해 나갈 것인가?

이를 위해 무엇보다 중요한 것은 북녘에서 선교를 진행하는 선교사와 파송교회 또는 후원교회가 선교의 본질적인 의미에 대한 성경적 이해와 자기성찰이 있어야 하고, 적극적인 교육이 절실하게 필요하다. 아울러 가시적 성과로 선교사역의 실패와 성공 여부를 평가하는 잘못된 풍조가 북녘 선교에서는 더 이상 반복되지 않아야 한다. 더불어서 북녘 선교가 교단과 선교단체들 간의 경쟁이 아닌 협의와 협력의 대상이 되어야 한다. 이를 위해서는 선교사들 간의 관계도 중요하지만 무엇보다도 교단과 선교단체들 간의 적극적인 연합과 협력의 관계가 먼저 형성되어야 한다.

또한 앞에서 북한교회 재건 3대 원칙에서 언급한 대로 '연합의 원칙', '단일교단의 원칙', '자립의 원칙'이 잘 지켜져야 한다. 특히 한국교회 초기선교에서 자립의 원칙이 잘 지켜진 것이 한국교회 성장의 중요한 이유가 되었던 것처럼, 북녘 교회의 남쪽 교회 의존도를 처음부터 낮게 잡고 자립적으로 운영될 수 있도록 개척 초기부터 자립의 원칙을 세워나가야 한다. 이를 위해 파송 교단과 단체들이 연합기관을 통하여 함께 협력하고 연대함으로써 교회 간 빈익빈 부익부의 격차가 생겨나지 않도록 조율하며 진행해 나가야 한다. 따라서 통일 이전부터 단일교단과 자립의 원칙을 실천할 수 있는 교단 연합 수준의 협의기구, 즉 연합의 원칙을 감당하기 위한 연합기구가 반드시 준비되어야 하고, 이를 실행하기 위한 세부사항을 합의해 나가야 한다.

특별히 통일 후 북녘에 교회를 세우고 선교하는 데 있어서 성공 및 성과주의를 극복하기 위해서는 한국교회 초기 선교사들의 선교전략에서 지혜를 배울 필요가 있다. 그들은 효율적인 선교사역을 위해서 교단, 교파주의를 뛰어넘어 함께 연합하고 협의하여 선교지를 분할하였다. 그럼으로써 조선 땅 어디에서도 복음을 접할 수 있도록 하였다.

이에 대하여 북장로교 선교사 휘트모어(N. C. Whittemore)는 1934

년 한국개신교 선교희년 기념식에서 "한국선교 역사에서 가장 놀라운 특징 가운데 하나는 6개 선교회로 구성된 장감연합공회 사이에 맺어진 선교지 분할 협정이었다"라고 고백하였다. 한국교회 초기선교에서 '선교지 분할 협정(Comity of Missions)'의 과정을 보면 1888년 아펜젤러의 주도로 장로교와 북감리교 사이에 선교지 분할이 논의되기 시작하였고, 1892년 1월에는 장로교 선교지 분할위원회가 결성되었다. 그리고 그해 5월 감리교회와 3차례의 협의를 거쳐 6월 11일 장감 대표들 사이에 다음과 같은 선교지 분할 협정 초안(박용규, 2014, pp. 601~602)이 나오게 되었다.

1. 일반적으로 소도시들과 그 주변 지역들에 대한 공통적 점유는 우리의 각 선교회에 유익한 방법이 아니다. 그러나 5,000명이 넘는 항구 도시와 읍들은 공통으로 점유되어야 한다.
2. 5,000명 미만의 읍에 그 지역을 담당하는 선교사에 의해 하나의 선교구가 설치될 때 그곳은 해당 선교회에 의해 점유된 것으로 간주되어야 한다. 다른 선교회가 그곳에서 사역을 시작하는 것은 권장할 수 없다. 그러나 그곳에서 사역의 공백 기간이 6개월 이상 지속될 경우 그곳은 다른 선교회의 선교가 가능한 개방된 선교지로 간주한다.
3. 사역을 시작하거나 확장시키고 싶어 하는 선교회는 모든 선교지에 신속히 세력을 미치기 위해 점유되지 않은 지역을 우선적으로 고려해야 한다고 강력히 권고하는 바이다.
4. 우리는 각 교회의 신도들이 다른 교단으로 옮길 교유한 권리가 있음을 인정한다. 그러나 한 교회에 교인 혹은 후보자로 이름을 등록한 사람은 그 교회 담당자의 이명서가 없이는 다른 교회로 영입될 수 없다.
5. 여러 교회의 권징에 대해서는 우리가 상호 존중하기로 가결한다.
6. 섬기고 있는 당사자의 이명서가 없을 경우 다른 선교회는 모든 사역 분야의 조사, 학생, 교사, 조력자들을 영입해서는 안 된다.

7. 일반적으로 서적들은 무료로 주지 않고 팔아야 하며 가격이 균일해야 한다.

이 초안을 내용으로 1893년 1월 23일, 장로교 선교회와 감리교 선교회는 한국 내에서의 불필요한 선교 경쟁을 피하고 선교를 효율적으로 진행하기 위해 교계 이양이라는 선교지 분할 협정을 체결하였다. 그러나 발효되지 못하다가 1905년 장감연합공회가 결성되면서 선교지 분할 협정이 활발하게 진행되게 되었다. 이로 인해 재정의 낭비와 선교 시 마찰을 극복하여 효율적인 선교가 가능하게 되었다. 단 특정 지역에 한 가지 신학만 존재함으로 인한 문제점과 교파에 따른 지방색 강화, 군소 교단에 대한 본의 아닌 배제의 문제를 가지게 되었다(박용규, pp. 602~607).

130여 년이 지난 지금 북녘 복음화에 있어 선교사나 파송교단의 교파주의나 공로주의, 성공주의나 성과주의를 극복하기 위해서는 초교단적인 연합과 선교지 분할협정을 통한 효율적인 선교가 진행되어야 한다. 특별히 이 일들을 진행해 나갈 때 소외되는 군소교단이 없어야 하며, 특정 지역, 특정 교단의 선교로 말미암아 발생하는 지방색의 극복 역시 철저하게 분석하여 대안을 마련해야 할 것이다. 특별히 선교지 분할협정은 남쪽 교회만의 연합이 아닌 북녘 교회까지 적극적인 참여와 협력이 이루어지는 가운데 진행되어야 할 것이다.

II. 나오면서

제9장에서는 '북녘에 교회 세우기'를 위하여 붙잡고 가야 할 세 가지 원칙에 대하여 살펴보았다.

첫째로 한국교회가 합의한 '북한교회 재건 원칙'의 정신 계승(북한교회 재건 3대 원칙)에 대하여 언급하였다. 한국교회는 통일 후 북녘의 교회를 세우는 데 있어서 한국교회가 합의한 북한교회 재건 3대 원칙을 계승 발전시켜 나가야 한다. 즉 연합의 원칙, 단일 기독교단의 원칙, 자립의 원칙이다. 먼저 통일 이후 북녘의 선교현장에서 발생할 수 있는 경쟁적 선교 경향, 북한이라는 특수 선교지에 대한 과열 현상, 특정 지역 편중 등의 여러 가지 문제를 미리 방지하고 조율하여 질서 있게 북녘 교회 세우기가 진행될 수 있도록 하는 연합된 창구가 있어야 한다. 그런데 여기서 북녘 교회 재건의 주체는 연합기구나 사람이 아닌 예수 그리스도가 교회의 주인이 되시고 설립의 주체가 되어야 한다. 두 번째로 북녘에서는 교파주의와 교단 간 경쟁이나 다툼이 없도록 단일 기독교단의 원칙을 지켜나가야 한다. 세 번째는 한국교회 초기 네비우스 정책을 수용하여 자립의 원칙을 지킴으로써 외부(남쪽) 의존적인 교회가 아닌 북녘 교회 스스로 자립하고 독립적인 교회 운영이 가능하도록 자립의 원칙을 지켜나가야 한다.

둘째로 이단과 사이비에 대한 연합 차원의 공동 대응(이단 사이비 대응)에 대하여 언급하였다. 통일 이후는 물론 통일 이전부터 이단과 사이비에 대하여 연합 차원에서 공동으로 연구하고 철저하게 대비해 나감으로써 통일 이후 북녘에서는 이단 문제가 생기지 않도록 준비해

나가야 한다. 특별히 하나님께서 남쪽 교회에 미리 보내주신 3만 4천여 명의 탈북민들이 이단과 사이비에 오염되지 않도록 한국교회가 참된 진리와 신앙으로 이끌고 양육하여 이들이 고향에 돌아갔을 때 북녘 복음화의 첨병 역할을 감당하도록 해야 한다.

마지막 셋째로 경쟁적 성과주의를 지양하고 선교지 분할 협의(선교지 분할)를 연합기구 차원에서 진행해 나가야 한다. 한국교회 초기 선교사들은 장로교회와 감리교회가 중심이 되어 장감연합공회를 결성함으로써 선교지 분할협정을 맺고, 타 교단임에도 불구하고 자신의 선교지를 분할받은 교단에 이양함으로써 불필요한 선교 경쟁을 통한 성공주의, 성과주의를 피하고 선교를 효율적으로 진행하였다. 이처럼 통일 이후 북녘 선교에서도 연합한 교단들이 북녘 선교지 분할 협의를 통하여 선교를 진행하되, 북녘 교회의 적극적인 참여와 협력 가운데 진행되어야 한다.

앞에서 언급하였듯이 남쪽 교회는 물론 북녘 교회도 설립의 주체가 주님이시고 그 교회의 확장과 성장도 주께서 주장하셔야 한다. 이 사실을 겸손히 믿으며 한국교회가 그리스도를 머리로 한 몸이 되어 에베소서 4장 2-3절의 말씀처럼 "모든 겸손과 온유로 하고 오래 참음으로 사랑 가운데서 서로 용납하고 평안의 매는 줄로 성령의 하나 되게 하신 것을 힘써 지킴"으로써 복음통일과 세계선교를 감당하는 교회가 되기를 바란다.

참고문헌

한국기독교총연합회 북한교회재건위원회 편. 『북한교회재건백서』 (서울: 도서출판 진리와 자유, 1997).

한국기독교총연합회 북한교회재건위원회 편. 『무너진 제단을 세운다』 (서울: 도서출판 진리와 자유, 1995).

곽안련. 『한국교회의 네비우스 선교정책』 (서울: 기독교서회, 1994).

김중석 외. 『평화통일과 북한복음화』 (서울: 쿰란출판사, 1997).

박용규. 『한국기독교회사(증보판)』 (서울: 생명의말씀사, 2004).

민경배. 『한국기독교회사(신개정판 3쇄)』 (서울: 연세대학교출판부, 1995).

이만열. 『민족통일을 준비하는 그리스도인』 (서울: 도서출판 두란노, 1994).

한국기독교역사연구소북한교회사집필위원회. 『북한교회사』 (서울: 한국기독교역사연구소, 1996).

한국기독교총연합회 이단사이비문제상담소. 『이단사이비종합자료 2004』 (서울: 한국교회문화사, 2004).

한국기독교총연합회 이단사이비문제상담소. 『이단사이비종합자료 II』 (서울: 한국교회문화사, 2007).

한국성서연구원. 『헬한영 대조 신약성경』 (서울: 브니엘출판사, 1986).

한국기독교총연합회10년사발간위원회(김수진). 『한국기독교총연합회 10년사』 (서울: 쿰란출판사, 2002).

한국기독교총연합회북한교회재건위원회(이찬영). 『북한기독교100장면』 (서울: 도서출판 소망사, 2000).

김중석. 『북한교회재건론』 (서울: 도서출판 진리와 자유, 1998).

라형택. 『신약장절 분해성경』 (서울: 도서출판 로고스, 1997).

G. Thomson Brown, 이광순 역. "마포삼열 네비우스 선교방법" 「장신논단」. 제6집. (1990) 18~31.

김현웅. "북한교회재건전략". 「인문과학연구」 (전주: 전주대학교 인문과학종합연구소, 2003). 제7호. 83~110.

한국오픈도어북한선교연구소. "통일선교와 이단문제". 「북한개발소식」 7월호 (서울: 한국오픈도어 북한선교연구소, 2019).

Clark C. A. *korean Church and Nevius Methods*. New York: Fleming H. Revell Co.. 1928

현대종교(2016. 10. 10). "북한선교 미끼로 포교하는 조선족 신천지"
    http://www.hdjongkyo.co.kr/news/view.html?smode=&skey=%BA%CF%
    C7%D1%BC%B1%B1%B3&skind=both&sterm=uset&ssdate=2016-01-
    01&sedate=2016-12-31&section=22&category=1001&no=14955
현대종교(2019. 9. 18). "북한 문 두드리는 이단, 이단 문 두드리는 탈북민"
    http://www.hdjongkyo.co.kr/news/view.html?skey=%C3%D6%C0%E7%BF%B5
    &x=0&y=0&section=22&category=1006&no=16757

국민일보(2019.1.14.) http://news.kmib.co.kr/article/view.asp?arcid=0924056340
연합뉴스(2019. 5. 17) https://www.yna.co.kr/view/AKR20190517161700005
연합뉴스(2019. 5. 8) https://www.yna.co.kr/view/AKR20190508142900005
연합뉴스(2019. 10. 22) https://www.yna.co.kr/view/MYH20191022003800508
크리스챤투데이(2007. 10. 11) http://www.christiantoday.us/11312#
통일뉴스(2016. 8. 29)
    http://www.tongilnews.com/news/articleView.html?idxno=117928
기독일보(2017. 6. 12)
    https://www.christiandaily.co.kr/home/news/services/print.php?article_id=76521
중앙일보(2018. 11. 18) https://news.joins.com/article/23111577#none
UPI 뉴스 https://www.upinews.kr/newsView/upi201908160058

제 10 장

통일 이후의 교회 사명

첫째, 통일코리아 교회는 한국교회·코리안 디아스포라 교회·세계교회와 그리스도의 한 몸을 이룬다. 통일코리아 교회는 구속사적 삶으로 교회 구성원 간에 일어날 수 있는 남남갈등, 북북갈등, 남북갈등을 해결하는 주체가 되며 통일코리아의 사회 공공영역에서 일어날 갈등 전환과 해결을 선도한다.

둘째, 통일코리아 교회는 통일을 종착점이 아닌 출발점으로 인식하여, 통일코리아의 국력을 통해 세계 곳곳의 열악한 환경에 있는 국가를 대상으로 복음전도와 사회봉사 등의 선교적 사명을 감당해 나간다(마 3:11).

셋째, 통일코리아 교회는 분단으로 인해 동북아의 섬처럼 존재했던 한반도가 대륙과 대양으로 이어지는 영토의 변화를 통해 세계선교의 구속사적 사명을 감당하는 선교허브국가가 되도록(사 19:23-25; 43:18-20) 코리안 디아스포라 교회와 세계교회가 함께하는 협의체를 구성한다.

Ⅰ. 들어가면서

통일선교언약은 총 4단원 중에 제3단원이 "통일 이후 사회통합과 교회의 사명에 대하여"이다. 먼저 선행연구물인 88선언과 96선언을 본 통일선교언약과 비교한다. 그리고 그 문서들이 구성될 때의 상황과 현재 상황의 차이를 기술하고 시의성 있는 해설을 추가하고자 한다. 마지막으로 제3항에서 기록된 '선교허브국가'에 대해서 살펴보고자 한다. 통일과 교회의 사명에 대한 통일선교언약의 내용은 하나님의 특수주의 선교에 해당하는 북한선교보다는 북한을 포함한 통일코리아 교회가 행할 하나님의 보편주의 선교에 초점이 맞추어져 있다.

Ⅱ. 통일국가 안에서 교회의 사명

> "첫째, 통일코리아 교회는 한국교회·코리안 디아스포라 교회·세계교회와 그리스도의 한 몸을 이룬다. 통일코리아 교회는 구속사적 삶으로 교회 구성원 간에 일어날 수 있는 남남갈등, 북북갈등, 남북갈등을 해결하는 주체가 되며 통일코리아의 사회 공공영역에서 일어날 갈등 전환과 해결을 선도한다."

남북한 통일은 전체 지구 국가 공동체에서 영토가 2배로 늘고 인구가 급증하는 유일한 국가의 출현이다. 통일 후에 교회의 기본적 사명은 복음증거이다. 왜냐하면 북한 동포들에게 가장 필요한 것이 복음이기 때문이다. 복음만이 지도자 우상숭배와 주체사상의 세뇌를 씻어내고 죽은 정신을 살리는 유일한 능력이 된다. 그들이 복음으로 살아야 북한의 사회, 경제, 정치, 외교, 국방 등 사회 공공영역이 바른 길로 갈 수 있다. 다른 한편으로는 남한 사람들에게도 복음은 절실히 필요하다. 통일코리아를 선도하는 남한교회가 되고자 한다면 새롭게 갱신된 모습이어야 하기 때문이다.

"통일 이후의 교회 사명"에 대한 통일선교언약의 내용은 통일 시대 교회의 선교적 사명이 궁극적 목표임을 전제하고, 통일 후 교회 공동체가 성서적 공동체를 이루어서 공공영역에 빛과 소금의 역할을 감당하여 사회에 선도적 역할을 하여야 할 사명이 있다는 것을 먼저 다루고 있다(제7장 통일 이후 사회통합). 통일 후 교회가 공공영역에 소금과 빛의 역할로 선도해야 할 사명은 분명하다. 그 이유는 통일 후 공공영역이 매우 혼란스러울 때 교회의 선도적 사명이 중요하기 때문이다. 다른 하나는 통일코리아 8천만 명의 공동체 형성이 성공하여야 그 이후의 선언문 내용도 성공할 수 있기 때문이다. 사실 통일코리아는 8천만으로부터 시작하여 이민자들까지 수용하면 거의 1억에 가까운 공동체를 지닌 국가의 출현이다. 통일 후 북한 2천 5백만과 남한 5천만이 공동체를 이루는 일은 지난한 일이다. 남북한이 완전한 통일을 이루는 것도 어려운 과정이지만 통일 후가 더 어려운 이유는 남북한이 오랜 기간 적대적이었기에 통일 시대에 교회에서 만나는 다양한 구성원들이 교회 공동체를 성서적으로 구성하는 것은 난제이기 때문이다.

통일 후 북한에 세워질 교회는 다음과 같은 구성원들로 될 것이다. 1그룹은 북한 출신 성도들, 2그룹은 남한 출신 성도들, 3그룹은 탈북민들이 자신의 북한 연고지에 와서 교회를 세우고 사역을 하거나 봉사하고자 하는 성도들, 4그룹은 코리안 디아스포라 교회 성도들로 특히 귀환한 디아스포라 북한 동포들과 코리안 디아스포라 한인교회 1세, 1.5세, 2세들이다. 위에서 범주화한 그룹들 가운데 1그룹을 좀 더 세분화해 볼 수 있다. 이들이 결국 통일 후 북한교회를 구성하는 성도들일 것이다. 1-1그룹은 과거 북한 권력층으로부터 어려움을 당한 사람들, 1-2그룹은 북한 보위부나 안전성과 같은 권력 기관에서 북한 사람들에게 어려움을 제공한 사람들, 1-3그룹은 북한 그루터기 성도 출신의 사람들, 1-4그룹은 북한 지하성도 출신의 사람들, 1-5그룹은 북한 공인교회(봉수교회, 칠골교회와 520개 가정교회) 출신의 사람들이다. 여기에 3그룹인 탈북민들과 4그룹인 디아스포라 북한 동포들이 귀환하여 합류할 것이다. 이 그룹들이 모두 통일 후에 북한에 세워질 교회에서 만나 공동체를 형성할 것이다.

나아가 '통일 후에 북한 출신 2천 5백만은 과연 어떤 지도자를 따를 것인가?', '그들의 통치체제는 어떤 것이 될것인가?', '북한 내부에서 오랜 세월 동안 억눌려 온 자들과 그들을 억압한 자들 간의 분쟁은 누가 해결할 수 있는가?'에 따라 문제는 더 복잡해진다. 현재 남한 땅에서 경험하는 남남갈등보다 더 강한 갈등이 통일코리아에서 발생할 가능성이 보이기 때문이다. 위와 같이 통일 후 북한에 세워질 교회 공동체는 다양한 정체성을 지닌 공동체일 것이다. 그 다양한 공동체라는 것은 공공영역에서만이 아니라 교회 공동체 안에서도 다양한 정체성을 지닌 성도들로 분쟁과 배타가 발생할 가능성이 있다.

물론 남한에 있는 교회 공동체 구성원도 다양성을 지녔기에 다양한 정체성에 대해서는 그다지 문제의식이 있지 않을 가능성도 있다.

하지만 남북한 공동체는 남한의 다민족 공동체나 다양한 정체성의 공동체와는 다르다. 그 이유는 통일 후 공공영역과 교회 안에서 구성될 공동체는 서로 적대성을 지니고 있기 때문이다. 남북한이 땅의 통일, 정치적·외교적 통일, 국방의 통일이 되었다고 해서 분단 기간 동안 형성된 서로에 대한 적대감과 편견이 통일과 함께 사라지는 것은 아니다. 그러한 적대감과 편견이 통일국가 안으로 그대로 들어와, 서로 다른 정체성과 서로 다른 인성과 서로 다른 문화를 가지고 만나 공동체를 형성하는 것이다. 또한 남북이 75년 이상을 분단과 분쟁과 전쟁을 경험했기에 서로에 대한 '상상의 공동체성'(베네딕트 앤더슨, 2002)을 지니고 있으며, 이로 인해 서로 공동체를 구성할 때 예측하기 힘든 배타 현상이 있을 것이다. 또한 서로 만날 때 자신도 모르게 인식과 행동으로 나타나는, 자동판처럼 돌아가는 권력작용(제3차적 권력, 스티븐 룩스, 1974)이 작동하여 수많은 배타적 충돌이 발생할 수 있다.

이러한 현상으로 말미암아 교회 공동체는 성서적 공동체 형성을 이루기도 전에 모였다가 깨질 수 있고, 분열에 분열을 거듭하는 현상이 지루하게 나타날 수도 있다. 이러한 교회에서의 경험과 현상은 공공영역인 기업과 정부와 교육기관에서 더욱 심하게 나타날 수 있다. 한반도보다 분단의 기간이 30년 가까이 짧았고, 동족상잔의 전쟁도 없었던 독일에서 이미 통일 후에 유사한 경험들이 있었다. '동쪽을 그리워하다'라는 뜻의 독일어 '오스탈지어'(Ostalgier) 현상이 대표적이다. 마찬가지로 옛 북한을 그리워하고 옛 남한을 그리워하는 현상이 나타나서 차라리 3.8선을 다시 치고 살자는 말이 나올 수도 있다. 교회 안에서 남한 출신, 남한에 갔다가 북녘땅으로 귀향한 탈북민 출신, 북한에 있던 지하성도 출신, 북한의 공인교회를 다니던 사람들 간의 배타 분쟁에 중국과 제3국에서 살던 탈북민 출신 성도들이 합류하게 될 때, 그들은 심각한 갈등을 경험할 가능성이 크다. 이러한 분쟁과 갈등 하에서 교회는 어떤 결정도 내리지 못하고 분쟁을 겪다가 교회들이 우후죽순으로 쪼개지는 분열을 경험할 수도 있다. 나아가 이러한 분열은 물질선교를 하는 남한교회 출신 사역자들과 보여주기식 성과를 만들려는 사역자들로 인해 더 가속화될 수도 있다. 또한 교회는 결정해야 할 사안마다 서로 다른 주장과 감정들로 인해 제 사명을 감당하기 어려워질 수 있다. 게다가 공공영역에서 일어나는 새로운 제도들에 따른 사회 이슈들이 교회 안에서 이슈화되고 각각 다르게 반응이 일어나서, 교회는 마치 건강을 잃어버린 환자처럼 분쟁을 앓게 될 수도 있다. 이때 교회가 겪게 되는 가장 큰 실패는 공공영역을 선도해야 할 소금과 빛의 사명을 잃어버리고, 공공영역으로부터 주변화되고 맡겨진 세계선교의 사명을 감당하지 못하게 되는 것이다. 이러한 부정적 예측을 한다면 통일코리아의 선교허브국가론은 단지 비전으로만 남아 있게 될 수 있다.

따라서 여기서 강조하고자 하는 것은 "통일 이후의 교회 사명"은 통일국가 내에서 필요할 뿐 아니라 통일 전에 통일을 준비하는 과정에서 먼저 필요하다는 것이다. 점진적으로 통일이 될 경우와 급하게 통일이 될 경우에 맞추어서 교회에서 발생할 문제들을 예측하고 그에 따른 준비를 지혜롭게 해야 한다. 이것이 지혜로운 처녀(마 25장)와 같은 모습일 것이다.

먼저 한반도 평화 프로세스를 통해 점진적으로 완전한 통일국가를 형성하는 과정을 거쳐 통일로 가는 경우를 대비하는 것이 필요하다. 그리고 북한 체제의 전환, 변환, 종식으로 갑작스러운 통일을 맞이할 때, 신변안전과 식량 확보 차원으로 북한 주민들의 대량 이주가 발생할 경우를 대비해 준비하는 것도 필요하다. 교회가 갑작스러운 통일을 준비하도록 북한 동포들은 기다려 주지 않을 것이다. 3.8선이라는 물리적 방해뿐만 아니라 마음의 3.8선으로 인해 남한으로 오기를 주저하는 북한 사람들은 중국을 향하여 갈 것이고, 반면에 남한에 대한 정보를 이미 가지고 있는 주민들은 남한으로 방향을 잡을 수도 있다. 남한으로 향하는 이주민은 30만, 혹은 3백만, 혹은 몇백만 명일 수도 있다. 이런 경우에는 위에서 언급한 북한에 세워진 교회 내에서 일어날 수 있는 갈등 분쟁 현상을 남한교회에서 먼저 경험할 수 있다. 다시 말하면, 통일 후 북한 사람들이 남한 지역으로 이주하는 규모가 남한 사람들이 북한 지역으로 이주하는 규모보다 더 많을 수 있다는 것이다. 그렇다면 남한교회에 들어온 북한 출신 성도들의 규모는 북한 교회에 들어온 남한 출신 성도들의 규모보다 클 것이다. 이 전제로 보면, 북한에 세워질 교회보다 남한교회가 남북한 사람들 사이에서 갈등을 더 심하게 겪을 가능성이 있다. 따라서 통일 후 세워질 교회는 오순절 성령 강림 이후에 형성된 공동체가 헬라파 그리스도인과 히브리파 그리스도인 간에 경험한 갈등과는 비교할 수 없을 만큼 강한 갈등과 분열을 경험할 수 있다. 남과 북은 서로에 대한 적대 감정이 혐오(嫌惡)로 작동되고 있기 때문이다.

통일 후에 교회의 사명은 통일 전에 교회가 사명을 어떻게 감당했느냐에 따라서 그 성패가 갈릴 것이다. 통일 전에 교회는 다양성 안에서 통일성(unity in diversity)을 이루는 교회 공동체 형성에 성공을 경험하여야 한다. 그리고 갈등과 분쟁을 해결하는 지도자를 양성하고 준비하여야 한다. 더불어서 구원받은 성도들이 구속적 삶을 살아가는 인성 형성과 삶의 경험이 축적되어야 한다. 송민호는 선교적 교회를 다음과 같이 정의한다. "선교적 교회란 온 성도가 세상으로 보내심을 받아 구속적 삶을 살며 하나님의 선교(Missio Dei)에 동참하는 믿음의 공동체이다."(송민호, 135) 여기서 구속적 삶이란 모든 관계를 회복시키는 용서와 화해의 삶을 말한다. 통일 후 교회는 한국교회, 탈북민 교회, 코리안 디아스포라 교회, 세계교회(Global Church), 북한 지하교회, 북한 공인교회 등이 일으킬 갈등을 해결하는 것이 중요하다. 나아가 교회 구성원 간에 일어날 갈등을 해결하는 것이 필요하다. 그래서 통일코리아의 교회는 그리스도인의 한 몸 된 공동체를 형성하도록 해야 한다. 그래야 공공영역에서 일어날 갈등을 해결할 선도적 역할을 교회가 감당할 수 있다.

"둘째, 통일코리아 교회는 통일을 종착점이 아닌 출발점으로 인식하여, 통일코리아의 국력을 통해 세계 곳곳의 열악한 환경에 있는 국가를 대상으로 복음전도와 사회봉사 등의 선교적 사명을 감당해 나간다."

1. 민족의 통일과 평화에 대한 한국기독교회 선언[1](이하 88선언)과 통일선교언약의 비교

88선언은 한국기독교 통일 역사에 중요한 선언이었다. 그만큼 복음주의로부터 의미 있는 비판도 받았다. 그 과정에서 여러 성명서가 나왔는데, 그중에 중요한 것들을 본 글에서 다루고자 한다.

먼저 88선언부터 살펴보면서 통일선교언약과 비교해 본다. 통일선교언약 3단원인 "통일 이후 사회통합과 교회사명에 대하여" 중에 제10장 "통일 이후의 교회 사명"이란 주제가 88선언 중에서 발견된다. "민족통일을 위한 한국교회의 기본원칙" 제1항에 "통일은 곧 민족의 삶과 세계평화를 위협하는 분단을 극복함으로써 갈등과 대결에서 화해와 공존으로 나아가는 것이며, 마침내 하나의 평화로운 민족공동체를 이룩하는 것이다"라고 선언하고 있는 부분이다. 여기에서 통일은 세계평화를 위협하는 요소를 해결하는 것이란 인식을 가지고 있다. 즉 통일은 세계평화에 기여하여야 한다는 것이다. 이것은 88선언 마지막 부분에 교회와 연결해서 다시 강조된다. "한반도의 평화와 통일은 동북아시아 평화뿐만 아니라 세계평화에 있어서도 하나의 관건이므로 한국교회는 한반도 주변의 미국, 소련, 일본, 중국 등 4개국 내의 기독교 공동체를 비롯한 세계교회들과도 긴밀하게 협의하여 연대운동을 전개해 나갈 것이다." 이 선언문의 문맥을 보면 한반도 주변 4개 국가 교회들과의 협력체계가 강조되고 있다. 이것은 통일선교언약

---

1) 민족의 통일과 평화에 대한 한국기독교회 선언, 한국기독교교회협의회, 1988. 2. 29. 이 선언은 서울 연동교회에서 개최된 한국기독교교회협의회 제37회 총회에서 총대들의 기립박수 속에 만장일치로 채택되었다.

에서 강조한 "한반도가 통일 후 세계선교의 구속사적 사명을 감당하는 선교허브국가가 되도록 역할을 감당"하는 것과 맥을 같이한다. 선교허브국가는 홀로 되는 것이 아니라 주변국 교회들과의 협력이 그 기초가 되기 때문이다. 88선언과 통일선교언약은 주변 국가의 교회가 통일을 이루는 과정에서 기여하는 것을 중요하게 여기는데, 통일 후에도 주변 국가 교회들은 통일코리아 교회가 선교허브의 역할을 하는 데 있어서 중요한 역할을 할 것이다. 이 부분은 추후에 뒤에서 더 구체적으로 다루기로 한다. 중요한 것은 88선언과 통일선교언약은 교회가 통일을 통한 한반도의 평화와 주변 국가들의 평화뿐만 아니라 세계평화에 기여해야 한다는 것과, 통일코리아 교회는 주변 국가들의 교회들과 함께 그 사명을 감당하여야 한다는 데서 맥을 같이한다는 것이다.

한국기독교교회협의회가 88선언 10주년을 맞이해서 선언문[2]을 발표했다. 여기서는 위에서 말한 내용이 어떻게 선언되었는지를 살펴보고자 한다. 한마디로 말하면 본 선언서는 88선언보다 그 내용이 더 구체화되었다. 88선언 10주년 선언문 제3항에 "다시 시작하는 통일운동" 3-1항에서 그동안 통일이 세계평화에 미치는 영향을 구체적으로 새로운 인간성, 새로운 공동체의 실현으로서의 통일로 선언했다. 다소 긴 인용문으로 여겨지지만 들여다보는 이유가 있다.

"증오와 대결이 아니라 상호존중과 공생으로 정복주의와 승리주의에서

---

[2] "한국기독교교회협의회 88선언 10주년 기념 선언문", 한국기독교교회협의회 제47회 총회회원 일동, 1998년 11월 9일

공존과 공영으로 나아가는 공동체의 실현과정이 우리가 바라는 통일이다. 한반도의 통일이 아시아, 나아가 세계의 평화에 직결된 것은 주변 4강대국들의 이해관계가 첨예하게 대립하고 있는 현실 때문만이 아니다. 다가오는 21세기는 식민주의적 대결과 냉전적 대결을 넘어설 수 있는 새로운 세계사적 비전을 요구하고 있다. 지난 세기, 역사의 모순들을 압축하여 간직한 채 아직도 냉전적 분단의 고도로 남아 있는 이 땅은, 과거 인류의 죄악에 대한 증언의 땅이며, 동시에 미래를 향한 희망을 선포해야 할 바로 그 땅이다. 그러므로 갈라진 민족의 통일은 공존과 공영의 가치가 존중되고, 진정한 화해와 평화가 넘치는 세계를 향한 인류의 염원을 실현하는 실험인 것이다."

위 인용문 바로 전에 나와 있는 내용을 보면, 정치체제의 통합은 통일이 아니라 통일의 과정이라고 말하고 있다. 그러면서 진정한 새로운 통일은 "새로운 인간성과 새로운 사회통합의 실현을 위한 거듭남의 과정"이라고 보고 있다. 통일이 "새로운 인간성"을 형성하는 것이며 그것으로 "새로운 사회통합의 실현"이 이루어지고, 이어서 이것이 "세계를 향한 인류의 염원을 실현하는 실험"이 되기 때문에 통일을 통일의 과정으로 본것이다. 그러면서 이것은 "공존과 공영의 가치가 존중되고, 진정한 화해와 평화가 넘치는"이라는 범위 안에 있어야 한다는 것을 선언하고 있다. 통일을 통일의 과정으로 선언한 88선언 10주년 선언문은 통일선교언약에서도 "통일을 종착점이 아닌 출발점으로 인식하여"로 표현되고 있다. 이어서 "통일코리아의 국력을 통해 세계 곳곳의 열악한 환경에 있는 국가를 대상으로 복음전도와 사회봉사 등의 선교적 사명을 감당"으로 표현하고 있는 것은 통일은 과정일뿐만 아니라 세계 평화와 복지에 기여하여야 한다는 인식을 표현하는 것이다. 즉 88선언과 그 선언의 10주년 선언문과 통일선교언약은 통일이 과정이며 세계 공존과 공영, 평화를 위해 공헌되어야 한다는 데서 맥을 같이하고 있다.

다른 한편으로 1988년 88선언과 1998년에 나온 88선언 10주년 선언문, 이 두 선언과 통일선교언약은 서로 다른 면이 있다. 88선언 10주년 선언서는 세계교회협의회에서 다루어온 해방신학적 관점에서 통일을 해방신학적 하나님의 선교로 해석하고 있다. 그뿐만 아니라 통일을, 복음이 북한 동포들에게 전해져 그들을 죄에서 구속하고 착취적 제도의 속박으로부터 자유를 얻게 하는 것으로 본다. 통일선교언약의 해설 집필자로서 필자는, 통일 후에 교회의 사명은 하나님의 도우심으로 북한 사람들이 영적으로뿐만 아니라 정치적·경제적·사회적 공공영역의 모든 차원에서 그동안의 속박으로부터 벗어나고, 하나님과 깊은 언약 관계(출 19:5-6)로 들어가며, 하나님의 백성으로서 하나님을 자유롭게 예배하며 세계 구속사에 참여하게 하는 것이라고 본다.

위에서 통일선교언약과 88선언, 10주년 선언서를 서로 비교하면서 살펴보았다. 88선언과 10주년 선언서에서는 통일의 과정을 선교적 사명으로 보았고, 그 통일의 과정과 선교적 사명은 새로운 인간성 창출이며, 새로운 공동체 구성은 통일국가와 주변국들이 평등한 관계에서 평화롭게 지내는 것이고 온 인류에 그 평화를 공헌하는 것으로 해석하였다. 그렇다면 통일선교언약에 기록되어 있는, 통일코리아가 열방을 섬기는 선교적 사명과 열악한 환경에 있는 주변국가에 사회적 봉사를 나타내는 선교적 사명은 같은 의미인가? 아니면 의미의 차이가 있는가? 앞의 비교 과정에서 나타났듯이 여기에는 차이와 유사성이 함께 내포되어 있다. 여기서 가장 중요한 것은 통일 후에 8천만 공동체는 분단의 이념적 틀에서 벗어나고 있는 각각의 이념이 서로 다름을 이해하고 존중하여야 한다는 것이다. 통일선교언약은 그 미래를 오늘 참여하여야 한다. 88선언과 통일선교언약을 서로 이해하고 존중하며 그 미래를 향해 함께 나아가는 것이 중요하다.

2. 한국교회의 통일정책 선언문[3] (이하 96선언)

96선언은 그 선언문에 나와 있듯이 "기독교계의 통일에 대한 열정을 재확인하고, 1,200만 성도를 대변하는 한국교회의 통일정책 선언이 제시되어야 할 매우 긴요한 시점"(박완신, 1997)에 나온 것이라고 밝혔다. 88선언에 대하여 교단별로 다양한 반응이 나오고, 그 이후에 곧바로 기독교장로회 교단 소속 목회자가 불법적으로 북한을 방문해서 김일성과 포옹하는 일이 발생했다. 이에 대해 찬반 논쟁이 거세게 일어났는데, 이것을 일컬어 "기독교계의 통일에 대한 열정을 재확인"이라고 표현한 것으로 생각한다.

88선언과 목회자의 김일성 포옹을 주도한 한국교회협의회와는 더이상 함께 할 수 없다고 판단한 교계 지도자들은 한국기독교총연합회(CCK)를 결성했다. 곧이어 북한은 김일성 사망과 일명 '고난의 행군'이라는 어려움을 겪기 시작했고 탈북민 숫자가 급증하는 시기를 맞

---

3) 1996년 12월 17일에 한국기독교총연합회에서 발표한 "한국교회의 통일정책 선언문", 이 선언에 대한 해설은 쿰란출판사에 의해 『평화통일과 북한복음화』라는 485쪽 분량의 책자로 출간되었다.

이하게 되었다. 이러한 시대적 환경을 반영하여 96선언에 "1,200만 성도를 대변하는 한국교회의 통일정책 선언이 제시되어야 할 매우 긴요한 시점"이라는 표현이 등장한 것이라고 생각한다. 아울러 새로 설립된 한국기독교총연합회의 통일정책이 절실히 필요함을 반영한 것으로 생각된다.

유관지 목사는 96선언이 다음과 같은 의미를 가지고 있다고 했다.[4] ① 복음적이고 보수적인 진영의 의사를 반영했다. ② 교계, 학계, 관계, 민간통일단체 등에 종사하는 크리스천 통일전문가들의 지혜가 결집되었다. ③ 80년대 후반 이후 활발해진 통일운동과 통일논의, 북한 돕기, 탈북자 돕기 등 여러 문제에 대한 견해를 수용했다.

통일선교언약 제3단원 제10장 "통일과 교회의 사명"의 내용과 이에 해당하는 96선언에는 "통일한국의 상(像)"에서 제6항에 다음과 같이 선언하고 있다.

> "통일한국은 동북아시아의 지리적 중심지요, 태평양과 유라시아 대륙을 잇는 중계적 위치에 있는 만큼, 이 지역의 안전과 세계 평화를 도모하며 예수 그리스도의 정신으로 이웃 나라들과 협력과 발전을 이뤄가는 나라이어야 한다."

96문서가 통일한국을 "예수 그리스도의 정신으로 이웃 나라들과 협력과 발전을 이뤄가는 나라"로 규정한 것은, 통일선교언약에서 "통

---

4) 유관지, "한반도 평화통일과 북한선교를 위한 교회의 과제". 본 글은 유관지 목사가 서부연회 정책연구위원과 목양교회를 목회할 때 기록한 글이다.

일코리아의 국력을 통해 세계 곳곳의 열악한 환경에 있는 국가를 대상으로 복음전도와 사회봉사 등의 선교적 사명을 감당하여야 한다"와 같은 의미를 나타낸다. 그리고 통일선교언약에 "한국교회는 분단으로 인해 동북아의 섬처럼 존재했던 한반도", 96선언에 "통일 한국은 동북아시아의 지리적 중심지요, 태평양과 유라시아 대륙을 잇는 중계적 위치에 있는 만큼"이라는 표현에서 통일코리아가 주는 벅찬 비전을 느낄 수 있다. 3.8선이 없어지고 부산과 목포에서 기차를 타면 런던까지 갈 수 있는 길이 열리는 것이다. 이 길은 복음이 세계로 흘러가는 길이기도 하다. 이러한 통일코리아의 모습은 그리스도인의 세계 구속사적 사명과 연결된다.

> "셋째, 통일코리아 교회는 분단으로 인해 동북아의 섬처럼 존재했던 한반도가 대륙으로 이어지는 영토의 변화를 통해 세계선교의 구속사적 사명을 감당하는 선교허브국가가 되도록(사 19:23-25, 43:18-20) 코리안 디아스포라 교회와 세계교회가 함께하는 협의체를 구성한다."

통일선교언약 제3단원 제10장 세 번째 항목은 "한국교회는 분단으로 인해 동북아의 섬처럼 존재했던 한반도가 통일 후 세계 선교의 구속사적 사명을 감당하는 선교허브국가가 되도록 역할을 감당해 나간다(사 19:23-25; 43:18-20)"라고 선언한다. '선교허브국가'라는 것은 88선언과 96선언에 없었던 문구이다. 먼저 허브(hub)는 '중심' 또는 '바퀴축'의 뜻을 가지고 있다. 이 뜻을 기초로 해서 보면, 선교허브국가란 통일코리아가 세계선교사명을 중심적으로 이루는 선교의 플

랫폼(platform) 역할을 하는 것을 말한다. 이것을 쉽게 설명하기는 어렵다. 왜냐하면 선교허브국가는 통일이 어떻게 되느냐와 그 시대에 국제 동향이 통일국가에 어떤 형태로 영향을 주고 있느냐에 영향을 받을 수밖에 없기 때문이다.

통일코리아의 선교허브국가는 통일이 연착륙(soft landing)할 것이냐, 아니면 갑작스럽게 올 것이냐(crash landing)에 따라 영향을 받을 수 있다. 즉 통일이 한반도 평화 프로세스와 같이 연착륙하는 경우와 북한 내부에서의 큰 변화나 외부적 요인으로 인한 큰 변화로 갑작스럽게 이루어질 경우로 나누어서 생각해 볼 수 있다.

통일국가가 연착륙하여 단계적으로 이루어진다면 중국과 미국이 벌이고 있는 전략적 경쟁의 추이에 따라 다르게 나타날 것이다. 러시아의 입장과 일본의 입장 변화에 따라서도 변화가 일어날 것이고, 북한이 보유한 핵무기 협상의 결과와 남한의 권력이 어느 통일정책을 취하느냐에 따라서도 달라질 것이다.

반면에 북한에 급격한 변화가 일어나는 경우, 가장 떠오르는 시나리오는 중국이 군사적으로 개입하는 것이다. 중국은 바로 앞인 두만강과 압록강까지 미국이 오도록 허용하지 않을 것이다. 우리는 최근에 발생한 코로나19가 지속적으로 남북한과 주변국들에게 미치는 영향을 지켜보았다. 통일선교언약 해설서를 기술하고 있는 현재는 코로나19가 창궐하던 시기가 가고 코로나19 엔데믹의 시기이다. 코로나19가 발생하기 전에 미국과 중국은 전략적 경쟁 중이었고, 코로나19는 이 두 국가 간의 전략적 경쟁을 더욱 고조시키는 작용을 했다. 또한 88선언과 96선언이 나올 당시 북한의 핵 개발은 완성되지 않은 상태였다. 그러나 2016년 북한이 핵무기 개발 완성을 선언했다. 이에 따라 현재 유엔의 제재가 북한에 강도 높게 진행되고 있다. 이후 김정은 위원장과 문재인 대통령의 2018년 4·27 판문점 남북정상회담, 이어서 평양방문으로 9.19 평양선언, 그리고 미국과 북한의 정상회담도 3차례 열렸다. 1년 반 사이에 김정은 위원장과 시진핑 간에 북중 정상회담은 5차례나 있었고, 북한과 러시아의 정상회담도 있었다. 하지만 이어진 하노이 회담의 결렬과 코로나19로 인해 북한은 중국과 국경을 닫았다. 이러한 상황들은 북한에 어려움을 가중시키고 있다. 북한 내부의 동향이나 한반도 주변 정세가 급변하고 있다.

통일이 되고 그 이후의 국제 정세는 예측하기 힘들다. 왜냐하면 통일코리아는 심각한 지정학적 딜레마를 맞이할 가능성이 높기 때문이다. 미국과 중국의 관계에 따라서 나타나는 현상이 가장 크게 남을 것이다. 통일코리아 안에 미 군사력이 남아 있게 되면 중국은 그 군사력이 중국을 겨냥했다고 보고 그에 따른 반응을 나타낼 것이다. 반대로 통일코리아 안에 주한 미군이 약화된다면 통일코리아는 중국과 일본 사이에서 중립 형태를 취할 수 있지만, 반일 감정이 어떻게 작용하는지에 따른 결과가 나타날 것이다. 이 공간 안에 중국의 영향권을 확대하는 반응이 나올 가능성도 있다. 나아가 일본과 미국의 관계에 따라서도 다양한 결과가 나타날 수 있다. '과연 일본은 미국 세력을 위한 유일한 기지로 남아서 기지의 기능을 하고자 할 것인가? 아니면 미국의 속방으로 남을 것인가? 경쟁국으로 전환될 것인가? 동반자로 상호 관계의 조정이 있을 것인가?'에 따라 그 결과가 다를 것이다(Z. 브래진스키, 2019;225-238). 즉 미국의 세계적인 힘과 중국의 지역적 우월성과 일본의 국제적 지도력이라는 복잡한 삼자(triangle) 요소의 상호작용에 따라 변수가 발생할 수 있다. 이처럼 통일 후에 선교허브국가론은 다양한 변수의 영향을 받기 때문에 그 모습을 그려내기가 쉽지 않다.

한 가지 분명한 것은 남한교회가 통일을 이루어가는 과정에서 중국, 러시아, 미국, 일본에 있는 교회들과 다국적 교회 모임을 형성해서 분단의 허리를 푸는 역할을 할 것이라는 점이다. 그 다국적 교회 모임은 통일 후에도 통일코리아를 선교허브국가로 같이 만들어갈 것이다. 통일코리아의 국제정세가 미국 동맹을 중심으로 하는 대세 편승에 같이 갈지, 중국의 부상을 편승하는 것으로 갈지, 미국과 중국 양쪽과 함께 가는 일명 논두렁론으로 갈지, 영세중립국처럼 홀로서기로 갈지, 동북아 다자안보체제로 갈지는 예측하기 어렵다. 기대하기는 미국과 중국을 포함한 동남아시아 다자안보체제 구성을 창설해서 모두 함께 가길 바란다. 이렇게 할 때 통일코리아가 선교허브국가의 역할을 왕성하게 할 수 있는 환경이 주어질 가능성이 높기 때문이다.

이러한 다자안보체제의 창설을 위해서는 다자성을 인정하는 인식이 남북한에 필요하다. 그래야 교회에 그 선도적 역할의 공간이 주어질 수 있다. 왜냐하면 교회는 각 국가와 민족별로 특수성을 가지고 있으면서도 모든 교회가 예수 그리스도의 주 되심을 고백하는 보편성을 가지고 있기 때문이다. 이것은 다자성을 창설할 수 있는 인식의 공간을 필요로 하며, 이 다자성은 그리스도를 주로 고백하는 교회 공동협의체를 창출할 수 있다. 남한교회, 북한교회(현재 보이지 않지만 존재하는 교회), 미국교회, 중국교회, 일본교회, 러시아교회가 그 시작일 수 있다. 나아가 193개국에 흩어져 있는 코리안 디아스포라 교회들과 그 교회들과 연합하고 있는 그 지역 교회들이 포함되도록 하여야 한다. 결론적으로 말하면 선교허브국가의 비전은 남북한 교회와 코리안 디아스포라 교회와 세계교회들의 협의체 창설로 성취될 수 있다. 이 협의체는 통일을 이루는 과정에서 필요하며 통일 이후에도 필요하다.

위에서 언급한 대로, 통일코리아가 세계 구속사적 사명, 선교허브국가를 감당하고자 한다면 무엇보다도 통일 후의 교회는 모든 교회 구성원 간에 정체성과 타자성을 이해하고 존중하며 서로를 받아들이는 보편적 공동체와 복음적 공동체가 되어야 한다. 통일 후에 교회가 공동체 형성에 성공해야 사회 공동체를 선도할 수 있고, 나아가 세계 구속사적 선교허브국가의 비전을 향하여 나아갈 수 있다.

III. 나가는 말

통일 후 교회는 공동체를 성공적으로 구성하여 혼란한 사회 공공 영역을 선도하는 소금과 빛의 역할을 하는 것이 중요한 사명임을 기술했다. 이는 성서적 공동체 형성의 사명을 근간으로 하고 있다. 이것의 성공적 출발을 위해서는 서로에 대한 정체성의 재조정에 힘써야 한다. 여기에서 중요한 한 가지 원리는 북한 지하성도가 교회 세우기의 주축이 되게 하는 존중이다.

그동안 북한체제를 형성, 강화, 발전, 유지시키는 가운데 흘린 무고한 자들의 피, 그중에 북한성도들의 피가 하나님을 향해 호소해 왔다.

따라서 통일 후 교회는 북한 땅에 뿌려진 순교자를 발굴하고 그 위에 교회를 세워야 한다. 이 모든 거룩한 자양분은 세계선교로 뻗어가는 능력이 될 것이다.

북한의 궁핍과 처절한 고난의 행군(1995-1998), 북한 지도자의 극한 공포감은 자신의 체제 보호를 위해 핵 개발로 나아가게 했고, 이것은 오히려 북한이 유엔(UN)으로부터 제재를 받을 뿐만 아니라 세계로부터 특이한 체제와 백성이라는 인식을 갖게 했다. 비극이었던 고난의 행군 기간에 북한 사람들은 이미 분배제도의 붕괴로 지도자에 대한 충성심의 붕괴를 경험했고, 장마당으로 살아남으면서 돈의 위력을 인식하게 되었다. 북한은 과도기적인 자본주의적 시장경제체제를 추동하고 있지만 대북 제제로 어려움을 겪고 있다. 이제는 북한 사람들 가운데 통일 후에 자신들을 잘살게 해준다면 자본주의건 미국이건 상관없다고 생각하는 경향이 증가되고 있다는 증언을 듣는다.

이러한 과정을 지난 북한 사람들은 통일 이후에 자신들을 괴롭힌 돈주의 고리대금업자들과 보위부 같은 권력기관에서 자신들을 괴롭힌 권력 행사자들에 대한 증오로 보복을 할 수 있다. 또한 북한 동포들은 미제국주의자들에 대한 증오심을 통일 후로 가져올 수 있다. 게다가 통일 후에 사회 공공영역에 만연할 수 있는 타자에 대한 증오심과 복수심으로 우리 사회는 심각한 후유증을 경험할 수 있다. 교회는 사회의 공공영역에서 이러한 타자에 대한 증오가 사랑으로 대체되도록 해야 할 사명이 있다. 이러한 증오가 사랑으로 대체될 때 통일 후 사회 공공영역에 긍정적 에너지가 나타날 것이다.

통일 후 교회는 갈등과 분단을 치유하며 풍성한 통일공동체를 이루어서, 사랑의 하나님께서 무한대로 펼쳐주시는 인간의 번영에 참여 (engagement)해야 한다. 교회의 사회 공공영역 참여는 말과 행동 이상이요, 감동적인 비전을 제시하고 대안적 삶을 실천하는 것 이상이요, 자아의 깊은 풍부함과 깊이가 사회제도를 변화시키는 일을 하는 것 이상이다. 그것은 인간의 풍성한 번영이며 공공영역에 공익이 흘러가게 하는 섬김이 될 것이다. 또한 갈등을 해결하며 다른 사람들과 더불어 살아가는 성서적 통일공동체 형성이 될 것이다. 이를 통해 통일 후 교회는 궁긍적으로 세계 구속사의 사명을 감당하면서 동시에 세계평화와 번영에 이바지하게 될 것이다.

이 외에도 통일 후 교회의 사명은 다양하다. 교회는 북한 도시별로 도시민을 연구하여 복음의 상황화를 통해 복음화가 진행되도록 해야 한다. 이를 위해서는 탈북민 목회자들이 학문화한 탈북민 목회 토착화 신학에 귀를 기울이는 것이 필요하다. 또한 교회는 분단 기간에 중국과 제3국에 흩어진 북한 동포(Diaspora North Korean)들과 그들이 낳은 자녀를 찾아서 통일국가에서 당당한 시민으로 살 수 있도록 도와야 한다. 나아가 통일 후 북한 동포들이 이단에 현혹되지 않도록 이단의 포교활동에 공동으로 대응하여야 한다. 이외에도 통일 후 교회가 가지는 사명은 통일 이전의 범법자들에 대한 처분이다. 남아공의 사례처럼 '진실과 화해위원회'로 나아가야 할지, 독일의 사례처럼 심판대에 세워 징벌을 받게 해야 할지에 대해 방향을 제시해 주어야 한다.

참고문헌

미라슬로브 볼프, 박세혁 옮김. 『배제와 포용』 (서울: IVP, 2012).

박성조. 『남과 북이 뭉치면 죽는다』 (서울: 랜덤하우스코리아, 2005).

박완신 외. 『평화 통일과 북한 복음화』 (서울: 쿰란출판사, 1997).

베네딕트 앤더슨, 윤정숙 옮김. 『상상의 공동체』 (서울: 나남, 2002).

송민호. 『선교적 교회로 가는 길』 (서울: 킹덤북스, 2021).

스티븐 룩스, 서규환 옮김. 『제3차원적 권력론』 (서울: 나남, 1974).

하충엽. *Migrants Old and New: Accepting Diversity in Creating a Catholic Community in Youngnak Presbyterian Church,* (The University of Edinburgh, PhD Thesis., 2009).

하충엽. "케노시스(Kenosis) 복음통일론", 제1회 복음, 평화, 통일 컨퍼런스 발표글. 2019.

Z. 브레진스키, 김명섭 옮김. 『거대한 체스판』 (서울: 삼인, 2019).

제 11 장

통일코리아

첫째, 통일코리아는 하나님의 언약 성취로 이루어지는 새로운 한민족 공동체이다. 통일코리아의 모든 사람은 하나님의 형상을 회복하며, 헌법으로 인간의 존엄과 행복추구권을 보장받고, 나아가 하나님의 진리를 구현하는 제도의 기반 위에서 공공영역을 발전시키도록 노력해야 한다.

둘째, 통일코리아의 모든 사람은 분단국가에서 형성된 정체성을 서로 이해하고 존중하며, 조화롭게 공생하는 공동체를 형성한다.

셋째, 통일코리아는 민주공화국을 표방하며, 자유와 평등을 포괄하는 정의로운 국가를 지향한다.

넷째, 통일코리아는 자신의 능력에 따른 몫의 차이를 인정하며 그에 따른 사유 재산권을 보호하고 자유로운 시장경제를 지향하되, 사회적 약자를 보호하는 사회 안전망이 구축되도록 노력한다.

다섯째, 통일코리아는 보편성에 입각한 인권을 보장하는 복지국가 건설을 지향한다.

여섯째, 통일코리아는 사회·경제적 공의를 보장하는 사회를 지향한다(암 5: 24).

일곱째, 통일코리아의 교회는 한반도 주변국의 교회들과 긴밀히 협력하여 공공 외교에 기여함으로써 통일코리아의 외교 역량을 키우는 데 이바지한다.

Ⅰ. 들어가면서

70년이 훌쩍 넘도록 분단의 상징인 철책선은 남북한 사람들 간의 왕래를 여전히 가로막고 있다. 비무장지대(DMZ)는 아이러니하게도 세계에서 가장 잘 보존된 생태계를 자랑하고 있지만, 남북한의 군대가 서로 첨예하게 대치하며 세계에서 가장 긴장감이 감도는 위험한 공간이다. 우리 기독교인들은 이러한 민족분단 상황으로 인해 하나님을 알지 못한 채 김일성·김정일·김정은을 숭배하는 북한 주민들의 영혼을 크게 안타까워하며 '피 흘림 없는 복음적 평화통일'을 꿈꾸면서 하나님이 그 길을 열어주실 것을 믿고 꾸준히 기도하고 있다.

정치적 민주화를 이룬 지 오래고 선진국의 문턱도 넘어섰지만, 아직도 갈등과 분열로 혼란을 겪고 있는 남한의 상황과 수령 중심의 '신정체제'[1]를 구축한 채 핵무기 보유에 혈안이 돼 있는 북한의 상황으로 볼 때, 통일에 이르는 길은 아득히 멀어 보인다. 하지만 통일의 성취는 역사를 주관하시는 하나님께 달려 있기에 우리가 부르짖는 기도를 쉬지 않을 때 하나님은 그 길을 반드시 열어주실 것이다. 하나님은 기도의 눈물을 외면치 않으시는 분이다. 하나님은 야곱이 얍복 나루에서 눈물을 흘리며 간절히 부르짖을 때 그 회개의 기도를 들으시고, 마침내 에서와 화해를 허락하셨다. 그 결과 공포와 두려움의 대상이던 형 에서를 만났을 때 그 얼굴이 하나님의 얼굴을 본 것 같았다(창 33:10). 진정한 화해가 이루어진 것이다. 한국교회가 하나 되어 부르짖

---

[1] 이상우는 북한 정치체제를 설명하는 키워드로 '신정체제'를 제시하고 있는데, 북한에서 수령인 1인의 지도자가 신격화되고 절대 권력을 행사하는 정치체제를 '신정체제'라고 정의하였다(이상우, 2008; 이상우, 2017).

는 기도로 하나님께 매달릴 때, 하나님은 '기도의 눈물이 흐르는 방향으로' 우리 민족의 역사를 이끄시며 마침내 남북한의 화해와 복음적 평화통일을 허락하실 것이다.

그런데 지금 우리는 통일을 제대로 준비하고 있는가? 그저 맹목적으로 구하고 있는 것은 아닌가? 남북한 간의 통일은 분단 이전의 단순한 '원래 상태로의 복귀'라는 수동적인 태세로 맞이해서는 결코 안 될 일이다. 지난 분단 세월 동안 남한과 북한의 내외 환경이 엄청난 변모를 겪었기 때문이다. 무엇보다도 남북한 주민들은 분단 기간 내내 서로 완전히 단절된 채 전혀 다른 체제와 환경 속에서 살아왔기에 상호 이질화의 정도가 심각한 수준에 이르렀다. 주지하다시피 남북 분단 이후 남한 사람들은 자유민주주의체제 속에서 자유를 향유하며 살아온 반면에 북한 사람들은 주체사상에 입각한 당 유일 지도체계의 일당독재체제, 즉 '수령절대주의체제' 속에서 김일성-김정일-김정은으로 이어지는 3대 세습을 경험하며 살아가고 있다. 북한은 국명을 '조선민주주의인민공화국'이라고 정하고 있지만, 공화국이 아니라 전제군주국을 방불케 한다. 이 같은 상황은 '물'과 '기름'이 물리력을 가할 때 일시적으로는 섞일 수 있을지는 몰라도 이내 다시금 분리되고 마는 것처럼, 남북한이 하나로 통합하기가 매우 어려울 것임을 잘 암시해 주고 있다. 실제로 양쪽 주민들의 가치관과 사고방식은 물론 삶의 행동 양식이 근본적으로 달라져 있다. 이렇게 남북한이 크게 이질화된 상황에서 내외 요인에 따른 북한의 급변사태로 갑자기 통일을 맞이한다고 하더라도, 자칫 그 통일은 미증유의 혼란을 초래하면서 민족의 장래에 더 큰 화근을 불러올지도 모를 일이다. 통일이 사전에 철저히 준비되어야 하는 이유가 바로 여기에 있다.

평화통일의 목표는 남북한이 하나의 통일국가로 통합되어 민족 구성원 모두의 자유, 평등, 정의, 인권, 복지의 가치가 구현되어 인간의 존엄성이 온전히 보장되는 민족공동체를 이룩하고, 나아가 세계평화와 인류공영에 이바지하는 데 있을 것이다. 기독교인이라면 여기에다 북한선교로 북한 지역을 복음화하는 것과 그로 말미암아 복음적 가치가 녹아든 통일국가 체제의 실현을 꿈꿀 것이다. 이러한 복음적 평화통일의 꿈이 현실화될 때, 북한 지역에서도 하나님을 마음껏 찬양하고 영광의 예배를 드릴 수 있는 통일코리아를 성취하게 될 것이며, 그 구성원인 새로운 한민족 모두는 하나님의 형상으로 온전히 회복된 존재로 살아가게 될 것이다.

그러면 남북한이 하나로 통합된 이후의 통일국가 즉 통일코리아는 어떤 모습이어야 할까?

II. 통일코리아의 모습

A. 하나님의 언약 성취로 이루어지는 새로운 한민족 공동체

"첫째, 통일코리아는 하나님의 언약 성취로 이루어지는 새로운 한민족 공동체이다. 통일코리아의 모든 사람은 하나님의 형상을 회복하며, 헌법으로 인간의 존엄과 행복추구권을 보장받고, 나아가 하나님의 진리를 구현하는 제도의 기반 위에서 공공영역을 발전시키도록 노력해야 한다."

우리 기독교인들이 꿈꾸는 복음적 평화통일의 귀결인 통일코리아는 응당 하나님의 언약 성취로 이루어지는, 복음적 가치가 편만한 새로운 한민족 공동체를 의미한다. 창세기 1장 27절의 기록을 보면, "하나님의 형상대로 사람을 창조하셨다"라고 말씀하고 있다. 이처럼 사람이 하나님의 형상대로 창조되었다는 것은 이 세상에서 하나님이 창조하신 피조물 가운데 사람이 가장 귀한 존재라는 사실을 입증해 주는 분명한 증거다. 그러하기에 우리가 장차 맞이할 통일코리아는 모든 사람이 하나님의 형상으로 회복되는 체제로 변모되어야 마땅하다. 이를 위해서 남한은 물질을 최고의 가치로 여기는 맘몬주의(mammonism)를 극복해야 하고, 북한은 수령절대주의의 필연적 산물인 개인숭배를 타파해야 한다. 통일코리아의 사람들이 남북한의 이 두 가지 현상을 속히 극복하는 길은 두말할 필요 없이 하나님을 경외하는 일이다. 통일 이전부터 한국교회가 복음적 평화통일을 목표로 해야 하는 근본 이유가 바로 여기에 있다.

현재 남북한의 통일방안이 극명한 차이가 있다는 점에서, 또한 지난 75년이 넘는 오랜 세월 동안 분단된 상태로 이념과 체제의 차이를 노정하며 적대적 관계를 유지해 왔다는 점에서 실질적인 평화통일을 성취하기란 실로 어려운 일이 아닐 수 없다. 현행 조선로동당규약은 "조선로동당의 당면목적은 공화국 북반부에서 사회주의 강성국가를 건설하며 전국적 범위에서 민족해방민주주의혁명의 과업을 수행하는 데 있으며 최종 목적은 온 사회를 김일성-김정일주의화하여 인민대중의 자주성을 실현하는 데 있다"라고 명시하고 있다. 이처럼 북한이 '전국적 범위의 민족해방민주주의혁명'과 '온 사회의 김일성-김정일주의화'[2]를 끝까지 추구하는 한 우리가 원하는 평화로운 통일국가의 건설은 요원할지도 모를 일이다. 특히 '온 사회의 김일성·김정일주의화'는 김일성과 김정일에 대한 우상화를 뜻하는 만큼 하나님은 그러한 가증스러운 북한 방식의 통일은 결코 허락하지 않으실 것이다. 북한의 체제 변화가 전제되지 않는 한, 설사 남북한의 합의로 통일이 된다고 하더라도 온전한 통일국가를 성취하는 데는 장기간의 세월이 걸릴 가능성이 매우 커 보인다. 남북한의 두 체제를 적당히 절충한 형태의 통일국가를 건설한다면, 일시적으로는 통합이 된 듯 보일지라도 그것은 마치 섞어놓은 '물'과 '기름'같이 이내 흩어지고 말 것이다. 그러하기에 우리 기독교인들은 통일코리아의 성취에 시간이 걸리더라도 먼저 하나님의 뜻에 합당한 체제를 갖추는 일에 초점을 맞춰야 한다.

기독교 역사는 복음이 전파되는 곳에는 인간의 존엄성과 행복권이 신장되었고, 그 나라는 민주화되었다는 사실을 잘 증명하고 있다. 한국의 경우에도 과거 조선시대에는 신분의 차별과 남녀차별이 심했으나, 기독교가 들어오고 난 다음부터는 이러한 차별이 많이 사라졌다(조요셉, 2013, p. 163). 오늘의 대한민국이 자유민주주의체제를 이룬 것은, 기독교 문화로 민주주의 국가를 이룬 서방국가들이 그랬던 것처럼, 복음화와 함께 복음적 가치가 이 땅의 모든 영역에 영향을 미쳤기 때문이다.

복음적 가치가 충만한 새로운 한민족 공동체, 통일코리아는 그 구성원들이 국민주권의 원칙에 입각하여 자유, 민주, 평등, 정의, 인권,

---

2) 북한은 1980년의 조선로동당 제6차 당대회 이후 36년 만에 개최된 제7차 당대회(2016. 5. 6-9)에서 당규약 수정을 통해 '온 사회의 김일성·김정일주의화'를 당의 최고강령으로 명시하였다.

복지 등을 구현하는 제도적 기반 위에서 존엄성과 행복권을 마음껏 누릴 수 있는 민주공화국이어야 한다.

B. 둘째 : 남북 정체성의 상호 이해와 존중 가운데 형성된 공생의 공동체

"둘째, 통일코리아의 모든 사람은 분단국가에서 형성된 정체성을 서로 이해하고 존중하며, 조화롭게 공생하는 공동체를 형성한다."

현재의 남북한의 상태로는 남북한의 통일은 지난한 과정이 될 것이다. 이 같은 예측은 통일 철학과 원칙에 있어서 남한은 자유민주주의와 자주·평화·민주 원칙을 중시하고 있고, 북한은 유일지도사상인 주체사상과 자주·평화통일·민족대단결을 내세우고 있는 데(통일교육원, 2006, p. 125)서 충분히 감지된다. 남한은 주권재민의 원칙에 입각하여 국민을 주인으로 하는 민주공화국[3]으로서 자유민주주의체제를 구축하고 있는 데 반해, 북한은 형식적으로는 인민공화국을 표방하고 있지만 여전히 1인 독재 전체주의체제인 '수령절대주의체제'를 구축하고 있다. 북한에서 수령은 '사회정치적 생명체'의 생명의 중심인 '뇌수'이고, 사회구성원들은 수령과 혈연적으로 연결될 때만 '사회정치적 생명'을 지닐 수 있기 때문에 수령은 모든 사회성원의 생명의 어버이가 된다고 주장하고 있다. 한마디로 북한의 통치자들은 계급주의적 전체주의와 봉건사상에 기초하여 수령의 권력을 절대화시키는 '수령

---

3) 대한민국 헌법 제1조는 "① 대한민국은 민주공화국이다. ② 대한민국의 주권은 국민에게 있고, 모든 권력은 국민으로부터 나온다."이다.

절대주의'를 정당화하는 방향으로 주체사상을 이용해 온 것이다(황장엽, 1999, p. 116).

한편 북한이 '자주·평화통일·민족대단결'이라는 조국통일 3대 원칙을 내세우고 있지만, 이는 반미자주화와 한미동맹 해체를 지향하는 통일전선전략전술[4]의 도구로 사용되고 있다는 사실을 간과해서는 안된다. 이와 같은 노선을 북한이 고수하는 한 남북한의 두 체제가 공존하는 민족공동체가 되기란 실로 어려운 일이다.

만약 두 체제가 공존하는 합의 통일을 원한다면, 분단된 채 오랜 세월이 흐른 지금까지 서로 판이하게 다른 이념과 체제 속에서 살아온 남북한 주민 간의 정체성의 차이와 심리적 장벽을 극복하는 일이 급선무가 되어야 할 것이다. 그런데 시장경제와 자유민주주의체제 속에서 살아온 남한 사람들과 계획경제와 전체주의체제 속에서 살아온 북한 사람들 간의 정치문화의 이질화에 따른 정체성의 격차는 너무나 크다. 따라서 이대로 통일이 된다면 통일코리아는 필히 미증유의 갈등과 분열을 겪게 될 것이고, 그만큼 사회통합도 어려울 수밖에 없을 것이다.

남북한의 이질화된 두 체제가 상당 기간의 수렴 과정 없이 갑자기 통일국가를 이루게 되고 상호 간에 반목이 격화될 경우, 예멘이 통일 과정에서 겪었던 것처럼 자칫 내전으로 치달을 위험성이 크다. 그렇기

---

4) 북한은 통일전선과 관련하여 조선로동당규약 서문에서 다음과 같이 밝히고 있다. "조선로동당은 전 조선의 애국적 민주력량과의 통일전선을 강화한다. 조선로동당은 남조선에서 미제의 침략무력을 몰아내고 온갖 외세의 지배와 간섭을 끝장내며 일본군국주의의 재침책동을 짓부시며 사회의 민주화와 생존의 권리를 위한 남조선인민들의 투쟁을 적극 지지성원하며 우리 민족끼리 힘을 합쳐 자주, 평화통일, 민족대단결의 원칙에서 조국을 통일하고 나라와 민족의 통일적 발전을 이룩하기 위하여 투쟁한다."

에 분단 상황에서 형성된 정체성을 서로 이해하고 존중하며, 조화롭게 공생하는 단계가 필요하다고 본다. 이 단계에서 상이한 정체성의 수렴을 이루어가며 하나의 공동체를 형성해 나가야 할 것이다. 이와 관련하여 제6공화국 노태우 정부의 '한민족공동체통일방안',[5] 김영삼 정부의 '민족공동체통일방안',[6] 사인(私人)일 때 김대중 전 대통령이 제안했던 '3단계 통일방안'[7] 등을 창조적으로 원용할 필요가 있다. 그런데 여기서 우리가 특별히 관심을 기울여야 할 점은 이 세 가지 가운데 어떤 통일방안이든 완전한 통일국가단계에 들어가기 전인 1단계와 2단계에서 남북한 사람들이 서로 왕래하며 오랜 분단 기간 동안에 형성된 상이한 정체성을 서로 이해하고 존중해 나갈 때, 점차 이질성을 극복하며 하나의 새로운 정체성을 형성할 수 있다는 사실이다.

---

5) 노태우 정부는 북한의 연방제통일방안에 대비하는 차원에서 남북한의 통일방안을 수렴하고자 '한민족공동체통일방안'을 제시했다. 이 방안은 남북한 체제의 이질성을 극복하기 위하여 우선 남북대화나 교류협력의 활성화를 통하여 신뢰를 회복하는 가운데 때가 이르면 남북정상회담에서 '민족공동체헌장'을 채택하고, 이어서 과도기적 통일체제로서 '남북연합'을 수립하여 통일헌법을 제정하고 총선거를 실시하여 완전한 통일을 이룩한다는 것이다.

6) 노태우 정부를 이은 김영삼 정부는 1994년 8·15 광복절 경축사를 통해 '한민족공동체 통일방안'을 수정·보완하여, 민주적 국민합의, 공존공영, 민족복리 등 세 기조에 기초한 남북화해협력단계, 남북 양측이 통합관리체제를 운영하게 되는 남북연합단계, 남북한이 완전히 통합된 통일국가단계의 3단계 통일론을 주요 내용으로 하는 '민족공동체통일방안'을 내놓았다. 점진적·단계적 통일을 이루어 나가야 한다는 측면에서 '한민족공동체통일방안'과 대동소이하지만 세 단계를 보다 뚜렷하게 구분했다는 점이 돋보인다.

7) 김대중 정부는 공식적인 통일방안을 제시하지는 않았지만, 무력도발 불용, 흡수통일 배제, 화해협력 등 대북정책 3원칙을 천명했는데, 이는 김대중 전 대통령이 사인(私人)일 때 제시한 바 있는 '3단계 통일방안'을 염두에 두었던 것으로 보인다. 이 '3단계 통일방안'의 1단계는 남북연합 단계(1민족·2국가·2체제·2독립정부·1연합), 2단계는 연방제 단계(1민족·1국가·1체제·1연방정부·2지역자치정부), 3단계는 중앙집권제 또는 미국식이나 독일식 연방제를 채택하는 완전통일국가 단계(1국가·1체제·1정부)이다(김대중, 1995, pp. 34~35). 이 통일방안은 평화공존에 역점을 두었으며, 최종단계인 완전통일국가는 평화공존을 확고히 한 기초 위에서 후대 사람들의 판단에 의해 결정되는 것으로 제시하고 있다. 즉 최종단계의 통일단계보다 국가연합을 실현하는 데 더 큰 비중을 둔 방안이라고 할 수 있다(류길재, 2001, pp. 96~97).

그런 연후에라야 통일국가단계에서 조화롭게 공생할 수 있는 완성된 민족공동체로서 통일코리아의 탄생이 가능할 것이다.

만약 북한의 급변사태 등으로 독일처럼 갑자기 통일을 맞이하게 된다면, 남북한의 이질화 정도를 고려할 때, 통일과정에서나 통일 이후에 사회적 갈등으로 말미암아 극심한 혼란을 겪게 될 가능성이 크다. 독일이 통일된 지 30년이 넘은 현재까지도 동서독 주민 간의 심리적 장벽이 여전히 높아 '마음의 통일'을 이루는 데 큰 어려움을 겪고 있는 현실은 통일코리아를 준비하는 우리에게 시사하는 바가 크다. 바로 이 점에서 통일 이후 한국교회의 역할이 클 수밖에 없다. 우리 기독교인들이 '그리스도 예수의 마음'(빌 2:5)으로 북한 주민들을 품을 때라야 통일코리아의 남북한 주민들이 조화롭게 공생하는 민족공동체를 형성할 수 있을 것이기 때문이다.

C. 셋째 : 자유와 평등을 포괄하는 정의로운 민주공화국

"셋째, 통일코리아는 민주공화국을 표방하며 자유와 평등을 포괄하는 정의로운 국가를 지향한다."

오늘날 서구 정치 선진국들은 보편적으로 민주공화국(democratic republic)의 형태를 취하고 있다. 민주공화국이란 민주제와 주권이 국민에게 있는 공화제(共和制, Republic)를 시행하는 국가를 의미하는데, 대한민국도 헌법 제1조 ①항에서 "대한민국은 민주공화국이다"라고 규정하고 있듯이 명백히 민주공화국을 표방하고 있다. 제헌헌법의 중심적 초안자였던 유진오에 따르면, 20세기 초반에 이르기까지는 공화국과 민주국을 동의어로 사용하였으나, '공화국'이라는 명칭을 사용하지 않고 '민주공화국'이라는 명칭을 사용한 것은 대한민국이 권력분립을 기본으로 하는 공화국임을 명시하기 위한 것이었다고 한다(양건, 2019, p. 125). 대체로 '민주공화국'의 '민주'는 두 가지 의미를 내포하고 있다. 첫째는 국민주권주의라는 의미이고, 둘째는 전체주의에 대립되는 입헌주의, 즉 권력분립에 입각하여 국가권력 행사를 통제하는 체제라는 의미이다(양건, 2019, p. 126). 주권은 국가의사를 최종적·전반적으로 결정할 수 있는 최고의 원동력이다. 민주주의는 그 주권이 국민에게 있다는 국민주권사상을 그 기초로 하고 있다(조용상, 2013, p. 203). 헌법 제1조 ②항에서 "대한민국의 주권은 국민에게 있고, 모든 권력은 국민으로부터 나온다"라고 규정한 것은 대한민국이 민주공화국에 합당한 국민주권주의를 채택하고 있다는 사실을 공식화한 것이다.

공화국은 주인인 국민 공통의 이익을 추구하는 공동체로서 공공성을 추구하는 나라를 의미한다. 공화국은 주권자인 국민이 직접선거 또는 간접선거에 의하여 일정 임기의 국가원수를 선출하는 국가형태이다. 이 같은 사실은 오늘의 대한민국이 선진적인 민주주의를 영위하고 있다는 것을 잘 입증해 준다. 그렇다면 통일코리아는 마땅히 더욱 발전된 형태의 민주공화국이어야 할 것이다.

근대 이후 민주주의의 역사는 자유를 쟁취하기 위한 투쟁의 역사였다. 왕권신수설(王權神授說, Divine Right of Kings)에 입각하고 있는 군주권에 대항하여 국민주권을 쟁취하기 위한 역사였다. 자연법(自然法, natural law, the law of nature) 또는 천부인권설(天賦人權說)은 이를 정당화하는 사상적 뒷받침이 되었다. 오늘의 대한민국은 국민의 힘으로 자유민주주의를 훼손하는 독재정권에 대항하여 민주화를 이룩한 민주공화국으로서, 통일의 미래상으로 인간의 존엄성과 행복권을 보장하는 선진 자유민주국가를 지향하고 있다. 반면에 북한은 주체사상에 입각하여 수령을 정점으로 하는 전체주의적 일당 독재정치체제를 구축하고 있으며 통일국가 또한 그 연장선 위에 올려놓고 있다. 수령을 절대화하고 신성화하는 '수령절대주의'는 수령과 그를 추종하는 몇몇 통치자들의 개인 이기주의의 극단적 표현으로 나타나기 마련이다(황장엽, 1999, p. 52). 게다가 북한은 김일성-김정일-김정은으로 이어지고 있는 3대 세습체제를 구축하고 있다. 결국 북한은 국민주권을 중시하는 공화국이라기보다는 현대판 '절대 군주국'이라고 볼 수 있으며, 하나님을 부정하고 하나님의 피조물인 사람을 우상 숭배하는 체제라는 점에서 통일코리아는 그 유산을 단호히 거부해야 한다. 통일코리아는 반드시 자유, 평등, 정의, 인권, 복지 등이 어우러진 선진 민주공화국이어야 한다. 이를 위해서는 무엇보다도 북한 지역 주민의 마음을 얻어야 하므로 통일과정에서는 물론 통일 이후에도 한동안 체계적인 정치교육 또는 시민교육 프로그램을 마련하여 시행할 필요가 있다. 한국교회도 복음적 가치를 심은 시민교육 프로그램을 치밀하게 준비해야 한다.

프랑스 국민의회가 1789년 8월 26일에 채택한 <1789년의 인간과 시민의 권리 선언(Déclaration des Droits de l'Homme et du Citoyen de 1789)>은 프랑스 혁명의 결과물로서 유럽 최초의 인권선언에 해당한다. 전문에서 "인간의 자연적이고 양도할 수 없는 신성한 권리들을 엄숙한 선언으로 제시할 것을 결의"하고 있으며, 제1조에서는 "인간은

법적으로 자유롭게 그리고 평등하게 태어나고 존재한다. 사회적 차별은 공동의 이익을 근거로 할 때만 허용된다"라고 규정하고 있다. 이처럼 제1조 첫 문장에서 자유와 평등을 강조한 것은 이 두 용어가 인간사회에서 가장 중요한 가치로 인정받고 있다는 것을 의미한다. 둘째 문장에서는 공동의 이익을 강조하고 있는데 이는 공동선(common good)과 관련이 되고 공공성을 강조하고 있다는 점에서 공화주의의 특성과 밀접한 관련이 있다. 실제로 이 선언은 자유와 평등을 중시하는 자유민주주의의 확산과 이를 근간으로 하는 공화국의 탄생에 큰 영향을 미쳤다. 세계사적으로 볼 때, 적어도 현재까지는 가장 선진적인 민주주의 국가들은 자유민주주의를 기반으로 하는 민주공화국임을 잘 알 수 있다. 다행히 대한민국도 번번이 권위주의 독재정치에 맞선 민주화 투쟁과 함께 선진 서방국가들에 비해 손색없는 민주공화국을 가꾸어 왔다.

통일코리아는 현행 헌법 제4조에서 "대한민국은 통일을 지향하며, 자유민주적 기본질서에 입각한 평화적 통일정책을 수립하고 이를 추진한다"라고 규정하고 있듯이, 확고한 자유민주적 질서에 기반한 민주공화국이어야 할 것임은 두말할 필요가 없다. 이를 위해 통일 이전에 미리 통일코리아를 상정하고, 통일헌법 등 그 법적·제도적 장치들을 준비하여 통일이 실현되는 시점에 곧바로 시행할 수 있도록 채비해야 할 것이다. 그리고 무엇보다도 통일은 기존 정치구조의 모순과 한계를 넘어서서 한국 민주주의의 심화와 발전을 수반하는 질적 전환의 기회가 되어야 할 것이다. 자유민주주의적 이상을 실현하는 데 커다란 장애가 되어온 반공주의를 극복하고, 자유, 평등, 인권, 공동번영 등과 같이 공동체 구성원 모두가 공감할 수 있는 새롭고 미래지향적인 가치를 담아야 할 것이다(강원택, 2011, p. 172). 이를 위해서는 영미형의 다원주의적 자유민주주의체제와 북유럽의 복지국가적 자유민주주의체제[8]의 절충형을 모색할 필요가 있다고 본다. 한마디로 통일은 단순히 남북한 분단 상태의 해소를 의미하는 것이 아니라 서로 대립해 온 다른 두 체제를 성숙한 자유민주주의와 시장경제의 기반 위에서 하나로 통합하여 단일 헌법과 단일 정부에 의해 운용되는 새로운 민족공동체를 건설하는 것을 뜻한다(통일교육원, 2018, p. 9).

D. 넷째 : 사유재산권을 보호하고 시장경제를 지향하며 사회안전망이 구비된 나라

> "넷째, 통일코리아는 자신의 능력에 따른 몫의 차이를 인정하며 그에 따른 사유재산권을 보호하고, 자유로운 시장경제를 지향하되 사회적 약자를 보호하는 사회안전망(Social Safety Nets)[9]을 구축하도록 노력한다."

---

8) 영미형의 다원주의적 자유민주주의체제는 수많은 자발적인 단체를 주축으로 한 자유로운 집단활동이 이해나 가치의 다원성을 보장하고 있는 체제이며, 북유럽의 복지국가적 자유민주주의체제는 고도의 각종 사회복지정책이 모든 국민의 합의를 도출케 할 수 있는 체제이다(이극찬, 2019, p. 492).

9) 사회안전망은 넓은 의미로 질병, 노령, 실업, 산업재해, 빈곤 등 사회적 위험으로부터 국민을 보호하기 위한 제도적 장치를 일컫는 것으로 5대 사회보험, 즉 국민연금, 건강보험, 고용보험, 산재보험, 공공부조 등을 말한다. 이는 1997년 외환위기 이후 나타난 용어로 그동안 사용해 온 '사회보장'이나 '사회복지'를 대신하여 사용되고 있다. 우리나라의 사회안전망은 크게 1, 2, 3차 안전망으로 구성되어 있다. 1차 안전망인 5대 사회보험은 일반 국민을 대상으로 노령, 질병, 산업재해, 실업 등의 사회적 위험을 보험을 통해 분산하고 있으며, 2차 안전망은 공공부조를 통해 1차 안전망에서 보호받지 못한 저소득 빈곤계층의 기초생활을 보장하고 있다. 아울러 3차는 긴급구호가 필요한 자에게 최소한의 생계 및 건강 유지를 지원하고 있다(기획재정부, 2017; 네이버 지식백과, https://terms.naver.com/ entry.naver?docId=299561&cid=43665&categoryId=43665, 2023. 4. 20 인출).

자유민주주의 질서하의 통일국가는 글로벌 시장 질서를 염두에 두고, 마땅히 자율과 창의를 존중하며 경제적 자유가 보장되는 시장경제체제를 택해야 할 것이다. 자유민주주의와 시장경제 질서는 둘 다 개인의 자유와 자율성에 기초하고 있기 때문이다. 자유와 자율성이 최대한 발휘될 때 개개인은 하나님이 주신 재능을 최대한 발휘할 수 있으며, 이는 경제성장, 나아가 국가발전의 동력이 된다.

사람마다 타고난 지능과 지혜, 경험, 지식의 정도 등에 따라 능력의 차이가 분명 존재한다. 그리고 그 능력의 차이에 따라 인센티브를 제공하는 것이 인정될 때 경쟁이 촉발되고, 그로 인해 생산성이 증대되며 경제발전이 보장된다는 점에서 개개인의 능력에 따른 몫의 차이를 인정하고 그에 따라 증식되는 사유재산권은 보호되어야 마땅하다. 존 로크(John Locke)는 『통치에 관한 두 편의 논고(*Two Treatises of Government*)』의 제2 논고(Second Treatise §27)에서 어떤 사람의 신체에 대하여 그 자신 외에는 어느 누구도 권리 행사를 할 수 없다는 점에서 신체를 통한 노동의 결과 역시 그 자신의 소유라고 주장하였다(Locke, 1960). 사유재산권은 당연히 보장되어야 하는 것으로 본 것이다.

사유재산권 보장은 시장경제체제와 호응하는 권리이다. 시장경제체제에서는 모든 경제주체의 생산활동과 소비가 자유롭게 이루어진다. 가격 메커니즘이 시장에서의 상품매매를 성사시키고, 또 이것을 근거로 생산과 소비를 조정할 수 있기 때문에 자원의 합리적 배분이 이루어지며 자연스럽게 질서가 유지된다. 애덤 스미스(Adam Smith)는 자원배분의 효율성을 이루는 시장기능을 '보이지 않는 손'(invisible hands)[10]이라고 설명했다. 그러나 이러한 시장경제 질서 속에서는 경쟁에서 밀려나는 소외계층인 사회적 약자들이 생겨나게 마련이다. 따라서 통일과정 또는 통일 이후 시장경제에 대한 지식이 부족하고 경험이 일천한 북한 지역 주민들에 대하여 마땅한 배려가 있어야 한다. 즉 체계적인 시장경제 교육과 훈련 프로그램을 가동할 필요가 있다. 물론 통일 이전이라도 북한이 핵을 포기하고 개혁·개방에 나선다면 북한의 시장경제 확산을 적극 도와야 할 것이다. 북한 사회에 시장경제가 널리 확산될수록 통일코리아의 경제통합은 그만큼 용이해질 것이다.

정치적으로 자유민주주의체제인 통일코리아는 경제적으로는 시장경제 질서를 바탕으로 하되 소외계층을 배려하는 복지국가를 지향하며 모든 국민이 '인간다운 삶을 영위할 수 있는 선진 민주공화국'을 실현하는 데 역점을 두어야 한다. 특히 통일 이후 시장경제 질서에 적응하지 못하고 사회적 약자로 전락하는 북한 지역 주민들을 보호하고 구제하는 사회안전망을 구축하는 데도 각별한 관심을 기울여야 한다. 한국교회도 '선한 사마리아인'의 자세로 북한 지역 주민들을 향한 구체적인 이웃 사랑 프로그램을 마련하고 구제 사역에 최선을 다해야 할 것이다.

---

10) 애덤 스미스는 『도덕감정론(*The theory of Moral Sentiments*)』(1759)에서 신은 전능하며 사랑의 존재로서, 신의 보이지 않는 손은 개개인의 이익 추구의 에너지를 인류 일반의 이익으로 연결시키는 통할자라고 표현하였다(애덤 스미스, 1996).

E. 다섯째 : 보편성에 입각한 인권을 보장하는 복지국가

"다섯째, 통일코리아는 보편성에 입각한 인권을 보장하는 복지국가 건설을 지향한다."

인권의 근원은 성경에서 기인한다. 하나님이 사람을 '하나님의 형상'으로 창조하셨다는 점에서 모든 사람은 인간의 존엄성을 마땅히 보장받을 권리가 있게 된 것이다. 이는 인간 자신이 인권과 기본적 자유의 중심적 주체임을 의미한다. 따라서 인권은 인간 존엄성의 원리에서 파생되는 본질적인 의미를 지닌 개념이라고 할 수 있다. 이 원리는 개인이 물질적 가격으로 표시할 수 없는 무한의 가치를 포함한다는 사실을 잘 나타내 주고 있다(이상구, 1984, p. 75).

인권은 인간이 누구나 태어나면서부터 사람이기 때문에 갖는 권리, 즉 보편적 권리로서 다른 사람이 뺏을 수 없는 당연한 권리를 말한다. 이 같은 인권의 개념은 인간의 존엄성을 강조하는 천부인권사상에서 비롯한다. 천부인권은 하나님이 모든 인간에게 부여한 권리로서 어느 누구도 침해할 수 없는 생명, 자유, 재산과 같은 기본적인 권리를 말한다. 이는 초국가적인 불가침의 권리이기 때문에 국가권력이라 할지라도 침해할 수 없다. 국가가 이를 침해한 경우에는 침해자인 권력자에 대한 저항권이 인정된다. 한마디로 천부인권사상은 절대 권력으로부터 기본권을 보호하는 것을 기본 이념으로 하고 있다.

인권에 대한 보편적 인식의 확산은 1948년 12월 10일 제3차 국제연합(UN) 총회에서 채택된 세계인권선언(Universal Declaration of Human Rights)에서 비롯한다. 이 선언의 서문은 "모든 인류 구성원의 천부의 존엄성과 동등하고 양도할 수 없는 권리를 인정하는 것이 세계의 자유, 정의 및 평화의 기초"라는 말로 시작하고 있다. 제1조는 "모든 인간은 태어날 때부터 자유로우며 그 존엄과 권리에 있어 동등하다. 인간은 천부적으로 이성과 양심을 부여받았으며 서로 형제애의 정신으로 행동하여야 한다"라고 천명하고 있다. 이는 하나님이 인간에게 인권을 부여했다는 인권의 천부성은 물론, 인권이 국적이나 인종에 상관없이 모든 인간에게 적용된다는 인권의 보편성을 잘 확인해 준다. 제2조에서는 "모든 사람은 인종, 피부색, 성, 언어, 종교 등 어떤 이유로도 차별받지 아니한다"라고 규정하고 있는데, 이 역시 인간으로서의 기본적 권리가 모든 사람에게 그리고 어느 곳에서든 똑같이 보편적으로 적용되어야 한다는 점을 잘 확인해 주고 있다. 물론 세계인권선언을 준비하는 과정에서 인류학계를 중심으로 다양한 사회에서 살고 있는 개인의 '문화적 차이'를 존중해야 한다고 주장하며 '문화 상대주의'의 관점에서 '보편적' 인권론에 반대하는 입장이 제기되기도 했다(홍용표, 장두희, 2019, p. 277).

대한민국 헌법 제10조는 "모든 인간은 인간으로서의 존엄과 가치를 가지며, 행복을 추구할 권리를 가진다. 국가는 개인이 가지는 불가침의 기본적 인권을 확인하고 이를 보장할 의무를 진다"라고 규정하고 있다. 또한 국가인권위원회법 제2조 제1호는 인권을 "헌법 및 법률에서 보장하거나 대한민국이 가입·비준한 국제인권조약 및 국제관습법에서 인정하는 인간으로서의 존엄과 가치 및 자유와 권리"라고 정의하고 있다. 즉 대한민국은 헌법과 법률은 물론 국제인권조약 및 국제관습법에 이르기까지 인권의 보편성을 확고히 견지하고 있음을 알

수 있다.

　그런데 북한을 비롯한 사회주의체제는 전체주의적 일당독재를 펼치며 집단을 중시하고 있다. 이러한 상황에서는 개인의 자유와 자율성에 대한 철저한 억압과 타율적 강제로 인하여 인간의 존엄과 가치가 훼손되기 마련이다. 이것이 북한이 인권의 불모지가 된 가장 큰 이유이다. 또 사회주의체제는 국제사회로부터 인권 문제가 제기될 때면 경제적·사회적·문화적 권리를 더 중요한 인권이라고 강조하며, 시민적·정치적 권리 위반에 대한 비판을 교묘하게 피해왔다. 그러나 역설적이게도 체제의 속성상 경제적·사회적·문화적 권리마저도 제대로 보장하지 못하는 상황을 초래하고 말았다. 개인의 자유와 자율성을 짓밟는 전체주의체제의 필연적 결과이다. 오늘날 국제사회가 북한의 인권 문제에 대해 우려하고 있는 근본 이유도 바로 여기에 있음은 두말할 필요가 없다.

　통일코리아는 분단 이후 인권의 사각지대로 전락해 온 북한 지역에서 인권의 보편성 원리가 적용되도록 적극적인 인권정책을 펼쳐야 마땅하다. 통일코리아가 북한 지역의 인권을 온전히 보장하기 위해서는 통일 이전부터 북한 주민의 인권 향상을 위해 부단한 노력을 기울여야 한다. 이 점에서 한국 정부와 시민사회는 북한의 인권 유린 실태에 대해 결코 침묵하거나 방관해서는 안 된다. 우리 헌법상 북한 주민은 대한민국 국민이기 때문에 대한민국은 이들의 인권을 존중하고 보장해야 할 의무가 있다. 유엔 등 국제기구는 물론 인권을 중시하는 서방국가들은, 북한 당국의 심한 반발에도 불구하고, 출신성분에 따른 차별대우, 정치범수용소 문제 등 북한에서 공공연하게 자행되고 있는 심각한 인권침해 상황에 대하여 우려하며 꾸준히 북한 당국에 인권개선을 촉구해 왔다. 한국도 북한의 인권개선을 위한 국제사회의 노력에 적극적으로 동참해야 한다. 북한의 인권개선은 곧 북한체제의 개혁·개방과도 밀접한 관계가 있다는 점에서 통일을 앞당기는 효과가 있으며, 또한 그것은 진정한 사람의 해방을 추구하는 것이라는 점에서 통일의 당위성과도 밀접한 관계가 있다. 따라서 한국교회는 성경적 원칙에 입각하여 북한의 인권개선을 위해 각별한 노력을 기울여야 할 것이다.

한편 통일코리아는 경제적·사회적·문화적 권리에 관한 국제규약(A규약)과 시민적·정치적 권리에 관한 국제규약(B규약)을 준수하면서 인간의 존엄과 가치, 실질적인 자유와 평등을 위하여 이 두 가지 측면을 잘 조화시킨 진정한 인권 국가로 자리매김해야 한다. 특히 분단 시기 내내 인간 이하의 삶에 시달려 온 북한 주민들의 인권 향상에 특별한 관심을 기울여야 한다. 무엇보다도 한국교회는 통일 이전에 대북 인도적 지원을 통해 북한 주민들에게 생존권적 기본권 향상을 위한 사랑의 손길을 펼치는 한편, 공중파 방송이나 온라인을 통해 생명의 말씀을 전하여 그들이 하나님의 형상을 닮은 귀한 존재라는 사실을 일깨워 나가야 할 것이다.

F. 여섯째 : 사회·경제적 공의를 보장하는 나라

"여섯째, 통일코리아는 사회·경제적 공의를 보장하는 사회를 지향한
다(암 5:24)."

통일코리아는 공정하시고 정의로우신 하나님의 공의가 구현되는
나라여야 한다. 공의는 하나님이 허락하신 것으로 모든 국가에 요구
되는 가장 중요한 덕목에 해당한다. 하나님은 이스라엘 민족에게 "오
직 정의를 물 같이, 공의를 마르지 않는 강 같이 흐르게 할지어다"(암
5:24)라고 명령하셨다. 어느 나라든 이 명령에 순종하지 않아 정의와
공의가 외면당하고 불의가 만연할 경우, 아무리 물질적으로 부유하다
고 할지라도 그 나라는 분쟁이 끊이지 않을 것이며, 돌이키지 않을 때
는 패망의 길로 접어들 수밖에 없다. 강물이 아래로 흘러 주변 대지를
적시며 풍요로운 결실을 거두듯이 공의가 온 사회에 흘러넘칠 때, 그
나라는 사랑이 넘치는 아름답고 선한 공동체가 될 것이다.

물이 온 대지 위의 생명체를 살리듯 공의가 온 나라에 편만하면
모든 국민이 행복해지는 법이다. 사회적 강자가 사회적 약자를 배려하
고, 경제적으로 부유한 자가 가난한 자, 소외된 자를 돕는 풍토를 가
진 사회는 사회적 강자와 약자가 서로 공존하는 사랑의 공동체가 될
것이다. 만약 나라의 사회적·경제적 공의의 흐름이 막히고 약육강식
의 원리가 온 사회를 지배하게 된다면, 그 공동체는 갈등과 분열로 인
한 분쟁의 일상화로 말미암아 결국은 몰락의 낭떠러지로 내몰리고
말 것이다. 시편 기자는 "공의로 심판하심이여 정직으로 만민에게 판
결을 내리시리로다"(시 9:8)라고 말하고 있다. 사회적·경제적 공의의 흐

름이 막힌 공동체는 하나님의 심판을 받게 될 것이다. 반면에 시편 기자가 "정의를 지키는 자들과 항상 공의를 행하는 자는 복이 있도다"(시 106:3)라고 선포하고 있듯이, 공의가 넘치는 공동체에는 하나님의 한량없는 복이 넘치게 될 것이다.

사회적 관계 속에서 공의의 실현은 화평을 이루는 근원이 된다. 이러한 점에서 통일 이후에 통일코리아가 겪게 될지도 모를 미증유의 갈등과 분열, 분쟁을 예방하기 위해서는 통일 이전에 남한 사회가 주님이 "너희는 먼저 그의 나라와 그의 의를 구하라 그리하면 이 모든 것을 너희에게 더하시리라"(마 6:33)라고 하신 말씀을 기억하고, 먼저 하나님의 공의를 구현하는 공동체가 되어야 한다. 그렇게 할 때 남한 사회는 북한 사회를 정상적인 공동체로 견인할 수 있는 진정한 능력을 갖게 될 것이며, 그렇게 성취된 통일코리아는 하나님이 축복하시는 아름답고 선한 민족공동체가 될 것이다.

G. 일곱째 : 통일코리아의 외교역량에 기여하는 교회

> "일곱째, 통일코리아의 교회는 한반도 주변국의 교회들과 긴밀히 협력하여 공공외교에 기여함으로써 통일코리아의 외교역량을 키우는 데 이바지한다."

통일 이후 통일코리아는 미국, 일본, 중국, 러시아 등 주변 4대 강대국과의 외교관계를 긴밀히 해야 한다. 주지하다시피 한반도는 지정학적으로 이들 4대 강대국의 이해가 첨예하게 대립하고 있는 지역이다. 이 때문에 장차 통일코리아의 안전보장을 위해서는 이 국가들의 지지와 협력을 지속적으로 이끌어내는 일이 필수적이다. 그런데 한반도 통일이 남북 분단체제의 해체와 함께 동북아 질서의 근본적인 변화를 가져올 수 있다는 점에서 현상유지에 안주해 온 주변국들로서는 통일코리아의 등장을 민감하게 여길 가능성이 매우 크다.

한반도는 지정학적 특성상 전략적 가치가 매우 큰 데다, 통일코리아는 주변 강대국들에 비해 안보 역량이 상대적으로 약하므로 주변 강국들의 다자간 안보체제의 구축 없이는 통일국가를 유지하기가 매우 어려울 수 있다. 따라서 통일코리아의 실현과 그 유지는 통일된 한반도가 이들 주변 강국들에게 자국의 이익에 부합하고, 동북아시아의 평화와 번영을 보장할 것이라는 인식이 클 때라야 가능한 일이다.

통일코리아의 외교는 지정학적으로는 동북아의 평화질서 유지에 기여하고, 지경학적으로는 해양과 대륙을 연결함으로써 원활한 경제협력을 통해 각국의 경제적 이익을 증대시키는 데 이바지해야 할 것이다. 각 국가는 자국의 이익을 도모하게 마련이라는 점에서, 주변 4대 강국으로 하여금 통일코리아가 안보적으로나 경제적으로 자국에 유익하다는 판단이 서도록 외교적인 노력을 기울여야 할 것이다.

그런데 오늘날 동북아 질서 속에서 한반도 문제의 핵심 관여국인 미국과 중국의 갈등 심화는 한반도 통일에 가장 어려운 환경을 조성하는 변수로 작용하고 있다. 이러한 미·중 갈등은 설사 통일이 된다고 하더라도 통일 이후에 재발할 가능성이 크다. 따라서 통일코리아는 미·중 양국의 패권 경쟁의 희생양이 되지 않도록 외교 역량을 잘 발휘해야 할 것이다.

무엇보다도 한국교회는 통일 이후 4대 강국 교회와의 긴밀한 협

력을 통해 공공외교(public diplomacy)[11]에 적극 이바지함으로써 주변
국에 대한 통일코리아의 공식 외교 역량을 강화하는 데 큰 도움을 줄
수 있을 것이다. 이를 위해 한국교회는 지금까지 형성되어 온 미국교
회 및 일본교회와의 관계 강화에 힘을 기울이는 한편, 중국교회 및 러
시아교회와의 협력을 적극 모색해 나갈 필요가 있다. 특히 미국의 경
우 기독교 국가로서 조야(朝野)에 영향력을 가진 기독교인들이 많다는
점에서 한국교회와 미국교회의 관계 강화는 시민사회 영역에서 한미
동맹 강화에 크게 기여하는 길을 열 수 있을 것이다. 또한 재미 한인
교회는 한국교회와 미국교회의 관계 강화를 위해 중요한 매개 역할
을 할 수 있을 것이다. 한국교회와 일본교회의 관계 강화는 한국 정부
와 일본 정부 간에 역사 청산 문제로 번번이 갈등이 발생하는 상황에
서 양국 간 화해에 큰 보탬이 될 수 있을 것이다. 한편 중국교회와의
관계 모색을 위해서 한국교회는 중국의 공식교회인 삼자교회와 지하
교회인 가정교회를 구분하여 전략적으로 접근해야 한다. 즉 가정교

---

11) 공공외교는 정부가 주도하여 외국 국민들의 이해와 신뢰를 증진시키는 외교활동이다.
즉 외국 국민들과의 직접적인 소통을 통해 자국의 역사, 전통, 문화, 예술, 가치, 정책,
비전 등에 대한 공감대를 확산하고 신뢰를 확보함으로써 외교관계를 증진시키고, 국가
이미지와 국가 브랜드를 높여 국제사회에서 자국의 영향력을 높이는 외교활동을 말한다.
정부 간 소통과 협상 과정을 일컫는 전통적 의미의 외교와 대비되는 개념으로, 문화·예술,
원조, 지식, 언어, 미디어, 홍보 등 다양한 기제를 활용하여 외국 대중(Foreign Public)에게
직접 다가가 그들의 마음을 사고, 감동을 주어 긍정적인 이미지를 만들어 나간다는 것이
공공외교의 기본 콘셉트이다. 오늘날 공공외교는 주로 외국 대중을 그 대상으로 하지만,
외국의 NGO, 대학, 언론 등도 여론 형성에 중요한 역할을 한다는 점에서 공공외교의
대상에 포함된다. 또한 최근에는 외교정책에 대한 자국민의 이해와 지지가 중요해짐에
따라 자국민과 단체·기관도 공공외교의 범주에 포함시키는 경향이 있다. 공공외교를
성공적으로 수행하기 위해서는 다양한 주체들의 자발적 참여가 필요하다. 국민 개개인,
NGO, 기업, 지방자치단체, 각급 정부기관 등 다양한 수준의 행위자들이 상대국가의
행위자들과 네트워크를 형성하고 유지하는 가운데 서로에 대한 이해를 증진하고, 이를
통해 상호교류와 협력을 더욱 돈독히 할 때 비로소 공공외교의 효과가 발휘될 수 있을
것이다(외교부 홈페이지, https://www.mofa.go.kr/www/wpge/m_22709/contents.do,
2023. 4. 20 인출).

회와는 전적으로 중국의 복음화 차원에서 교류가 필요하겠지만, 삼자교회와는 복음 사역을 위한 교류를 모색해 나가는 가운데 국가가 공인하는 공식교회라는 점을 고려하여 훌륭한 공공외교 자원으로 삼을 수 있을 것이다. 러시아의 경우는 정교를 국교로 삼고 있다는 점에서 개신교 세력이 미약하지만, 한국교회가 선교 차원에서 접근하면서 공공외교 영역을 개척해 나갈 필요가 있다고 본다.

무엇보다도 한국교회가 공공외교에 크게 기여할 수 있는 것은 상대국의 기독교인들을 대상으로 하고 있어 어떤 영역보다도 믿음 안에서 돈독한 관계를 맺을 수 있기 때문이다.

III. 나오면서

남북한이 직면한 현재의 상황을 볼 때, 도무지 사람의 생각으로는 통일이 불가능해 보일지 모른다. 이 상태에서 통일이 되면 더 큰 불행이 올지도 모른다고 고민하는 사람들도 많다. 그러나 통일은 역사를 주관하시는 하나님의 손에 달려 있기에 하나님이 허락하시면 언제든 도둑과 같이 찾아올 수 있는 일이다. 이것이 한국교회가 온 마음을 다해 간절히 기도하며 하나님의 뜻에 합당한 통일을 준비해야 하는 이유이다.

통일코리아는 하나님의 형상으로 창조된 인간의 존엄성과 행복권을 확실히 보장하는 체제여야 한다. 지금의 남북한이 이러한 나라로 재창조되기 위해서는 하나님의 나라와 하나님의 의를 구하는 교회의 역할이 커야 한다. 한국교회가 복음적 평화통일을 간절히 기도해야 하는 이유가 바로 여기에 있다. 이를 위해서는 한편으로는 예수님의 마음을 품고 선한 사마리아인의 모습으로 북한 사람들을 대해야 하고, 또 한편으로는 북한 땅에 복음이 널리 전파될 수 있도록 하나님이 주시는 지혜로 북한선교에 전심전력을 기울여야 한다. 이 과정에서 북한 사람들이 점차 하나님의 형상으로 회복되어갈 것이며, 하나님이 정하신 시간에 우리가 바라는 복음적 평화통일의 문이 활짝 열리게 될 것이다.

통일코리아가 복음에 입각한 나라가 되면, 세계적으로 교회가 쇠퇴해 가는 이때, 어느 나라도 가지지 못한 '영적 자본'으로 세계선교를 마무리하는 제사장 나라가 될 것이다. 통일코리아 교회는 남한교회의 선교 역량과 북한교회의 '순교적 영성', 해외 디아스포라 한인교회의 글로벌 네트워크가 절묘하게 어우러짐으로써 놀라운 시너지 효과를 발휘하게 될 것이다.

하나님이 복음적 평화통일을 원하시는 것은 단순히 남북한의 통일만을 염두에 두신 것이 아니다. 하나님은 통일코리아를 모든 민족을 향한 제사장 나라로 삼으실 계획을 갖고 계시기 때문이다. 이는 하나님이 세계 복음화를 이루기 위하여 통일코리아의 교회를 땅끝까지 복음을 전파하라는 예수 그리스도의 대위임명령(The Great Commission)을 능히 감당하는 귀중한 도구로 사용하신다는 것을 의미한다.

참고문헌

강원택. 『통일 이후의 한국 민주주의』 (파주: 나남출판, 2011).

김대중. 『김대중의 3단계 통일론: 남북연합을 중심으로』 (서울: 아태평화출판사, 1995).

류길재. "통일방안의 새로운 모색", 전국대학북한학과협의회 (편). 『남북화해와 민족통일』 (서울: 을유문화사, 2001).

스미스, 아담. 박세일·민경국 역. 『도덕감정론(The theory of Moral Sentiments)』 (서울: 비봉출판사, 1996).

양 건. 『헌법강의(제8판)』. (파주: 법문사, 2019).

이극찬. 『정치학(제6전정판)』. (파주: 법문사, 2019).

이상구. 『민주정치론』 (서울: 대왕사, 1984).

이상우. 『북한정치: 신정체제의 진화와 작동원리』 (서울: 오름, 2008).

이상우. 『북한정치 변천: 신정체제의 진화과정』 (서울: 오름, 2017).

조요셉. 『북한선교의 마중물 탈북자』 (고양: 두날개, 2013).

조용상. 『정치학의 이해 제2판)』 (파주: 법문사, 2013).

통일교육원. "2019 통일문제 이해". 2018.

통일교육원. "남북한의 통일정책과 통일방안 비교". 2006.

홍용표, 장두희. "한반도에서 인권과 평화: 북한인권법 제정을 둘러싼 논쟁과 그 의미". 「문화와 정치」. 6(4), (2019) 273-305.

황장엽. 『개인의 생명보다 귀중한 민족의 생명』 (서울: 시대정신, 1999).

Locke, John, *Two Treatises of Government,* ed. Peter Laslett, (Cambridge: Cambridge University Press, 1960).

기획재정부. 『시사경제 용어사전』 2017. 네이버 지식백과(https://terms.naver.com/entry. naver?docId=299561&cid=43665&categoryId=43665. 2023. 4. 20 인출).

외교부. "공공외교정책". 2023. 외교부 홈페이지(http://www.mofa.go.kr/www/wpge/m_22713/ contents.do. 2023. 4. 20. 인출).

제 12 장
통일코리아가 국제 사회에 주는 유익

첫째, 통일코리아는 한반도를 넘어 아시아-태평양 지역의 평화와 번영에 이바지한다(시 122:7-9).

둘째, 통일코리아는 동아시아의 역사적 과오와 상처를 주변 나라들과 함께 지속적으로 극복해나가며, 역내 국가 간 화해를 이끈다(사 32:17).

셋째, 통일코리아는 세계의 한인 동포사회와 함께 유라시아 경제·문화 교류를 촉진한다. 나아가 통일을 하나님의 은혜로 여기는 청지기로서 경제적 빈곤 국가들을 돕고, 분쟁지역의 갈등을 해결하는 데 적극 참여한다(벧전 4:10).

I. 서론

통일선교언약이 보여주는 통일은 결코 자기중심적이지 않다. 곧 자기중심적 민족성과 국가관, 세계관을 지양(止揚)한다. 우리의 통일은 한반도의 통일을 넘어선 인류의 화목에 이르는 과정과 결과를 드러낸다. 한반도의 평화와 번영, 회복과 화목은 한민족이 홀로 누리는 유익이기보다 국제 사회와 공유할 수 있는 가치이자 열매이다. 예수 그리스도의 특별(特別)한 은총 안에서 살아가는 교회를 통해 한반도의 교회와 시민사회가 회복되고, 성숙한 통일코리아의 영적 자산으로 말미암아 더욱 풍성한 일반은총(一般恩寵)의 열매를 국제 사회가 함께 누리는 일이 통일선교언약에서 보여주는 국제 사회 속 통일코리아의 방향이다.

우리의 통일은 한반도를 넘어 아시아와 태평양 지역의 평화와 번영에 이바지할 것이다. 갈등과 분열, 전쟁 역사의 중심무대였던 한반도가 평화의 공간으로 변하는 일은 아시아와 태평양 국가들의 정치와 외교, 경제와 환경 모두를 안전하게 이끄는 동력이 된다. 우리의 통일은 동아시아의 역사적 과오와 상처를 주변 나라들과 함께 극복해 나가며, 역내 국가 간 화해를 이끄는 일이 된다. 막힌 담을 헐어내는 과정을 경험한 한반도는 회복의 영적 자산을 바탕으로 역내 국가들과 함께 투명한 역사기술과 반성, 용서, 화해의 길을 향해 용감하게 나아갈 것이다. 역사의 아픔을 건강하게 다루는 위대한 도전은 타락한 인류의 회복과정과 성화를 증명하는 거룩한 몸부림이 될 것이다.

또한 우리의 통일은 지구촌 한인 동포사회와 함께 유라시아 경제·

문화 교류를 촉진한다. 나아가 통일코리아의 시민은 통일을 하나님의 은혜로 여기고, 청지기로서 경제적 빈곤 국가들을 돕고, 분쟁지역 갈등을 해결하는 데 적극 참여한다. 통일은 한인 동포사회의 회복으로도 연결되고, 동포사회는 자기중심적 민족성의 강화를 경계하고, 자신이 속한 시민사회의 통합에 이바지하는 건강한 시민정체성을 가진다. 통일코리아에 허락된 사회통합과 경제번영 또한 지구촌의 사회갈등과 빈곤을 해결하기 위해 맡겨진 책임으로 여기며 국제사회의 이기적 경쟁구도를 완화하는 데 적극 참여한다.

이렇듯 통일코리아가 국제 사회에 주는 유익은 청지기적 은혜의식 안에서 이루어지는 선물이다.

II. 본론 해설

> "첫째, 통일코리아는 한반도를 넘어 아시아–태평양 지역의 평화와 번영에 이바지한다 (시 122:7–9)."

근대와 현대역사에서 한반도는 열강의 지역패권 경쟁과 냉전이 실현된 자리였다. 청일전쟁(1894-1895)과 러일전쟁(1904-1905), 6·25전쟁(1950-1953)은 모두 한반도를 둘러싸고 벌어진 비극적 사건이었다. 19세기 말 제국주의 시대에는 한반도 주변국들이 지역의 패권을 놓고 각축을 벌였다면, 20세기 중반 냉전 시기에는 세계의 열강과 국제연합(United Nations)이 얽힌 양상의 이념적 분쟁이 한반도에서 일어났다.

한국전쟁 이후에도 미국과 소련을 축으로 형성된 지구적 대립구도로 인해 한반도와 주변 지역은 여전히 긴장 상태에 놓여 있었다. 군비경쟁과 안보 불안, 선전대결의 양상은 상호불신과 적대를 기반으로 나타났고, 이를 다시 키우는 악순환으로 이어졌다. 남북한은 각자의 동맹 관계를 활용하여 국제무대에서 자신의 입장을 나타냈고, 비동맹 국가들과 외교 관계를 수립하며 외교적 경쟁을 이어갔다.

냉전의 긴장 속에서도 평화를 희구하는 국제 사회의 노력은 한반도에 영향을 주었다. 1970년대 미국과 소련, 중국, 일본의 상호 관계 변화는 한반도에도 대화의 동력을 제공했다. 더욱이 1970년대 말 중국의 시장개방은 아시아-태평양 지역의 경제활동을 활성화하는 데 큰 역할을 했고, 1980년대 중반 소련의 개혁과 개방정책은 유럽의 냉전구도를 해체시키는 데 크게 기여하였다. 그러나 이러한 국제 사회의 변화에도 남북한의 적대관계는 지속되었고, 특히 북한이 체제결속을 위해 고립을 강화하고 핵무기를 개발하면서 한반도를 둘러싼 역내의 긴장은 더욱 고조되었다.

따라서 아시아-태평양 지역의 갈등과 분쟁 요소가 응축된 한반도에서 평화롭게 통일을 이루는 일은 남북의 화해를 넘어 동아시아 지역의 평화를 이끄는 계기가 된다. 제국주의와 군국주의, 이념의 충돌을 경험한 통일코리아는 이를 역사적 교훈과 자산으로 삼아 더 이상의 전쟁과 갈등을 허락하지 않으려는 평화적 의지를 강하게 표명한다. 그리고 사람과 물질을 주인 삼은 과오를 철저히 반성하고, 상생의 번영을 중시한다. 이를 통해 아시아-태평양 지역의 정치·경제적 긴장과 갈등 관계를 줄이는 데 앞장선다.

통일된 한반도는 냉전의 완충지대(buffer zone)에서 평화를 선도하는 지역(peace-creating zone)으로 전환된다. 한반도는 제국주의 시대에 열강이 세력을 확장하는 전초기지로, 냉전 시기에는 진영 대립의 주요 전선으로 자리 잡았다. 탈냉전기에도 분단된 한반도는 미국과 일본의 동맹, 중국과 러시아의 전략적 협력관계가 여러 모양으로 충돌하는 무대가 될 소지를 안게 되었다. 남북의 대립 관계와 얽힌 주변국의 군사시설 배치와 군사 훈련, 경제 제재와 무역 분쟁은 각국의 이해관계와 함께 지역의 긴장과 갈등을 야기할 수 있다. 통일 뒤에도 한반도를 둘러싼 이해관계가 역내 갈등을 유발하는 변수로 작용하는 일은 더 이상 없어야 하고, 이를 허용하지 않는 것이 통일코리아의 역사적 사명이라 할 수 있다. 한반도에서 취할 수 있는 이익이 특정 주변 국가의 역량을 강화하는 데 쓰이기보다는, 한반도를 통해 모두가 함께 번영하고 평화를 누릴 수 있는 길을 모색하는 것이 새로운 통일코리아의 역할이다. 따라서 통일코리아는 냉전의 진영 대립과 지역의 양자동맹체제를 극복하고, 다자(多者)가 협력할 수 있도록 새롭고 창의적인 주도체(initiative)를 구축한다. 또한 탈냉전기에도 나타나던 패권 경쟁과 신냉전의 양상을 경계하며, 대화와 협력이 가능한 새로운 체계를 창조해 나간다. 힘의 균형을 통한 소극적 평화를 추구하던 기존의 한계를 뛰어넘고, 적극적으로 평화를 이루어가며, 주변 나라들과 함께 아시아-태평양 지역의 안보와 평화를 만들어간다.

통일코리아는 아시아-태평양 지역의 경제성장에 기여하되, 특정 지역과 영역에 편중된 성장정책을 지양한다. 지속(持續)과 상생공영(相生共榮)이 가능한 자원(資源), 경제협력 체제를 주변 국가들과 함께 개발하고, 당대의 인류와 후세가 지구환경을 건강하게 누릴 수 있도록 생태자연을 관리하며, 하나님의 창조질서를 지키고 회복하는 일에 힘쓴다. 더불어서 인류의 보건과 문명, 경제 영역이 분리되지 않는 환경친화적 공생관계를 이웃 나라들과 적극 대화하며 만들어간다. 더욱이 경제문제에서 자국과 민족 이기주의에 머물지 않고, 국가 간 불균형과 격차를 지역과 인류적 차원에서 공동으로 해결하도록 노력한다. 이를 위해 지구촌의 식량, 환경, 자유, 복지 문제를 역내 국가들과 논의하며 공동으로 해결해 나간다. 결국 통일코리아는 자기중심적 번영을 지양하고, 아시아-태평양 지역의 공동번영을 추구한다.

아시아-태평양 지역은 미국과 중국, 러시아, 일본, 동남아시아, 한반도가 서로 대립하던 구습을 벗어나 새로운 협력의 역사를 만들어가야 한다. 제국주의 세력의 침략과 식민, 억압, 세계대전과 내전, 핵무기의 파괴력을 모두 경험한 국가들이 모인 아시아-태평양 지역은 분열과 갈등의 참상을 누구보다 혹독하게 경험한 이들과 그 후손들이 사는 곳이다. 오늘 이 터전으로 부름 받은 우리는 이러한 아픔과 갈등이 재발하지 않도록 최선을 다해야 한다. 그리고 진영으로 갈려 서로 싸우지 않는 수준을 넘어서, 인류 공동체로서 서로 사랑하며 돕는 것이 우리 모두의 시대적 사명이다.

한국전쟁에 직간접으로 참여한 세계인들의 희생과 비극에 빚진 마음을 갖고 우리가 함께 한반도와 주변 지역의 평화를 이룰 때, 모든 일을 선으로 바꾸시는 하나님의 뜻이 드러나게 된다. 과거 냉전과 핍박으로 얼룩진 땅이 화평과 안녕의 공간으로 바뀌는 일은 하나님 나라의 실체적 표본이 될 수 있다. 한반도에서 총칼을 맞대며 싸우던 나라들이 같은 장소에 모여 평화를 이야기하는 모습은 모든 교회와 인류의 소망이다. 통일코리아는 그 거룩한 소망을 주변 나라들과 함께 반드시 이루어갈 것이다. 주변 나라들 역시 통일코리아와 함께 이전에 맛보지 못한 평화와 안정, 번영을 이제는 마음껏 이루어가야 할 것이다.

> "둘째, 통일코리아는 동아시아의 역사적 과오와 상처를 주변 나라들과 함께 지속적으로 극복해나가며, 역내 국가 간 화해를 이끈다 (사 32:17)."

현대 역사에서 동아시아 지역의 많은 시민들은 압제와 분열, 전쟁을 경험하며 헤어 나오기 힘든 슬픔과 분노를 느끼며 살아왔다. 대한제국의 국권강탈, 소련의 강제이주정책, 만주사변, 중일전쟁과 태평양전쟁을 포함한 세계대전, 한국전쟁, 베트남전쟁, 여러 나라의 민주화운동은 동아시아 지역에서 역사·전통의 단절과 왜곡, 민족의 분열, 마을과 가족의 해체, 대량 살상의 비극을 낳았다. 더욱이 냉전시기 이념의 대립은 이러한 상처와 분노를 공동으로 해결하기 어렵게 만드는 장애물이었다. 그런데 탈냉전기에도 여전히 아픔을 치유하기 어려운 것은, 한반도의 분단을 둘러싼 국가들의 진영 대립이 남아 있기 때문이다. 따라서 한반도의 통일은 동아시아 지역의 막힌 담을 헐어내고 화해의 길을 여는 위대한 시작이다.

통일코리아는 막힌 담을 헐어낸 영적 자산을 바탕으로 지역 평화의 상징과 실체로서 주변 국가들과 적극적으로 화해를 추구한다. 손상된 관계의 영역들을 점검하고 반성, 위로, 용서하는 과정은 올바른 관계를 이루기 위해 필요하다. 결국 회복된 관계를 통해 화목의 기쁨을 누리게 될 때, 하나님 나라의 의와 화평, 희락이 세상에 드러나게 된다. 이러한 영적 자산을 통일코리아가 먼저 누리고, 주변과 나누는 일이 한반도 통일의 유익이자 사명이다. 식민지배의 분노와 아픔, 동족상잔의 비극은 통일코리아와 이웃 국가들이 함께 짊어진 역사이자 과제다. 따라서 통일코리아의 완성된 회복은 동아시아의 회복과 연결되어 있다.

중국과 일본, 통일코리아는 서로를 견제하던 과거의 유산을 과감하게 끊고, 관계의 기쁨을 누리는 새 시대를 함께 연다. 그러기 위해 역사적 과오를 있는 그대로 발굴하며 수치와 아픔을 드러내는 데 주저하지 않는다. 상대의 수치와 아픔을 보면서 비난하거나 비하하는 수단으로 삼지 않고, 반성하고 위로하는 계기로 삼는다. 상대의 과거 부끄러움과 고통이 오늘 나의 부끄러움과 고통으로 연결될 때, 동아시아는 함께 책임감을 갖고 화해에 나설 수 있다. 한반도에서 남과 북이 하나 되는 과정에서 보인 '수치와 아픔의 공동체적 회복 노력'이 동아시아 지역 회복의 근거가 될 수 있다.

통일코리아가 보여주는 남북의 화해와 치유과정은 동아시아의 갈등 해결 과정에 도움을 준다. 가해자의 과오 인정과 참회의 용기, 피해자가 얻은 위로와 용서하는 용기는 동아시아를 넘어 인류가 공유할 수 있는 소중한 경험이자 가치가 된다. 객관적인 역사의 기술과 교육, 발굴, 보존, 차별 없는 보상, 미래세대의 항구적 책임 모두 통일코리아가 나눌 실천적 가치다. 통일코리아는 가해자와 피해자의 단순한 이분법적 구별을 경계하고, 모두에게 건강한 회복의 기회를 주는 정의를 실현한다. 또한 혐오와 증오를 유도하는 정치적 선동이나 교육도 배격한다. 통일코리아는 과거의 제국주의와 군국주의뿐만 아니라 오늘의 자기중심적 민족주의도 경계한다. 이로써 통일코리아는 동아시아 이웃 국가들과 함께 공동의 문화유산을 지키고, 투명하고 거룩한 역사를 만들어간다. 특히 역내 공통가치를 공유하고 지역적 특수가치를 존중하면서도 인류의 보편적 인권가치와 철학을 연구하며 개발하여 국제 사회와 이를 공유한다. 통일코리아는 동양적 가치와 서구적 가치가 충돌하거나 강요되지 않고, 새로운 인류 화목의 가치가 개발되고 상생, 융합하는 지역으로 자리 잡는다.

하나님과 화목한 이는 이웃과 화목하기에 힘쓴다. 선교와 통일은 연합과 화목이라는 공통 주제를 안고 있다. 하나님과 화목하고 이웃과 화목하기는 결국 통일선교로 나타난다. 통일선교는 사랑과 인격적 관계가 드러나는 일이다. 채소를 먹으며 서로 사랑하는 것이 살진 소를 먹으며 서로 미워하는 것보다 낫다(잠 15:17). 한반도의 통일에서 현상적 부강(살진 소) 또는 경제적 부담(채소)에만 초점을 둔다면, 화목의 가치는 자리 잡기 어렵다. 그런데 미워하지 않기 위해, 더 나아가 사랑하기 위해 이루는 통일이라면 예수 그리스도의 십자가 희생과 부활이 현실에 드러난다. 한반도 통일은 인류의 평화를 이끄는 '대표성'(代表性)과 동아시아 지역의 평화를 이웃 나라들과 함께 이뤄가는 '공동체성'(共同體性)을 내포하고 있다. 따라서 남북의 화해가 동아시아의 화해로 이어지는 통일이라면, 지구적 공교회와 평화를 원하는 모든 세계 시민은 통일선교의 가치를 지지하리라 본다.

"셋째, 통일코리아는 세계의 한인동포사회와 함께 유라시아 경제·문화 교류를 촉진한다. 나아가 통일을 하나님의 은혜로 여기는 청지기로서 경제적 빈곤 국가들을 돕고, 분쟁지역의 갈등을 해결하는 데 적극 참여한다(벧전 4:10)."

20세기 한반도의 국권상실과 강제이주, 독립운동, 전쟁을 거쳐 대한민국의 근대적 경제성장과 민주화운동, 세계화와 자유무역체제 시기에 수많은 한인(韓人)들이 해외로 진출했다. 비자발적 또는 자발적 이주 역사에는 핍박과 가난, 울분, 상실과 투쟁, 서러움과 고단함, 꿈과 굴욕, 혼란, 아픔과 은혜, 성실과 보람, 실패와 성공 이야기 모두가 뒤섞여 있다. 더욱이 세계 곳곳으로 이주해 정착한 한인들은 현지에서 살아가면서도 고향에 대한 관심과 그리움, 민족의 언어와 문화를 간직해 왔다. 한반도의 흥망성쇠 역사가 한인동포사회의 연합과 위상에도 영향을 주었다. 한반도의 정세와 상황은 민족의 언어와 문화, 역사만큼 오늘의 동포사회 정체성에 영향을 줄 수 있는 중요한 요소라 할 수 있다. 분단은 하나였던 고향에 돌아갈 수 없게 만드는 원인을 제공했고, 동포사회를 온전히 연합할 수 없게 만들었다. 따라서 한반도의 통일은 세계 각지에 흩어진 한인동포사회의 연합을 이끌고, 온전한 고향 방문과 정착에 도움을 주는 일이 된다.

지구촌 곳곳에 정착한 세계의 한인들은 자신들이 속한 지역과 사회의 시민이 되어 그 나라의 헌법과 문화와 충돌하지 않으며 성실하게 삶을 꾸려왔다. 가정과 교회, 동포 공동체를 통해 민족의 정체성을 나름대로 지켜가면서도 자신들의 관습과 문화를 정착지의 이웃들에게 강요하지 않으며, 그들과 원만한 관계를 이루며 살아왔다. 이주민이라는 한계 속에서도 현지의 의회와 정부, 사법부, 교육기관, 종교시설, 언론, 기업에 이르기까지 다양한 영역에 소속되어 지역주민과 시민사회를 위해 봉사하고 적극적으로 동화하며 활동해 왔다. 더욱이 21세기에 이르러 대한민국의 대중문화가 세계에서 좋은 평가와 인기를 얻으며 세계 각 지역에 정착한 한인들의 문화와 역할 범위가 확대되었다. 이제 더 이상 지구촌 한인동포사회는 현지사회에 수동적으로 정착하거나 배타적 독립성을 지닌 공동체가 아니다. 세계와 한국의 문화를 동시에 공유하고, 아시아 사회와 문화, 경제에 관심 있는 현지인들에게도 중요한 연결고리의 역할을 해줄 수 있는 현지 수용적이고도 상호 협력적 공동체가 되었다. 현지의 시민들이 이주한 한인들을 돌보거나 경계하는 개념은 더 이상 유효하지 않게 되었고, 한인들을 통해 현지의 시장과 문화, 가치가 모두 풍성해지게 되었다. 그리고 지구촌의 한인동포사회 역시 언제나 현지의 시민들에게 유익하고 필요한 존재가 되기 위해 부단히 노력하고 있다. 따라서 이렇게 건강한 한인동포사회가 한반도의 통일을 통해 근원적 힘을 통합시켜 더 큰 유익과 섬김의 모범을 여러 나라에 보여줄 수 있다면, 지구촌 어느 시민사회도 남북의 통일을 반길 수밖에 없다.

통일코리아는 한반도의 분단을 끝냄으로써 유럽과 아시아의 온전한 연결을 이룬다. 20세기의 산업기반시설인 도로와 철도의 연결을 넘어서, 21세기의 첨단 과학기술이 새롭게 발현되는 소통과 교류의 장을 열어간다. 미국과 아시아 국가들의 협력, 중국과 일본의 협력, 러시아와 태평양 국가들 사이의 협력을 돕고, 유라시아 교류의 주요한 기착지로서 지구촌 화합에 이바지한다. 과학기술의 연구개발, 지역사회의 복지향상, 자연환경의 회복 문제를 이웃 국가들과 함께 풀어나가며 유라시아의 생활환경 개선에 이바지한다. 특히 국가적 교류 차원을 넘어 지역 협력(local cooperation)을 활성화하여 지구촌의 미시적 관계망 형성에도 기여한다. 해당 국가들과 지역사회에 속한 한인동포사회도 하나 되어 한반도와 주변 국가들의 경제협력, 문화교류 활동에 적극 참여한다. 통일코리아는 민족주의를 강화시키는 통일이 아니라 유라시아의 협력과 교류, 소통에 도움을 주는 통일을 지향한다. 이를 위해 유라시아 곳곳에 정착한 한인동포사회는 자신이 속한 지역의 사회통합에 적극 기여하고, 다민족 화합의 모범을 보인다. 한반도의 통일은 독단적 번영과 통합을 이루는 민족적 목표지점이 아니라 역내 공동번영과 국가 간 화합을 이루는 시작이 된다.

통일코리아는 통일을 인간의 자력으로 이루었다는 교만을 경계한다. 통일의 시작과 끝, 모든 과정은 주권자이신 하나님께서 이끄셨고, 하나님의 은혜로 자격 없는 우리가 통일을 선물로 받았다는 겸손의 자세를 갖는다. 예수 그리스도의 십자가 희생과 부활을 믿는 성도는 교만한 자아를 부인하고, 자신의 부강함에 집중하기보다는 다른 이들을 살리는 일에 관심을 둔다. 통일코리아는 통일을 은혜로 여기는 이들을 통해 한반도를 넘어 인류의 평화와 생명에 관심을 갖는 국제사회의 일원이 된다. 또한 이웃 나라들을 포함한 지구촌의 도움으로 통일을 이룰 수 있었다는 감사의 마음을 갖는다. 국제 사회에 빚진 자세를 가지며 맡겨진 능력을 사용한다. 통일을 통해 얻는 경제적·문화적 유익을 내적으로만 사용하지 않고, 하나님 나라의 청지기로서 이웃 국가, 국제 사회와 적극적으로 나눈다. 이렇게 자신만의 욕심에 물들지 않고, 경제적으로 어려운 나라들을 소홀히 여기지 않는 통일코리아는 하나님 나라의 경건(약 1:27)을 적극적으로 추구한다.

인류의 생명에 관심을 갖고 빈곤 국가들을 돕는 통일코리아는 인류의 평화를 이루기 위해서도 적극 노력한다. 역내 지역을 넘어서 세계 곳곳의 분쟁지역의 갈등을 해결하는 데도 앞장선다. 인류 역사에서 끊이지 않는 갈등과 분쟁은 때로는 국지적 영역을 넘어서 세계대전과 같은 참상으로까지 이어졌다. 작은 갈등의 불씨를 적극적인 자세로 해결하지 않는 일은 모두의 비극으로 귀결될 여지가 있기 때문이다. 따라서 통일코리아는 한반도의 위기가 세계평화에 위협적 요소가 되었던 과거를 반성하고, 어떠한 지역의 분쟁도 허락될 수 없다는 책임을 갖고 국제사회 갈등의 평화적 해결에 앞장선다. 분쟁에 따른 난민을 보호하고, 분쟁 피해자들의 위생과 보건, 교육, 정보, 기술 접근능력을 북돋기 위해 힘쓰며, 문화적 다양성을 존중한다. 지구와 인류의 생명과 평화에 관심을 갖고 힘쓰는 국가들의 시민들은 한반도의 통일을 통해 건실한 협력자를 얻게 되고, 통일코리아의 선한 행실은 국제 사회의 평화와 생명, 안정, 번영, 화목에 이르게 하는 소중한 동력과 자산이 된다. 통일코리아가 국제 사회에 주는 유익은 시간이 흐르면서 쇠퇴하거나 소강(小康)하기보다, 오히려 더욱 창조적으로 풍성해지고 다양해질 것이다. 통일코리아의 유익은 국제 사회 시민 모두의 것이다.

III. 결론

　한반도의 통일이 새로운 체제의 등장과 함께 지역의 질서와 구도
를 바꾸거나 역내 패권구도에 영향을 주게 되리라는 염려를 낳을 수
있다. 통일의 의미와 목적, 방향과 과정, 결과 모두가 한반도를 넘어서
국제 사회의 질서에 영향을 줄 수밖에 없다. 서론과 본론에서 언급했
듯이 자기중심적 통일의 개념과 방향, 목적은 또 다른 갈등을 양산하
는 일이 된다. 따라서 예수 그리스도의 말씀에 기초한 통일의 의미와
목적, 방향과 과정, 결과 모두를 숙고하는 일이 통일선교언약에 담겨
있다 하겠다. 자기 중심성을 용감하게 거부하는 일이 통일을 바라보
는 우리의 관점이고, 민족은 열방의 화목을 위한 통로로서 역할을 감
당하는 것이 이번 장의 중심 주제라 할 수 있다.

　만일 자기중심적 통일이 우리의 목적이라면 통일코리아는 다음과
같은 부정적 모습을 나타내게 될 것이다. 첫째, 한반도의 평화와 번영
에만 집중한다. 둘째, 자신의 역사적 과오를 덮고, 역내 국가들의 과오
를 고발하여 명분의 정당성을 확보한다. 셋째, 선의(善意)의 원조활동
을 조건적(條件的)으로 수행하며, 동포사회의 응집력을 바탕으로 국제
사회에서 자신의 역량을 키운다. 이러한 모습은 한편으로는 현실적
통일의 양상이라 할 수 있다. 그러나 통일코리아는 이러한 이기적이고
쉬운 길을 거부하고, 인류와 공동체적 상생을 추구하는 성숙한 통일
을 이루어야 한다.

　통일선교언약의 이번 장은 하나님 나라의 담론을 현실에서 드러내
는 일에 집중하며 기록했다. 결론적 정당성에 집중하는 현실적 방향

이 아니라 마음을 감찰하시는 하나님 앞에서 의도와 생각을 담아내고자 했다. 하나님 나라의 통일은 교회의 특정한 가치와 이익에 머무는 통일이 아니라 주변 국가들이 함께 누릴 수 있는 은총의 가치와 유익이 드러나는 통일이다. 평화와 공동번영, 화목과 섬김의 가치를 희구하는 국제 사회의 모든 시민에게 한반도의 평화통일은 지구촌 평화의 원동력과 모범이 되는 일이다. 우리의 성찰이 담긴 통일선교언약의 유익 또한 하나님께서 사랑하시는 세계시민들과 깊이 공유되기를 소망한다.

참고문헌

강승삼 외. 『평화 통일과 북한 복음화』 (서울: 쿰란출판사, 1997).

김계동. 『북한의 외교정책과 대외관계(증보판)』 (서울: 명인문화사, 2015).

서울대학교 국제문제연구소 편. 『세계정치와 동아시아의 안보구상』 (고양: 인간사랑, 2006).

하영선, 남궁곤 편. 『변환의 세계정치』 (서울: 을유문화사, 2007).

한국기독교교회협의회. "민족의 통일과 평화에 대한 한국교회 선언", 1988년 2월 29일.

한국로잔위원회 편. 『케이프타운 서약』 (서울: 한국기독학생회출판부, 2014).

한국학중앙연구원 한국문화교류센터 편. 『민족주의와 역사교과서』 (서울: 에디터, 2006).

Baylis, John & Smith, Steve. *The Globalization of World Politics* (2nd ed.).
    (New York: Oxford University Press, 2001).

통일선교언약 전문 · 해설서

지 은 이·하충엽
펴 낸 이·성상건
편집디자인·자연DPS

펴 낸 날·2023년 7월 14일
펴 낸 곳·도서출판 나눔사
주   소·(우) 10270 경기도 고양시 덕양구 푸른마을로 15
        301동 1505호
전   화·02)359-3429   팩스 02)355-3429
등록번호·2-489호(1988년 2월 16일)
이 메 일·nanumsa@hanmail.net

ⓒ 하충엽, 2023

ISBN 978-89-7027-915-2-03230

값 17,000원
잘못된 책은 바꾸어 드립니다.

"영락교회 고정택 장로와 김영옥 권사가 본 출판에 대한 비용을 후원해 주셨습니다."